Die freiwillige Gesellschaft

Peter Nitschke (Hrsg.)

Die freiwillige Gesellschaft

Über das Ehrenamt in Deutschland

PETER LANG
Frankfurt am Main · Berlin · Bern · Bruxelles · New York · Oxford · Wien

Bibliografische Information Der Deutschen Bibliothek
Die Deutsche Bibliothek verzeichnet diese Publikation in der
Deutschen Nationalbibliografie; detaillierte bibliografische
Daten sind im Internet über <http://dnb.ddb.de> abrufbar.

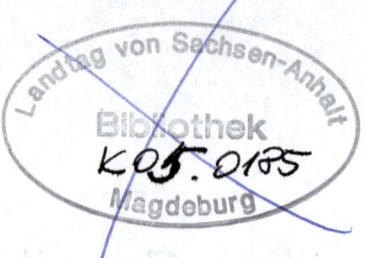

Gedruckt auf alterungsbeständigem,
säurefreiem Papier.

ISBN 3-631-38855-1
© Peter Lang GmbH
Europäischer Verlag der Wissenschaften
Frankfurt am Main 2005
Alle Rechte vorbehalten.

Das Werk einschließlich aller seiner Teile ist urheberrechtlich
geschützt. Jede Verwertung außerhalb der engen Grenzen des
Urheberrechtsgesetzes ist ohne Zustimmung des Verlages
unzulässig und strafbar. Das gilt insbesondere für
Vervielfältigungen, Übersetzungen, Mikroverfilmungen und die
Einspeicherung und Verarbeitung in elektronischen Systemen.

Printed in Germany 1 2 3 4 6 7

www.peterlang.de

„Wohltätig, d. i. anderen Menschen in Nöten zu ihrer Glückseligkeit, ohne dafür etwas zu hoffen, nach seinem Vermögen beförderlich zu sein, ist jedes Menschen Pflicht."

> Immanuel Kant
> Die Metaphysik der Sitten,
> Tugendlehre § 30 (1797)

„Nichts ist Selbstzweck – **Lebendiges** *nicht".*

> Georg Wilhelm Friedrich Hegel
> Grundlinien der Philosophie des Rechts
> oder Naturrecht und Staatswissenschaft
> im Grundrisse, § 44 (1821)

„Die Amtstätigkeit, mindestens alle spezialisiserte Amtstätigkeit – und diese ist das spezifisch Moderne –, setzt normalerweise eine eingehende Fachschulung voraus."

> Max Weber
> Wirtschaft und Gesellschaft,
> 2. Halbbd., Kap. IX, 2. Abschnitt (1922)

Inhaltsverzeichnis

Peter Nitschke:
Zivilgesellschaft und Ehrenamt in Deutschland:
Eine Einleitung... 9

Christina Stecker:
Nonprofit-Sektor, Sozialkapital und Zivilgesellschaft –
Konzepte, Funktionen und Wirkungen 17

Markus Ambrosch:
Das Ehrenamt im Altenbereich –
Eine politische Herausforderung 41

Irene Gerlach:
Akteurskonstellationen in der Familienpolitik unter besonderer
Berücksichtigung der Familienverbände 61

Martin Nörber:
Jugend und Engagement: Junge Menschen überdurchschnittlich
ehrenamtlich/freiwillig engagiert... 79

Karsten Timmer:
Bürgerstiftungen – Eine neue Form von Stiftungen
von Bürgern für Bürger 97

Lutz Schrader:
Nichtregierungsorganisation in der deutschen
Außenpolitik 119

Sebastian Rötters:
Lokales Engagement mit globaler Wirkung:
Making Space for Peace – Freiwilligenarbeit bei
„*Peace Brigades International*" 139

Kaisa Eskola:
Attac als lokale, nationale und transnationale
Freiwilligenorganisation 159

Literaturverzeichnis 181

Autorenverzeichnis 197

Zivilgesellschaft und Ehrenamt in Deutschland: Eine Einleitung

Peter Nitschke

Das Ehrenamt hat derzeit Konjunktur in Deutschland. Politiker, gleich welcher Coleur, werden in ihren Sonntagsreden nicht müde zu betonen, wie wichtig das Ehrenamt für den Zusammenhalt der Gesellschaft sei. Es geht dabei um die Entlastungsfunktionen für Politik und Staat, aber auch – und mehr noch – um die Kompetenzen und Kräfte zur Selbstorganisation der Gesellschaft. Zwischen diesen beiden Polen, Staat auf der einen Seite und die Gesellschaft auf der anderen, schwankt dann auch die Rollenzuweisung für das Ehrenamt. Die Theorie wie auch die Praxis der Alltagswirklichkeit lassen sich in dieser Hinsicht von zwei ganz unterschiedlichen Einschätzungsmodellen bewerten. Einerseits kann man das Ehrenamt als klassische Selbstgestaltung der Zivilgesellschaft begreifen, für die konzeptionell sowohl der Liberalismus als auch der moderne Republikanismus Pate stehen (vgl. hier grundsätzlich Klein 2001). Andererseits zeigt der Begriff im deutschen Sprachverständnis schon an, worum es inhaltlich geht: Um die Ehre, ein Amt auszuüben. Ob das immer eine Ehre für die Beteiligten ist, sei dahin gestellt, was hier begrifflich zählt, ist die Zuordnung von Arbeitstätigkeiten, die man im Rahmen einer Hierarchie von Leistungen als *Amt* auffassen kann. Ämter sind historisch an Tätigkeitsfelder mit öffentlichem Bezug gebunden. In der Genese des deutschen Staates sind Ämter ein Wirkungsbereich mit öffentlich-rechtlicher Kompetenz.

Wenn nun eine Tätigkeit mit öffentlich-rechtlichen Bezug als *Ehre* dechiffriert wird, zeigt sich, dass es sich hierbei offenbar um eine Arbeitsleistung handelt, die für die Öffentlichkeit, d. h. die *Gesellschaft*, eine sinnvolle Funktion erfüllt, die sie eigentlich auch im Rahmen eines Amtes organisieren müßte, wenn sie es wirklich wollte oder könnte. Faktisch sind damit ehrenamtliche Tätigkeiten Arbeitsleistungen, für die es kein Entgeld im Sinne eines öffentlich-rechtlichen Arbeitsverhältnisses gibt. Ehrenamtliche Tätigkeiten sind freiwilliger Natur und bringen (ausser der Ehre) keinen in Geld anzurechnenden Mehrwert für die Beteiligten. Die Sache, um die es inhaltlich jeweils geht, mag natürlich einen Mehrwert darstellen. Dieser ist aber im ökonomischen Sinne rein normativ und eben nicht funktional nach den Kategorien des öffentlichrechtlichen Systems zu messen.

Wenn nun dem Ehrenamt in Deutschland derzeit in der öffentlichen Debatte und Wahrnehmung ein hoher Stellenwert zugesprochen wird, dann deshalb, weil die normative Dimension des freiwilligen Wirkens vieler Bürgerinnen und Bürger eine funktionale Qualität hat, die sich in der Kosten-Nutzen-Rechnung des öffentlichen Systems zwar nicht linear abbilden läßt, aber anerkanntermaßen existent ist. Ohne das tausendfache ehrenamtliche Engagement könnte die postmoderne Gesellschaft nicht funktionieren. Der Staat in Deutschland ist ohnehin (wie anderswo auch) an den Leistungsgrenzen seiner Allmachtsansprüche angelangt und wird derzeit – das ist gerade der schmerzliche, aber unumgängliche Prozeß der Reformen – auf seine Kernfunktionen zurückgeführt (vgl. z B. Gerlach/Nitschke 2000).

Die Zivilgesellschaft prescht mit Vehemenz in die sich auftuende Lücke, die der Staat bei der Aufgabe von Funktionen zurückläßt – oder aber, das zeigt der Blick auf die historische Dimension deutlich, auch nie hatte. Auch wenn beim Begriff selbst Vorsicht geboten ist, weil das angelsächsische Verständnis von *civil society* nicht einfach mit Zivilgesellschaft oder Bürgergesellschaft zu übersetzen ist, so ist doch unstrittig, dass es sich hierbei um eine Art von Gegenmodell zum klassischen Staatsmodell handelt. Die Zivilgesellschaft kann man durchaus als Demokratie von unten begreifen (vgl. Zimmer 2001: 10), als eine Bewegung bzw. Formierung gesellschaftlicher Akteure, die ihre Handlungshorizonte zunächst freiheitlich selbst zu organisieren suchen und für die *Politik*, geschweige denn *Staat*, als Appellationsinstanz und Adressat nachrangig sind. Nicht umsonst ist Habermas' Diskurstheorie, die in Deutschland so populär ist, weil sie die gesellschaftlichen Zustände theoretisch anschaulich systematisiert, in erster Linie (von ihrer Genese her) auf gesellschaftliche Akteure ausgerichtet und erst in ihrer Erweiterung *politisch* als Konzept für eine deliberative Demokratie focussiert (vgl. Habermas 1994[4]). Allerdings kommt das Ehrenamt bei Habermas weder theoretisch noch empirisch vor. Das hat seine Gründe in der begrifflichen Positionierung der Zivilgesellschaft, die sich für viele der deutschen Kommentatoren im Nachklang auf Rousseau basisdemokratisch ausrichtet. Das Ehrenamt kann in dieser Hinsicht nicht den Part einer basisdemokratischen Verwurzelung und Legitimation des Politischen einnehmen. Denn das Ehrenamt ist in dem Sinne nur politisch, wie es politisch notwendige Leistungen gesellschaftlich substituiert. Es ist in erster Linie (nur) sozial, weil es sich um Belange kümmert, die auch (und gerade) in einer postmodernen Gesellschaft *face-to-face* organisiert werden müssen. Der abstrakte Apparat des Staates – und damit auch die politische Implikation – versagt gerade an dieser Stelle der unmittelbaren Mitmenschlichkeit. Die Zivilgesellschaft der ehrenamtlichen Tätigkeiten ist damit nicht per se schon der grosse Gegenentwurf zur Politik des Staates, sondern vielmehr die Voraussetzung bzw. Stimulanz, daß eine solche überhaupt erst formuliert werden kann. Denn die politische Intervention ist überall dort vonnöten, wo die unmittelbaren ehrenamtlichen Leistungen face-to-face nicht mehr ausreichen, um die Defizite in der sozialen Organisation der Gesellschaft zu kompensieren. Daraus folgt: je pluralistischer eine Gesellschaft in ihrer Konstruktion, desto mehr an Staatlichkeit bedarf sie – und umso mehr politische Koordination. Umgekehrt organisiert sich ehrenamtliches Tun immer dann und dort erfolgreich, wo die Horizonte der Sozialität und die Leistungen perspektivisch limitierbar erscheinen. Nicht umsonst ist der Sportverein eine klassische Domäne für das Ehrenamt in Deutschland.

Das Ehrenamt gründet auf dem Gedanken der Selbsthilfe. Die Frage ist, wer hilft hier wem und wie weit geht diese Hilfsbereitschaft? – Status und soziale Arena werden vom Bildungshintergrund der Beteiligten bestimmt. Die Einschätzung, dass ehrenamtliches Engagement nur in den neuen sozialen Bewegungen zu finden wäre, ist falsch. Gerade das klassische Ehrenamt im sozial-caritativen Bereich demonstriert deutlich, dass die Solidarität unter den Mitmenschen zutiefst ein Projekt der bürgerlichen Mitte ist, letztlich eine Art humanistisches Erbe in der postmodernen Gesellschaft. Wenn das Ehrenamt im Wesentlichen nur ein Kennzeichen der mittleren Bürgerschichten ist, dann ist das Projekt der Zivilgesellschaft nicht beliebig ausbaubar (vgl. auch Walter 2004).

Unstritig ist, dass ehrenamtliche Tätigkeiten das Sozialkapital der Gesellschaft darstellen (vgl. die Beiträge von Stecker und Ambrosch). Zugleich ist dies ein Indikator für Eigenverantwortung, der jeder fünfte

Erwachsene in Deutschland nachkommt bzw. gerecht wird. Unabhängig von der ökonomischen Perspektive ist der sinnstiftende Faktor für die soziale Integration nicht zu unterschätzen. Problematisch ist in Deutschland die spezifische Staatsnähe, die in den meisten ehrenamtlichen Institutionen und Prozessen der Bürgergesellschaft zu beobachten ist. Politisch merkt man dies ganz deutlich bei den neuen sozialen Bewegungen: Die öffentlichen Mittel sind der Hauptquell für das Engagement.

Die Staatsnähe oder perspektivische Staatszentriertheit, die in Deutschland vorherrscht, verhindert die strukturelle Selbstfinanzierung der Zivilgesellschaft. Das zeigt das Thema der Bürgerstiftungen (vgl. den Beitrag von Timmer sowie Strachwitz 2003): Die Nachhaltigkeit und Unabhängigkeit, die hierfür Voraussetzung sind, bleiben bis dato in Deutschland, etwa im Vergleich zu den USA, unterentwickelt. Auch ist die behauptete Gemeinwohlorientierung nicht immer gegeben, denn die Stiftungen verfolgen Ziele, die z. T. sehr spezifisch sind und daher eher auch unter dem Aspekt eines gesellschaftlichen Interessenlobbyismus gesehen werden können. Ihre Öffentlichkeitswirkung können sie aber gerade dadurch besser unter Beweis stellen, je konkreter ihre Projekte ausfallen. Ein grundsätzliches Dilemma bleibt hingegen die Frage der Professionalität: Je erfolgreicher eine Stiftung ist, umso mehr bedarf sie eines professionellen Managements. Das wiederum bedingt hauptamtliches Personal, was eine nicht unerhebliche Selbstbindung der Finanzen betrifft. Im Grunde eine Quadratur des Kreises, bei der das Ehrenamt immer nur die Initiativfunktion haben kann.

Die Arbeitszeitbelastung für die ehrenamtliche Tätigkeit ist sowohl der Vorteil wie zugleich das Problem: Vorteilhaft ist es, weil die Arbeit freiwillig und meist unentgeldlich geschieht; nachteilig ist sie, weil die dafür zur Verfügung stehende Zeit limitiert ist und eben nicht systematisch geplant werden kann, wie dies bei der öffentlich bezahlten Arbeit der Fall ist. Die meisten Freiwilligen kommen bezeichnenderweise über Freundschafts- oder Verwandtenkreise zum Ehrenamt (vgl. den Beitrag von Nörber). Insofern ist auch nach den Voraussetzungen zu fragen, die zum Ehrenamt führen. Der individuelle Erwartungshorizont spielt hier eine Rolle ebenso wie das gesellschaftliche Gesamtverständnis, das die Freiwilligen im Rahmen ihres Engagements (quasi als Lebenszeitkonzepte) mitbringen. Das ist nicht beliebig austauschbar und grundsätzlich für alle

Bürgerinnen und Bürger als soziales Potential zu veranschlagen. Ehrenamtliche Tätigkeit setzt eine gewisse Unabhängigkeit im Denken und in der ökonomischen Situation voraus. Wer über keine Zeitressourcen verfügt, die er freiwillig für unentgeldliche Tätigkeiten einsetzt, der wird für das Ehrenamt auch nicht zur Verfügung stehen. Die Zeitressourcen sind kongruent zur individuellen ökonomischen Situation zu sehen. Dieses Dilemma zeigt sich sehr deutlich in der familiaren Konstellation: Wenn die sogenannte *Hausfrau* die Kinderbetreuung im Pfarrgemeindehaus oder additiv bei Ausflügen des Kindergartens oder der Schule übernimmt, dann geht das nur in den Haushalten, wo tatsächlich die Zeit und die finanzielle Situation es möglich machen. Es gibt insofern – wenn es auch nicht öffentlich zentral diskutiert wird (vgl. den Beitrag von Gerlach) – eine strukturelle Interdependenz zwischen dem individuellen und familiaren Lebensentwurf und den daraus resultierenden Leistungsmöglichkeiten sowie der staatlichen Koordinationspolitik. Je mehr reglementiert und materiell umverteilt wird, desto geringer sind die Chancen, dass die ehrenamtliche Tätigkeit als Selbstverpflichtung an der Gesellschaft bereitwillig angenommen und strukturell effizient für das Gesamtsystem umgesetzt werden kann. Je staatszentrierter die Gesellschaft, desto schwieriger die Handlungschancen für die zivilgesellschaftlichen Akteure.

Allerdings ist derzeit eine weitgehende Difussion zwischen Zivilgesellschaft und Staat zu beobachten. Einen klaren Gegensatz, wie ihn das liberale Demokratiemodell unterstellen würde, gibt es hier nicht (mehr). Die zivilgesellschaftlichen Akteure begeben sich heutzutage sogar schon in Schutzfunktionen, die eigentlich der Staat mit seinen Organen bereitstellen müßte – und dies noch dazu in einem internationalen Kontext. Spätestens an Beispielen wie dem der *Peace Brigades International* wird deutlich, daß der Staat und die zivilgesellschaftlichen Akteure der NGO-Welt keinen Gegensatz bedeuten (vgl. den Beitrag von Rötters). Zumindest nicht in demokratischen Verfassungsstaaten. In Fragen der Informationsgewinnung arbeiten hier die unterschiedlichsten Akteure professionell Hand in Hand. Allerdings hat das auch seinen Preis: Die Abhängigkeit der NGOs vom Staat wird dadurch nicht kleiner, sondern eher größer. Letztlich ist hinsichtlich der faktischen Gestaltungschancen dann doch der Staat in einer superioren Position. Vor allem die Überbeanspruchung einzelner Akteure im Ehrenamt, deren Kreativität und persönlicher Einsatz stets nur kontingent ist, kann die Nachhaltigkeit, die der Staat dank seiner Organisationsstrukturen und finanziellen Mittel aufweist, nicht ersetzen. Insbesondere am Beispiel des Fundraising zeigt sich, wie sehr mittlerweile die NGOs gerade um ihres Erfolges willen Kapazitäten allein für die finanzielle Aquirierung von Ressourcen bereitstellen müssen. Ein weiteres Manko ist die interne Arbeitsstruktur: So effizient die Aktionen von NGOs in Bezug auf die Ziel-Mittel-Relation auch sein mögen, sind Freiwilligenorganisationen wie Attac trotz aller klug gegliederten Organisationsstruktur von der Tendenz her anarchisch (vgl. die Beiträge von Schrader und Eskola). Sie vermitteln bei der globalen Perspektive eine dezentrale Organisation, wobei die neuen Informations- und Kommunikationsmedien hier einen ganz entscheidenden Einfluß haben (vgl. auch Frantz/Zimmer 2002). Streng genommen könnten solche Organisationen sonst gar nicht erfolgreich agieren. Das System der internen Selbstorganisation wird (wie im Falle von Attac) dann bereitwillig mitgetragen, wenn der Sinn in der Botschaft des Einsatzes klar ist. Insofern ist die Selbstinterpretation, die sich die Beteiligten bei ihren freiwilligen Aktionen geben, interessant. Die Popularität, welche die Ziviligesellschaft gerade auch in Deutschland aufweist, kommt einer neuen Romantik, einem utopischen Projekt gleich: Wieviel Selbstengagement kann sich eine Gesellschaft geben – ohne dafür den Staat zu benötigen? – Und das nicht nur lokal, sondern auch (und vor allem) global!

Die Diskursivität jenseits der offiziellen, d.h. anerkannten politischen Diskurse wird gerade von den NGOs zum Kernprinzip ihrer Existenz gemacht. Damit verändern sie auf längere Sicht den klassischen Politikbegriff, der staatszentriert ist. Ob das aber wirklich erfolgreich ist, bleibt noch abzuwarten, denn eine Difussion ist hermeneutisch bereits jetzt zu konstatieren, verbunden mit der wachsenden Unklarheit der Legitimation der Entscheidungsträger von „Aktionen".

Der vorliegende Band versucht auf die hier skizzierten Fragen und Problemlagen Antworten zu geben. Es ist dies der Versuch einer Bestandsaufnahme, die sich weniger am theoretischen Konzept der Zivilgesellschaft orientiert als vielmehr an der zunächst ganz banal scheinenden Frage nach dem Stellenwert des Ehrenamtes in Deutschland. Die einzelnen Beiträge bieten zunächst einmal nur eine Momentaufnahme zu dieser Frage und sind in den aufgelisteten Aspekten sicherlich nicht vollständig, denn eine Reihe von Themen (wie etwa Ehrenamt unter Frauen oder im Sportverein) konnten hier nicht mit aufgenommen werden, weil einfach die adäquaten kompetenten Autoren hierzu fehlen. Der Band geht konzeptionell auf eine Vorlesungsreihe zurück, die im Sommersemester 2001 an der Hochschule Vechta vom *Institut für Sozialwissenschaften und Philosophie* in Zusammenarbeit mit dem *Hermann-Ehlers-Bildungswerk Oldenburg der Konrad-Adenauer-Stiftung* zum Thema „Aktive Bürger fördern – Die Selbstwahrnehmung von bürgerlichen Rechten und Pflichten" organisiert wurde. Die gute Resonanz zu dieser Veranstaltung hat insbesondere auch dazu geführt, dass der Peter-Lang-Verlag das Angebot machte, die Beiträge zu dieser Vorlesungsreihe in einem Band zu publizieren. Allerdings stellte sich bei der weiteren Bearbeitung heraus, dass es für die Praktiker oft schwierig war, ihre Arbeitserfahrungen systematisch zu Papier zu bringen. Hieraus resultierte wiederum die Aufnahme weiterer (neuer) Beiträge für den vorliegenden Band, was insgesamt dann jedoch auch zu einer ständigen Verschiebung im Publikationstermin führte. Alle Beiträge sind daher nochmals überarbeitet und aktualisiert worden, so dass nunmehr auch vom Stand der Literatur her das Jahr 2004 den Hintergrund liefert.

Mitgewirkt an der redaktionellen Bearbeitung dieses Bandes haben Marianne Averbeck im Sekretariat des Instituts und Martin Schwarz, M.A., die beide umsichtig die nicht enden wollenden Standardisierungsprobleme zwischen den einzelnen Texten behoben haben. Dafür sei ihnen Dank an dieser Stelle ausgesprochen wie auch dem Verlagslektor Michael Rücker für die grosse Geduld mit diesem Band. Das Produkt rechtfertigt jedoch diese Bemühungen und mag die weitere Debatte zum Ehrenamt vielleicht sinnvoll stimulieren.

Peter Nitschke   Vechta, im November 2004

Nonprofit-Sektor, Sozialkapital und Zivilgesellschaft – Konzepte, Funktionen und Wirkungen

Christina Stecker

I. Überblick

Soziale Sicherungssysteme, Eigenverantwortung und eine „aktive Bürgerschaft" werden in den letzten Jahren vermehrt mit der Finanzierungskrise wohlfahrtsstaatlicher Leistungen und der Arbeitsmarktproblematik verknüpft. Es geht um die (Rück-)Übertragung staatlicher Regelaufgaben an Gesellschaft und Gemeinschaft, an Familien, Nachbarschaften und den Einzelnen. Angesprochen ist damit jener informelle Bereich, der zwischen den klassischen Sektoren *Markt* und *Staat* angesiedelt ist. Darin erscheint der sogenannte *Dritte Sektor* oder *Nonprofit-Sektor* als ein Tausendsassa, übernimmt er doch die unterschiedlichsten Aufgaben und Funktionen für den Markt, den Staat, die Gesellschaft und den Einzelnen: als Arbeitgeber und soziales Unternehmen, als Ort politischer Partizipation, als soziale Infrastruktur für lokale Gemeinschaften und als Raum für Selbstverwirklichung, Sinnstiftung und bürgerschaftliches Engagement (vgl. Zimmer/Stecker 2004a).

Die auffällige Vielzahl dieser Funktionen und Wirkungen läßt auf unterschiedliche Inhalte und Zielrichtungen schließen. Aus demokratietheoretischer Sicht gelten partizipative Strukturen als Schule und Fundament einer funktionierenden Gesellschaft. Gesellschaftstheoretisch werden Ehrenamt und Engagement, ebenso wie Vereine, Verbände oder andere Nonprofit-Organisationen, zur Voraussetzung und Grundlage für Solidarität innerhalb dieser Gesellschaft, als Teil des „Sozialkapitals" einer Gesellschaft interpretiert. Bei ersterem steht die gesellschaftlich-politische Bürgerbeteiligung, Verantwortungsübernahme und demokratische Partizipation im Mittelpunkt (Zivilgesellschaft), bei letzterem besonders die Vertrauensbildung, soziale Integration und Solidarität (Sozialkapital). Gemeinsamer theoretischer und empirischer Bezugspunkt zwischen Nonprofit-Sektor, Sozialkapital und Zivilgesellschaft sind die assoziativen Elemente einer modernen Gesellschaft, wie sie gerade die Organisationen im Dritten Sektor darstellen (vgl. Anheier/Priller/Zimmer 2000, Braun 2002, Zimmer 1996). Doch trotz dieser Gemeinsamkeit unterscheiden sich die Ansätze – wie bereits angedeutet – in Bezug auf ihre Funktionen und Wirkungen. Der Erörterung der Konzepte, Funktionen und Wirkungen des Nonprofit-Sektors, dem Sozialkapital und der Zivilgesellschaft ist der folgende Beitrag gewidmet.

Im ersten Abschnitt erfolgt nach einer theoretischen Verortung ein Überblick über die quantitative Bedeutung des Dritten Sektors und der Nonprofit-Organisationen, welcher sich in Arbeitsplätzen, Vollzeitäquivalenten und dem Beitrag zum Bruttosozialprodukt messen läßt (vgl. Priller/Zimmer 2001a, Zimmer/Priller 2001). Sein Beitrag zeigt sich aber auch als Einsparungen im Sozial- und Gesundheitswesen, im Sozialbudget sowie als eher qualitative Vermeidungs- und Reparaturkosten, die ansonsten durch (verstärkte) gesellschaftliche Desintegrationsprozesse anfallen würden (vgl. Stecker 2002a, Zimmer/Stecker 2004b). Der zweite Abschnitt widmet sich daher den Ansätzen zum Sozialkapital, der besonders für die Soziologie Anknüpfungspunkte bietet, aber auch als Meßkonzept für den gesellschaftlichen Zusammenhalt empirisch aus politikwissenschaftlicher Sicht verwendet wird (vgl. Stecker 2002c). Abschnitt drei ist um die Analyse der Herkunft und Bedeutung des Konzepts der Zivilgesellschaft zentriert, das besonders für die Politologie und politische Philosophie von zentralem Interesse ist (vgl. Stecker 2004b). Der Beitrag schließt mit einem zusammenfassenden Resümee in Bezug auf den Nonprofit-Sektor und das bürgerschaftliche Engagement.

II. Der Nonprofit-Sektor

Von unterschiedlicher Seite geraten die Leistungspotentiale des informellen Sektors zur Lösung sozialstaatlicher Probleme ins Visier (vgl. Stecker 2002b). Maßgeblich beeinflußt durch den us-amerikanische Kommunitarismus wurde die Aufmerksamkeit sowohl auf die zentrale Grundlage der *demokratischen* politischen Kultur, als auch auf die *solidarische* Wohlfahrtsgesellschaft gelenkt. Das grundlegende sozialstaatliche-, aber auch sozialpolitische Interesse an den Organisationsformen und Beschäftigungspotentialen des Dritten Sektors zeigt sich im generellen Versuch, den Bürger „aktiver" zu machen. Wie gerade die politische Debatte um den „Third Way" (Blair, Giddens) oder die „Neue Mitte" (Hombach, Schröder) deutlich machte, bewegt sich der „aktivierende Sozialstaat" im Spektrum zwischen eingeforderter Bürgerfreiheit und persönlicher Verantwortungsübernahme – oder anders gesagt, zwischen Demokratie, Eigenverantwortung und Beschäftigung.

Im gewachsenen Interesse am informellen Sektor manifestiert sich die sozialstaatlich und ökonomisch nicht ausreichende ausschließliche Betrachtung der Wachstumsrate des Bruttosozialprodukts (BSP). Zum Gesamtwohlstand einer Gesellschaft tragen sowohl die Haushalts- und Eigenproduktion, das bürgerschaftliche Engagement sowie sonstige schattenwirtschaftliche Tätigkeiten bei. Neben dem ökonomischen Beitrag des Dritten Sektors zum „Wohlfahrts-Mix" stoßen in jüngerer Zeit auch die begrenzten sozialstaatlichen Gestaltungsoptionen auf Kritik. Diese findet ihren Niederschlag im steigenden Interesse an der selbstgesteuerten, dezentralen Produktion von Wohlfahrt in freiwilligen Zusammenschlüssen aktiver Bürgerinnen und Bürger, informellen Netzwerken und in Familien. Beispiele aus dem europäischen und amerikanischen Ausland zeigen dabei eine breite Palette von Möglichkeiten für einen „Welfare-Mix" auf (vgl. Zimmer/Stecker 2004b). Gerade für Dienstleistungen im sozialen Bereich ist die Entsprechung von tertiärem (Dienstleistungs-)Sektor und Drittem Sektor daher nicht mehr nur als eine Begriffsanalogie zu sehen (vgl. Stecker 1998). Vor einem finanziell und marktliberal (neoliberal) motivierten Hintergrund müssen jedoch Appelle an die Solidarbereitschaft und Selbst-Verantwortung des Einzelnen sowie Konzepte wie das der „Bürgerarbeit" (Beck 1997: 25) im Entwurf der Zukunftskommission der Freistaaten Bayern und Sachsen als Instrumentalisierungsversuch aufgefaßt und gedeutet werden (Stecker 1999c). Indem allerdings nach wie vor Lohn- und Erwerbsarbeit als der zentrale Integrationsmodus einer modernen Gesellschaft gilt, muß das in jüngerer Zeit beobachtbare politische und wissenschaftliche Interesse an der informellen Selbstorganisation und der arbeitsmarktpolitischen Bedeutung des Sektors nicht verwundern. Vor dem Hintergrund des Strukturwandels der Arbeitsgesellschaft wird dem Nonprofit-Sektor somit eine doppelte Funktion zugemutet.

An dieser Stelle müssen besonders die Ergebnisse des internationalen John Hopkins Comparative Nonprofit Sector Project hervorgehoben werden, das unter anderem diese doppelte Funktion weltweit auf empirischer Basis nachweisen konnte (vgl. Anheier 1997, Priller/Zimmer/Anheier 1999, Priller/Zimmer 2001b). Zur einheitlichen Abgrenzung und Erfassung des Dritten Sektors, der in Deutschland Verbände, Gewerkschaften, das lokale Vereinswesen, Initiativen und Selbsthilfegruppen sowie Nachbarschaftsvereinigungen umfaßt, wurden operative Kriterien im Johns-Hopkins-Projekt vereinbart (vgl. Priller/Zimmer 2001c, Strachwitz 1998). Danach sind Dritte Sektor-Organisationen formell strukturiert, organisatorisch unabhängig vom Staat, nicht Gewinn orientiert, eigenständig verwaltet, zu einem gewissen Grad von freiwilligen Beiträgen getragen und keine Zwangsverbände.

Nicht zum Dritten Sektor gehören Verbände mit Zwangsmitgliedschaft, die Organisation der Sozialversicherungen sowie Kirchen und andere Glaubensgemeinschaften. Betrugen die Ausgaben in Deutschland 1990 für die alten Länder 47,7 Milliarden Euro so stiegen diese auf etwa 69,2 Milliarden Euro in 1995, wobei trotz des Einflusses der neuen Bundesländer auch für das ehemalige Bundesgebiet von einer erheblicher Steigerung ausgegangen werden kann.

Tabelle 1: Beschäftigung und Ausgaben im bundesdeutschen (1990) und gesamtdeutschen (1995) Nonprofit-Sektor

	1990 früheres Bundesgebiet	1995 gesamtes Bundesgebiet
Beschäftigung in Vollzeitäquivalenten		
Beschäftigung in der Gesamtwirtschaft	27.200.783	29.239.875
Beschäftigung im Nonprofit-Sektor	1.017.945	1.440.850
Beschäftigung im Nonprofit-Sektor in Prozent der Gesamtwirtschaft	3,74	4,93
Bruttosozialprodukt (BSP)/Gesamtausgaben des Nonprofit-Sektors		
Bruttosozialprodukt der Gesamtwirtschaft in Millionen Euro	1.240.138,40	1.767.536
Gesamtausgaben des Nonprofit-Sektors in Millionen Euro	47.763,35	69.228,92
Ausgaben des Nonprofit-Sektors in Prozent des Bruttosozialprodukts	3,9	3,9

Quelle: Johns Hopkins Comparative Nonprofit Sector Project (eigene Umrechnung mit dem amtlichen Eurokurs).

1995 erreichte der Sektor mit 1,4 Millionen Vollzeitäquivalenten für Gesamtdeutschland bereits knapp fünf Prozent der volkswirtschaftlichen Beschäftigung. Dabei wurde der ökonomische Wert ehrenamtlichen Engagements noch nicht berücksichtigt.[1] Würde die unbezahlte freiwillige

---

[1] Die Berechnung geht davon aus, dass jeder fünfte Erwachsene in Deutschland ehrenamtlich engagiert ist. Nach Ergebnissen der im Auftrag des Bundesministeriums für Familie, Senioren, Frauen und Jugend (BMFSFJ) durchgeführten ersten repräsentativen Erhebung sind in Deutschland 34 Prozent ehrenamtlich tätig, darunter knapp 80 Prozent in Nonprofit-Organisationen (vgl. Rosenbladt 2000a). Die Ergebnisse der Folgeerhebung 2003/2004 sind noch unveröffentlicht.

Tätigkeit entsprechend mit Substitutionskosten bewertet[2], so läge der Anteil des Sektors am Bruttosozialprodukt zwischen vier bis fünf Prozent. Korrespondierend entspricht das Ehrenamt dem Engagement einer Million Personen, gemessen in Vollzeitäquivalenten. Unter Hinzuziehung der bürgerschaftlich Engagierten erreicht der Dritte Sektor somit einen Beschäftigungsumfang von etwa 2,5 Millionen Vollzeitäquivalenten oder einen Anteil an der Gesamtbeschäftigung von acht Prozent. Der Anstieg der Beschäftigtenzahl läßt sich jedoch maßgeblich auf die Zunahme von Teilzeitarbeit und geringfügigen Beschäftigungsverhältnissen zurückführen. Insgesamt verdeutlichen zwar die absoluten Beschäftigtenzahlen eine untergeordnete Rolle des Dritten Sektors gegenüber den Sektoren Markt und Staat. Allerdings zeigt der Längsschnittvergleich von 1960 bis 1995 eine enorme Beschäftigungsdynamik und -steigerung auf 373 Prozent. Verglichen mit erwerbswirtschaftlichen Branchen entsprach der Nonprofit Sektor 1995 etwa der Transportindustrie oder dem Kommunikationssektor (Priller/Zimmer 2001a: 205).

---

2 Die Berechnung des unentgeltlich geleisteten Zeitaufwands wird hierbei mit den durchschnittlich anfallenden Arbeitskosten bewertet.

Tabelle 2: Beschäftigtenzahl und prozentuales Beschäftigtenwachstum 1960-1995[1]

	Erwerbswirtschaft		Öffentlicher Sektor		Nonprofit-Sektor [2]	
	Beschäftigte (in Tausend)	Veränderung zu 1960 (in %)	Beschäftigte (in Tausend)	Veränderung zu 1960 (in %)	Beschäftigte (in Tausend)	Veränderung zu 1960 (in %)
1960	23.201	100	2.098	100	383	100
1970	22.937	99	2.978	142	529	138
1980	22.126	95	3.929	187	925	242
1990	22.864	99	4.303	205	1.256	328
1995	22.754	98	4.225	201	1.430	373

1) Aktuellere Zahlen sind aufgrund der Umstellung auf eine einheitliche europäische Statistik erstens kaum noch zu ermitteln und zweitens wären diese dann wenig vergleichbar mit den älteren Angaben.

2) Die Anzahl der Beschäftigten bezieht sich auf Angaben des Statistischen Bundesamtes zu Organisationen ohne Erwerbszweck im früheren Bundesgebiet. Diese Angaben bilden den Nonprofit-Sektor nicht exakt ab.

Quelle: Johns Hopkins Comparative Nonprofit Sector Project.

Zwar sind in den letzten Jahren zahlreiche reguläre Beschäftigungsverhältnisse etwa im Bereich sozialer Dienste, dem Gesundheitswesen oder im Bereich Bildung und Forschung entstanden. Doch mangelt es der abhängigen Lohn- und Erwerbsarbeit im Dritten Sektor oftmals an gesetzlichen, berufsspezifischen und kollektivvertraglich-verbindlichen Regelungen. Die Arbeitsverhältnisse im Nonprofit-Sektor korrespondieren daher nur zum Teil mit den Anforderungen an „normale" Lohn- und Erwerbsarbeit auf dem ersten Arbeitsmarkt. Damit sind zum einen die Häufigkeit prekärer Beschäftigungsverhältnisse und zum anderen die fließende Grenze zum unentgeltlichen Ehrenamt und Engagement besonders augenfällig und als sektorspezifische Besonderheit hervorzuheben. Aus der Sicht der Organisation gilt die monetäre Entlohnung nicht selten als zweitrangig gegenüber der „Arbeit" als Sinnstiftung und persönlicher Erfüllung, wodurch sich die abhängige Erwerbsarbeit eher dem ehrenamtlichen Engagement annähert. Auf der anderen Seite sehen sich durch die Zunahme marktlicher Dienstleistungserstellung im Bereich Pflege und Gesundheit die etablierten Wohlfahrtsverbände wachsender Konkurrenz ausgesetzt, weshalb auch ein Rückgang des sozialen Ehrenamtes aufgrund der „Professionalisierung" befürchtet wird. Aus Sicht der Frauen wird demgegenüber die unbezahlte Übernahme von Versorgungsleistungen durch das Ehrenamt problematischer beurteilt.[3]

Die fließende Grenze von gesicherten und ungesicherten Beschäftigungsformen und damit die Heterogenität der Beschäftigungsverhältnisse in Dritte Sektor Organisationen ließen sich mit Hilfe der Ergebnisse des Johns-Hopkins-Projektes empirisch nachweisen. Das Spektrum reicht vom Normalarbeitsverhältnis (Haupt- und Nebenamtlichkeit) und flexibleren Formen der Erwerbstätigkeit (Honorartätigkeit und stundenweise Beschäftigung) über ehrenamtliches Engagement in Leitungsfunktionen bis hin zur freiwilligen unentgeltlichen Mitarbeit (vgl. Zimmer/Priller 2000, Zimmer/Hallmann 2001).[4] Die bereits angesprochene doppelte Funktion von Beschäftigung und sozialer Integration zeigt sich auch bei den zum Dritten Sektor zählenden Vereinen und freiwilligen Vereinigungen. Sie übernehmen auf persönlicher Ebene eine Ausgleichsfunktionen gegenüber Beruf und Familie und tragen zur individuellen Sinnstiftung bei.

---

3   Siehe dazu bereits Opielka 1987: 96, Müller/Rauschenbach 1988, Erler 1996/97, Badelt 1999: 434, Sing/Hilpert 1999, Effinger/Pfau-Effinger 1999, Sing/Kistler 2000, Stecker 2001, Stecker/Zimmer 2003, Stecker 2003; im Vergleich zu Markt und Staat vgl. Stecker 2004a.

4   Nonprofit-Organisationen bieten Chancen der Integration von der Ehren- bzw. freiwilligen Beschäftigung in die Hauptamtlichkeit, gleichzeitig finden in Dritte-Sektor-Organisationen, analog zur allgemeinen Entwicklung der Privatwirtschaft, eine Zunahme flexibler sowie zeitlich befristeter Beschäftigungsverhältnisse statt (vgl. Zimmer/Priller 1999). Anders als gemeinhin angenommen, zeigt die Studie von Kistler/Dathe 2004, daß Beschäftigungsverhältnisse und -formen in Dritt-Sektor-Organisationen im Vergleich zur Gesamtwirtschaft sich nicht durch eine größere Arbeitsplatzunsicherheit und ein geringeres Ausmaß an Regulierung auszeichnen. Die Besoldung in diesen Organisationen ist weitgehend dem öffentlichen Tarifsystem angeglichen.

Aufgrund seiner Finanzierungsstruktur gilt der Dritte Sektor in Deutschland als „staatsnah" und weicht insofern vom internationalen Maßstab ab. 64,3 Prozent der Einnahmen sind gesetzlich festgelegt und erfolgen über die Sozialversicherungen oder über direkte öffentliche Zuwendungen. Für den Dritten Sektor spielen öffentliche Mittel auf Bundes-, Landes- und Gemeindeebene empirisch die Hauptfinanzierungsrolle, wobei Zuwendungen auch über quasi-staatliche Mittlerorganisationen wie Stiftungen und Fonds erfolgen. Die komplexe Förderstruktur gliedert sich in Zuwendungen und Subventionen, die 32,8 Prozent der Einnahmen ausmachen. Kostenerstattungen des öffentlichen Sektors entsprechen 35,4 Prozent und erfolgen im Gesundheitssektor meist über die gesetzliche Krankenversicherung. Die Wohlfahrtsverbände erhalten von den Kommunalbehörden 56 Prozent der öffentlichen Subventionen, von den Ländern 39 Prozent (vgl. Anheier 1997: 52f.). Selbsterwirtschaftete Mittel, wie Gebühren, Entgelte und Mitgliedsbeiträge spielen verglichen mit international 49,4 Prozent in Deutschland mit 32,3 Prozent eine geringere Rolle. Von eher marginaler Bedeutung sind auch die Einnahmen aus Spenden und Sponsoring, deren Finanzierungsanteil nur 3,4 Prozent entspricht, gegenüber international durchschnittlich 10,5 Prozent.

Tabelle 3: Finanzierungsstruktur des Dritten Sektors in Deutschland im Vergleich zum 19-Länder-Durchschnitt, in Prozent der Gesamtfinanzierung 1995

Einnahmequellen	Deutschland		19-Länder-Durchschnitt	
	ohne Engagement	mit Engagement	ohne Engagement	mit Engagement
Öffentliche Hand	64,3	42,5	40,1	32,1
Spenden und Sponsoring	3,4	36,2	10,5	26,5
Selbsterwirtschaftete Mittel (Gebühren, einschließlich Mitgliedsbeiträge, Entgelte)	32,3	21,3	49,4	41,4

Quelle: Johns Hopkins Comparative Nonprofit Sector Project.

Relativiert wird die Dominanz der öffentlichen Finanzierung jedoch dann, wenn eine geldwerte Umrechnung der freiwillig und ehrenamtlich geleisteten Zeitspenden erfolgt. Während für Deutschland die Rangfolge der Bedeutung der einzelnen Finanzierungsquellen aufgehoben würde, bliebe sie auf internationaler Ebene gleich. Steigt der selbsterwirtschaftete Finanzierungsanteil international „nur" von 10,4 auf 26,5 Prozent, so erfolgt demgegenüber in Deutschland eine Steigerung von 3,4 auf 36,2 Prozent. Die konstatierte „Staatsnähe" aufgrund des hohen öffentlichen Finanzierungsanteils wird ebenfalls durch die Gebundenheit der Zuwendungen und den rechnerischen Einbezug der Kostenerstattungen aus den Sozialversicherungen relativiert. Diese typische intermediäre Stellung des Dritten Sektors in Deutschland zwischen Staat (aufgrund des Subsidiaritätsprinzips), Markt und Zivilgesellschaft (zur Definition vgl. Seibel 1992, Backhaus-Maul 1992) eröffnet Chancen für soziales Unternehmertum und Kompetenzentwicklung. Dies belegt die im europäischen Kontext geführte Debatte zur Economie Sociale. Allerdings bewegt sie sich bereits im Grenzbereich zwischen Drittem Sektor und Markt, da insbesondere Genossenschaften vermehrt als gemeinwirtschaftliche Organisationen strukturiert werden. Gerade die in jüngerer Zeit entstandenen Organisationen im Bereich der Menschenrechte, humanitären Hilfe oder der Entwicklungsarbeit verdeutlichen den Aspekt der Formierung von beruflicher und sozialer Kompetenz, wie auch die Vermittlungsfunktionen dieser Einrichtungen.

Insgesamt kommt die mittlerweile erkannte Multifunktionalität des Nonprofit-Sektors einer enormen Aufgabenzuweisung gleich. In gewisser Weise beinhaltet sie aber auch eine institutionelle Alternative gegenüber den Konkurrenzsektoren Markt und Staat.

III. Sozialkapital

Die wichtigsten theoretischen Konzepte zum Sozialkapital stammen von den Soziologen Bourdieu und Coleman sowie von dem Politikwissenschaftler Putnam.[5] Neben den klassischen Formen des Kapitals sind erst in den 1960er Jahren systematisch die Faktoren Bildung, Fähigkeiten und Qualifikation in das ökonomische Kalkül einbezogen worden. Durch Beckers Humankapitalbegriff erfolgte die Ausweitung in den Bereich der Sozialtheorie (zur Kritik vgl. Pies/Leschke 1998). Doch erst in den 1980er und 1990er Jahren wurden eigenständige Theorien zum Sozialkapital ausformuliert. Gerade in den letzten Jahren wird dieses Konzept herangezogen, wenn es darum geht, bürgerschaftliches Engagement und Gemeinsinn positiv hervorzuheben.

---

5   Die Interpretation des Sozialkapitals in der Lesart von Putnam unterscheidet sich maßgeblich von der Bourdieus und Colemans. Bourdieu (1976) hat vorrangig die sozialabgrenzende Funktion sozialen Kapitals (Bildung, Kontakte etc.) herausgestellt. Danach trägt Sozialkapital wesentlich zur Stabilisierung des Status-quo bei. Coleman (1995b) faßt Sozialkapital neutraler als Interaktionskapital. Für einen Überblick über die Diskussion siehe u. a. Enquete-Kommission „Zukunft des Bürgerschaftlichen Engagements" 2001 und 2002, Haug 1997, Offe/Fuchs 2001, Rich 1999; zur Anwendung des Konzepts auf Social Enterprises Laville/Nyssens 2001, ähnlich Evers/Schulze-Böing 2001.

Im *individualisierten* Ansatz des französischen Soziologen Bourdieu wird der ökonomische Kapitalbegriff um das kulturelle, das soziale und das symbolische Kapital erweitert und vor dem Hintergrund sozialer Ungleichheit auf die gesamte *Gesellschaft* bezogen.[6] Das *soziale Kapital* besteht aus Ressourcen, die auf der Zugehörigkeit zu einer Gruppe beruhen. Soziales Kapital wird praktisch – also handelnd – auf der Grundlage von materiellen und symbolischen Tauschbeziehungen gebildet. Aus diesen entstehen wiederum Netzwerke gegenseitiger Tausch- und Verpflichtungsbeziehungen, die in Form von Mitgliedschaften institutionalisiert sind: in Familien, Parteien, Vereinen oder Clubs. Der Einsatz des sozialen Kapitals hängt von den zur Verfügung stehenden anderen Kapitalformen ab, demnach davon, wieviel ökonomisches und kulturelles Kapital investiert werden kann. Das Sozialkapital selbst kann wiederum für die anderen Arten des Kapitals einen Multiplikatoreffekt auslösen.

Alle drei Formen des Kapitals finden ihren sichtbaren und sozial anerkannten Ausdruck in einer vierten Form, dem symbolischen Kapital: Ehre, Prestige, Reputation, Renommee. Das symbolische Kapital wirkt auf der individuellen Ebene wie ein Kredit, dem Träger werden bestimmte Eigenschaften oder Fähigkeiten unterstellt. Durch kleine Aufmerksamkeiten und Gaben wird ein (späterer) Vorteil erhofft. Nach Bourdieu müssen diese verschleiert werden, da eine zu offensichtliche Tauschlogik von den meisten Menschen nicht akzeptiert wird. Bei zu erfolgreicher „Euphemisierungsarbeit" besteht jedoch die Gefahr, daß die Botschaft nicht ankommt. Vor dem kritisierten Hintergrund sozioökonomischer Ungleichheit stellt das symbolische Kapital „nur die umgewandelte, d. h. unkenntlich gemachte und damit offiziell anerkennbare Form der anderen Kapitalarten dar. Reichtum bleibt die Grundlage der

---

6   Das ökonomische Kapital kann in jede andere Form transformiert werden. Dieser Transformationsprozeß setzt Investitions- und Umwandlungsprozesse – „um den Preis der Vergeudung sozialer Energie" – in Gang, ist also mit Kosten in Form von Zeit, Geld und Arbeit verbunden und schließt auch Fehlinvestitionen nicht aus (vgl. Bourdieu 1976). Das kulturelle Kapital besteht aus Bildung, Kenntnissen und Fähigkeiten, die gewinnbringend eingesetzt werden können und teilweise in gesellschaftlich anerkannter und beglaubigter Form durch Titel institutionalisiert sind (vgl. Bourdieu 1998b: 15–32).

Macht, kann jedoch nur unter symbolischen Formen des Kapitals seine Wirkung zeitigen" (Bourdieu 1976: 375).

Auf gesellschaftlicher Ebene können so willkürliche Beziehungen legitimiert, faktische Unterschiede in offiziell anerkannte Unterscheidungen transformiert werden. Dadurch bleibt eine vorhandene hierarchische Beziehung bestehen und erneuert sich. Es kommt zu keiner Umgestaltung der sozialen Beziehungen zwischen den Individuen oder Gruppen („zirkuläre Zirkulation", Bourdieu 1976: 335–377, Bourdieu 1998b).

Im wesentlichen deckungsgleich ist der Begriff *soziales Kapital* des Rational-Choice-Theoretikers Coleman.[7] Soziales Kapital ist derjenige Bestand an sozialen (Netzwerk-)Beziehungen, über die eine konkrete Person verfügen kann und die das Handlungspotential der Person erweitert. Da diese Form von sozialem Kapital den Charakter eines öffentlichen Gutes annimmt, wird sie nicht, wie etwa Geldkapital, durch zielgerichtete Handlungsstrategien akkumuliert, sondern kommt zumeist als *Nebenprodukt anderer Tätigkeiten* zustande (nicht-intendierter Effekt). Soziales Kapital ist im Unterschied zu physischem Kapital oder dem Humankapital streng relational zu denken, es stellt sich als Beziehung zwischen Personen her (Coleman 1995a: 389–417). Soziales Kapital ist somit unveräußerlich und kann nicht als Privateigentum einer bestimmten Person betrachtet werden, so daß aus diesem und anderen Gründen die begriffliche Analogie zum ökonomischen Kapitalbegriff irreführend ist (vgl. Offe 1999). Die wichtigste Form sozialen Kapitals sind Verpflichtungen und Erwartungen. Für diese ist das *Vertrauensverhältnis* zentral. Soziales Kapital kann in anonymisierten und atomisierten sozialen Kontexten schwerer aufgebaut werden als in engen sozialen Netzwerken. Neben Organisationen, deren organisierte Struktur die stabilste Form von gegenseitigen Verpflichtungen und Erwartungen darstellt, werden bei

---

7   Coleman 1995a und 1995b. Auf Coleman stützen sich auch Evers/Olk (1995: 15) in der Definition der Wohlfahrtsproduktion. Im diesem Begriff sind menschliche Fähigkeiten und Fertigkeiten, „soziales Kapital" (Familienbeziehungen, Freundschaften und informelle Kontakte) und gesellschaftliche Ressourcen einbezogen. Dieser verbindet die Angebots- mit der Nachfrageseite (Konsumtion). Verbesserungen des Wohlfahrtsniveaus hängen von dem zur Verfügung stehenden sozialen Kapital sowie der disponsiblen Zeit ab.

Coleman auch soziale Normen unter die Kategorie des Sozialkapitals subsumiert.

In Anknüpfung an Colemans Konzept versuchte der Politologe Putnam den gesellschaftlichen Nutzen von sozialem Kapital – politische Beteiligung und Netzwerkbildung – anhand von Mitgliedschaften als erster empirisch zu bestimmen.[8] Das „Sozialkapital" in Deutschland, als Summe aus aktiv ausgeübter Mitgliedschaft und ehrenamtlicher Tätigkeit und Engagement für sich und andere, umfaßt nach den empirischen Ergebnissen des sogenannten ersten Freiwilligensurveys zwei Drittel der Bevölkerung und würde folgende Struktur aufweisen (vgl. Rosenbladt 2000a):

---

[8] Vgl. Putnam 1993, 1995 und 2001, auch Dörner/Vogt 1999, Newton 1999. Putnam faßt soziales Kapital als Mix aus subjektiven sozialen Normen *(Trust)* und objektiven Bedingungen der Gesellschaft (soziale Netzwerke) auf, die schließlich als Ergebnisse den Maßstab für Leistungsfähigkeit *(Efficiency)* abgeben; ähnlich ordnet Fukuyama (1996) Gesellschaften in *low-trust-* und *high-trust-*societies ein und betont den Einfluß von Kultur auf soziale Netzwerke, die das (soziale) Handeln beeinflussen und individueller Nutzenmaximierung entgegenstehen können.

– *Anteil und Struktur des „Sozialkapitals" in Deutschland, 1999*

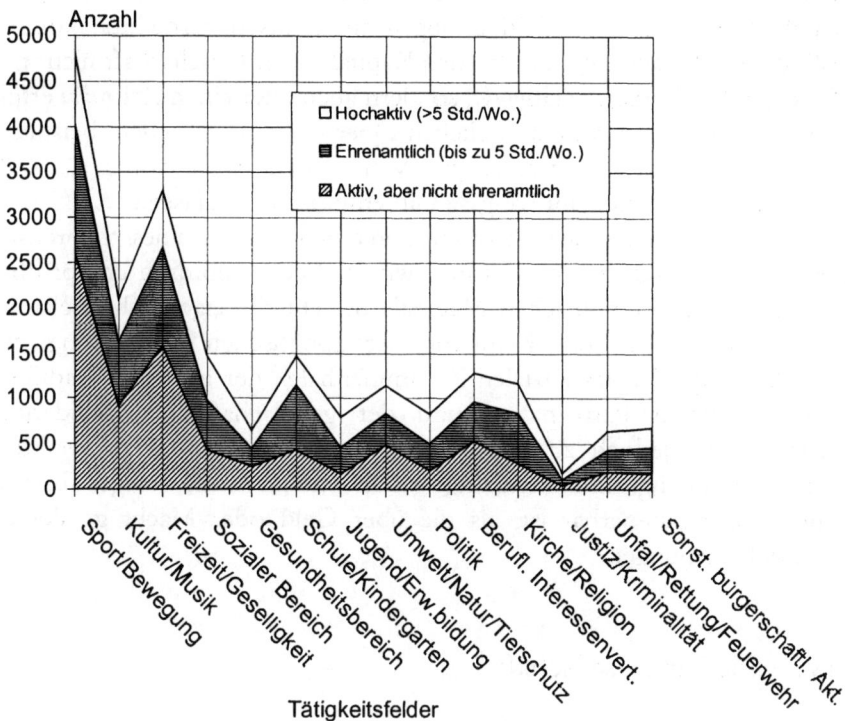

Quelle: Eigene Darstellung. Datenbasis: Freiwilligensurvey 1999 (N = 14922).

Wird soziales Kapital als kollektive Größe gesehen, so bilden und festigen sich die Netzwerke und Austauschbeziehungen, Verhaltensnormen und Vertrauensregeln. Neben familialen und nachbarschaftlichen Netzwerkbeziehungen wird durch Ehrenamt und Engagement soziales Kapital gebildet, das als aggregierte Größe, in Analogie zum Vermögens- oder Kapitalstock einer Volkswirtschaft, als *Sozialkapitalstock* begriffen werden kann (vgl. Stecker 1999a). Als Ausdruck gesellschaftlich praktizierter Solidarität und Partizipation sind Ehrenamt und Engagement damit der zeitlich sichtbare Ausdruck des „sozialen Vermögens" einer Gesellschaft. Dieser soziale Kapitalstock ist für den Sozialstaat von politischer, kultureller, sozialer, aber eben auch erheblicher ökonomischer Relevanz.

Dennoch darf die Begriffsanalogie nicht die Illusion hervorrufen, daß das „soziale Vermögen" einer Gesellschaft eine feste Bestandsgröße darstelle und sich wie Geldvermögen automatisch vermehren könnte. Würde die Betrachtung des sozialen Kapitals einer Gesellschaft nicht nur für einen bestimmten Zeit*punkt*, sondern auch über einen Zeit*raum* erfolgen, wäre neben den heute üblichen Querschnittsvergleichen, beispielsweise der europäischen Staaten (vgl. Werth/Maraffi/Newton u. a. 1999), auch die Veränderung im Längsschnitt empirisch zu erfassen.

Die Theorie des Sozialkapitals bietet den Vorteil eines theoretisch geschlossenen Konzeptes, das in gewisser Weise empirisch überprüfbar ist. Jenseits des empirischen Materials besteht die eigentliche Leistung des Konzeptes in der Betonung der „politischen" Bedeutung des sozialen Kapitals: des sozialen Zusammenhalts, der gelebten Tradition, der politischen Partizipation und der gesellschaftlichen Solidarität. Letztlich gilt jedoch zu bedenken, daß soziales Kapital an konkrete soziale Handlungszusammenhänge gebunden und somit weniger abstrakt und anonym steuerbar ist, als die über Geld oder Macht gebildeten Tauschbeziehungen.

IV. Die Zivilgesellschaft

1949 beschrieb Marshall mit *Citizenship* den historischen Prozeß der stufenweisen Inkorporation neuer Gruppen in den Staat (vgl. Marshall 1992), der zunächst die zivilen Bürgerrechte betraf, gefolgt von politischen und schließlich sozialen Rechten. Als Modell und Vision sieht *Citizenship* die Garantie und die Ausgestaltung der wechselseitigen Verstärkung von zivilen, politischen und sozialen Bürgerrechten vor.[9] Erst die vollen Bürgerrechte machen aus den Mitgliedern der Gesellschaft Mitbürger und Mitbürgerinnen, die zu bürgerschaftlichem Engagement fähig und bereit sind. Indem der Erwerbsarbeit die zentrale Stellung zur materiellen und sozialen Sicherung zukommt, insbesondere vor dem

---

9 Bellah/Madsen/Sullivan (1985: 196–218) erörtern ausführlich, warum „Engagement" nicht als deckungsgleich mit dem Konzept des *Citizenship* begriffen werden kann.

Hintergrund erodierender traditioneller Familien- und Gemeinschaftsbindungen und wachsender Unsicherheiten durch Individualisierungs- und Pluralisierungstendenzen, werden durch Arbeitslosigkeit auch die Bürgerrechte vor ein weiteres Problem gestellt. Die Exklusion vom Arbeitsmarkt beinhaltet neben fehlenden materiellen Ressourcen und gefährdeter sozialer Sicherung aus Lohn- und Erwerbsarbeit auch die eingeschränkte soziale und zivile Teilhabe. Daher schlägt Offe ein viertes Bürgerrecht vor: die ökonomischen Bürgerrechte (vgl. ähnlich Galbraith 1996, Ackerman/Alstott 1999).[10]

Ob nun die ökonomische Partizipation als eigenständig oder als Teil der „sozialen" Bürgerrechte interpretiert wird, so führt doch die Kritik an der klassischen Version von *Citizenship* zur Frage der Weiterentwicklung. Denn historisch ist *Citizenship* keinesfalls ein einheitliches Konstrukt. Zwei normative Traditionen und Philosophien können unterschieden werden, die als „bürgerliche" (*civic*) oder „liberale" (*liberal*) Auffassung von Bürgerschaft zu bezeichnen sind.[11] Im Unterschied zur zweiten enthält erstere nicht nur individuelle Rechte und Pflichten, sondern auch persönliche (Selbst-)Verpflichtungen für die Gemeinschaft, die als eine soziale und politische Einheit verstanden wird.

Die erste der beiden Traditionslinien (*civic Citizenship*) geht auf das antike Konzept der griechischen Polis zurück, daß maßgeblich durch Platon und Aristoteles geprägt wurde und die Basis für den bürgerlichen Republikanismus der mittelalterlichen italienischen Stadtstaaten bildete (vgl. hier Platon 1988: Politeia, Aristoteles 1959 u. 1966², Frank 1998). In der griechischen Polis wurden privilegierte Freiheitsrechte gewährt, die politische Partizipation einschlossen und dezidiert forderten, allerdings nur für die freien und männlichen Bürger, die sich in der öffentlichen

---

10 „The corresponding approach to the problems of precariousness calls on strategies advocating a basic income as an *economic citizenship* (as opposed to employee) *right*" (Offe 1997: 98, Hervorh. v. C. Stecker).

11 In genauer Übersetzung bedeutet *civic* bürgerlich-städtisch, während *civil* die Bedeutung von bürgerlich-(zivil-)gesellschaftlich enthält. Für Bürgerengagement bevorzugt Wendt (1996: 21) das englische *Citizen engagement*, während *civic engagement* eher den empathischen Sinn des bürgerschaftlichen Engagements ausdrückt, das mehr als nur die Beteiligung und das Einbezogenwerden der Bürger *(Citizen involvement)* beinhaltet.

Sphäre engagierten („Reich der Freiheit"). Diese Freiheitsrechte galten nicht für Sklaven, Frauen und Männer, die im Oikos, dem privaten „Reich der Notwendigkeit" sozial und politisch ausgeschlossen waren (vgl. Arendt 1997[9]). Der antike, romantische oder bürgerliche Status des Bürgers, seine Rechte, Pflichten und Verantwortlichkeiten fußen auf der aktiven Partizipation und der Teilhabe an einer sozialen Einheit oder Gemeinschaft als „Citizen" oder „Citoyen". Der „civic republicanism" von Aristoteles beeinflußte die politischen Schriften von Machiavelli, Rousseau, bis hin zu Tocqueville. Damit bildete der mit dem aristotelischen Begriff der „politischen Gemeinschaft" entstandene Gesellschaftsbegriff der antiken Polis das Leitbild der politischen Theorie bis in die Neuzeit, um dann von der Idee des Nationalstaates abgelöst zu werden (vgl. Shafir 1998, Kocka 2000a). Gemeinsam ist beiden Leitbildern die Selbstgenügsamkeit (Autarkie), die heute durch Internationalisierung und Globalisierung in Frage gestellt wird.[12]

Im Gegensatz dazu beruht die zweite Tradition des *liberal Citizenship* auf liberalem, individuellem und utilitaristischem Denken, das in der historischen Phase der Aufklärung aufkam, aber bereits dem Römischen Reich zugrunde lag. Für dieses Verständnis spielte Lockes liberale Idee eine wichtige Rolle, die die politische Philosophie und ökonomische Theorie maßgeblich beeinflußte. Deutlich wird zum ersten Mal die Verknüpfung von Staatsbürgerrechten und Arbeit durch Lockes Legitimierung der Arbeit als Basis für Eigentumsrechte (vgl. Locke 1980). Im liberalen Konzept ist die Rolle der Politik negativ: als Hilfe und Schutz des Individuums vor dem Einfluß des Staates. Im Gegenzug unterliegen die Individuen minimalen Pflichten, wie denen der Steuerzahlung, der Wahlbeteiligung und des militärischen Dienstes. Das liberale Konzept wird somit staatsfixiert im Sinne negativer Freiheiten und passiver Garantien verstanden (Lassalles „Nachtwächterstaat" oder Nozicks „Minimalstaat"). In liberaler Sicht ist Staatsbürgerschaft oder Staatsangehörigkeit ein Zugangsrecht, aber *kein Wert an sich.*

Die modernen Versionen von *Citizenship* wurden jedoch noch wesentlich kompliziert durch das gleichzeitige Auftauchen ziviler Rechte und eines nationalen Bewußtseins. Die in Deutschland dem Staat zukom-

---

12 Vgl. Habermas 1990 u. 1998, Bourdieu 1998a.

mende überragende Rolle, basierend auf der Hegelschen Unterscheidung von „Staat" und „bürgerlicher Gesellschaft", führte zur Verengung auf den „Staatsbürger", dem staatlich gewährte Rechte und Pflichten zugestanden werden und der somit in *liberaler* Tradition passiv bleibt. Neben dieser staatswissenschaftlich-politologischen Sichtweise mißt insbesondere die Soziologie der durch Hegel erstmalig vorgenommenen Reflektion der Französischen Revolution und der Napoleonischen Zivilgesetzgebung große Bedeutung bei. Durch die „bürgerliche Gesellschaft" entsteht ein neu geschaffener Freiraum zwischen Staat und familiärer Gemeinschaft. Im Unterschied zur französischen etabliert sich in der deutschen Soziologie der Gesellschaftsbegriff als Differenzbegriff zum Staat (vgl. Kaufmann 1998, Joas 2001). Der Staat wird als einheitsbildende politische und sittliche Kraft gesehen, dem eine Gemeinschaft mit einer Vielfalt von Interessen gegenübersteht. Daraus folgt eine *politische Konstituierung* der Gesellschaft.

In der französischen Soziologie, insbesondere bei Comte und Durkheim, wird die Gesellschaft mit moralischen, religiösen Qualitäten und mit Einheitserwartungen betrachtet. Die Vorstellung einer primär politischen Herstellung des „sozialen Bandes" kommt nicht auf, daraus folgt die *kulturell-moralische Konstituierung* des Staates. Im angelsächsischen Raum ist die aristotelische Vorstellung einer Einheit des politischen und sozialen Raumes am deutlichsten. Die Rolle des (Wohlfahrts-)Staates wird residual (so auch bei Esping-Andersen 1990), lediglich als Komplement zur privaten, liberalen Sphäre gedacht, während die Rolle des Staatsbürgers *aktiv* in der Tradition des *civic republicanism* verstanden wird. Die Beziehungen der Menschen untereinander werden vor allem utilitaristisch gedeutet und die politische Gewalt wird vertragstheoretisch begründet. Trotz der liberalen Betonung des Freihandels gilt die Gesellschaft als autarke soziale Einheit, die ihre Funktionen aus sich selbst heraus zu erfüllen vermag (vgl. Kaufmann 1998). Gerade die Untersuchungen von Tocqueville und die heutige Kritik, die sich in der Kommunitarismusdebatte niederschlägt, verdeutlichen diesen Antagonismus innerhalb der amerikanischen Gesellschaft.[13] Zur Vermeidung der zu Mißver-

---

13 Vgl. Tocqueville 1990, Bellah/Madsen/Sullivan u. a. 1985; zur kritischen Auseinandersetzung Dubiel 1994, Walzer 1996.

ständnissen neigenden Konnotation des deutschen Begriffs der „(Staats-) Bürgerschaft" schlug Dahrendorf (1995) den Begriff „Bürgerstatus" vor. Die Distinktion zwischen Autonomie und moralischer, sozialer Verantwortung, zwischen Liberalismus und Republikanismus, wurde für die Kommunitarismus-Debatte grundlegend. Für die Auseinandersetzung zwischen Kommunitariern und Liberalen über die Rolle des „guten Bürgers" und die Suche nach der „verantwortlichen Gesellschaft" bilden die beiden Konzepte von *civic* und *liberal* Citizenship somit den maßgeblichen Hintergrund. Einige der Theorien zu Verantwortung und Deliberation gehen dabei zurück auf Kants ethisches System und die *Diskursethik* von Habermas, während andere vermehrt auf moralische Beeinflussung *(Moral suasion)* und enge familiäre Beziehungen setzen, um den „guten Bürger" zu erziehen (vgl. Kant 1989, Habermas 1992, Etzioni 1997). Von fundamentaler Bedeutung und zum Auslöser für die Kommunitarismusdebatte wurde die sozialphilosophische Grundlagenstudie *Habits of the Heart*.[14] Die Soziologen und Politologen der Studie gingen dem Phänomenen des Individualismus und des zerfallenden Gemeinsinns in der amerikanischen Mittelschicht nach, den Tocqueville noch als ein herausragendes Kennzeichen und Fundament der amerikanischen Demokratie beschrieben hatte. Zentrales Ergebnis der Untersuchung war die Auflösung jenes kommunalen und gemeinschaftlich gestützten Netzwerks freiwilliger sozialer Verpflichtungen, der „soziale Kitt" (vgl. Dubiel 1997), der eine Gesellschaft zusammen halte. Zur theoretischen Richtung wird der Kommunitarismus durch Etzioni (1975), dessen grundsätzliche Distinktion auf den genannten Traditionslinien aufbaut. Ebenso wie Etzioni (1997) die individualistische Vorstellung über das Zustandekommen eines Gesellschaftsvertrages bei

---

14 Vgl. Bellah/Madsen/Sullivan u. a. 1985; vgl. auch Garz 1996: 18ff. Die Metapher bemühen Wessels 1994: 150, Wuthnow 1997: 41 und Kohlberg 1997. Ähnlich der *invisible hand* von Adam Smith waren die *habits of the heart* von Tocqueville (1990: 183) selbst nicht als Begriff gedacht. Der „eigentümliche Kitt", der die amerikanische Gesellschaft zusammenhalte, ist auf den Vorrang der *mores* zurückzuführen, die weit mehr sind als die „Gewohnheiten des Herzens", die Dubiel 1997 als „sozialen Kitt" interpretierte. Letzteres wurde ebenfalls zum Schlagwort, etwa bei Kistler/Noll/Priller 1999: 11, Rosenbladt 2000b 26.

Locke und Rawls als zu konstruktivistisch und abstrakt deuten muß, kritisiert er den Hobbesschen Egoismus und den oft auch auf ökonomischem Kalkül zugrundeliegenden Hedonismus. Der Kommunitarismus opponiert gegen die als egoistisch aufgefaßten *individualistischen Motive* in der Absicht, den sozialen Zusammenhalt und die Gemeinschaft als solche zu stärken.[15] Zwar verweist das Prozeßhafte des Etzionischen kommunitaristischen Paradigmas auf Kants Pflichtethik und auf die von Habermas durch die Diskursethik vorgenommene Erweiterung der Kohlbergschen Stufen der Moralentwicklung; die eingeforderten gesellschaftsübergreifenden moralischen Dialoge enthalten jedoch nicht die Qualität deliberativer Prozesse oder entsprechen dem prozeduralen Ideal, das Ackermann beschreibt, sondern beruhen eher auf dem Prinzip der moralischen Beeinflussung.[16] Insgesamt handelt es sich hier um die Gefahr einer über- oder untersozialisierten Sicht, wenn von einem Zuwenig oder Zuviel an Gemeinschaft gesprochen wird.

Trotz aller Kritik kann als ein Ergebnis der Kommunitarismusdebatte festgehalten werden, daß diese den Unterschied von Gesellschaft und Gemeinschaft erneut verdeutlicht hat. Ebenso zeigt sich die enge Verknüpfung von „Bürgerschaft" mit dem Konzept der „Zivil"- oder auch „Bürgergesellschaft" (vgl. Ueltzhöffer/Ascheberg 1995: 17ff.), eine wie im Begriff des Sozialen Kapitals in jüngerer Zeit vermehrt verwendete

---

15 Vgl. Kapur 1995, Honneth 1995. Für Sennett (1998: 197) „hat der Kommunitarismus nur einen sehr zweifelhaften Anspruch auf solche Begriffe wie Vertrauen und Verpflichtung: er betont zu unrecht die Einheit als Quelle der Kraft in einer Gemeinde und reduziert den Konflikt auf eine bloße Bedrohung der sozialen Bindungen in einer Gesellschaft". Während die Neoliberalen den Markt verherrlichen, begnügen sich nach Beck (1997: 26) die Kommunitarier mit Kosmetik, „versuchen den Teufel des Egoismus mit weihevoller Rhetorik der Gemeinschaftlichkeit auszutreiben".

16 Der Begründungszwang für moralische Werte ist von Etzioni (1997: 279-325) zumindest deontologisch gedacht; zu Etzionis Menschenbild vgl. auch Dettling 1995: 66f. In der *Stakeholder Society* von Ackerman/Alstott 1999 ist eine Gleichverteilung der individuellen ökonomischen Startchancen *(equality of opportunity)* vorgesehen. Das egalitäre des Konzeptes – annähernde Gleichverteilung der Chancen – erinnert an Rawls.

und normativ aufgeladene Bezeichnung.[17] Hervorgegangen aus der Tradition des politischen Handelns, in der sich Politik und Moral auf die *res publica*, die Angelegenheiten der Bürger konzentrierten, wird unter der modernen Bürgergesellschaft als *Civil Society* oftmals das aktive, praktisch-politische Handeln der Bürger als Gegenmacht zum Staat begriffen.

Faßt man das Konzept der Zivilgesellschaft nicht normativ, sondern deskriptiv-analytisch auf, so ist damit der Raum „gesellschaftlicher Selbstorganisation zwischen Staat, Ökonomie und Privatheit, die Sphäre der Vereine, Zirkel, sozialen Beziehungen und Nichtregierungsorganisationen" (Kocka 2002: 16) umschrieben. Als analytisches Konzept hat Zivilgesellschaft damit große Gemeinsamkeiten mit den Theorien zum Nonprofit-Sektor, da beide das in freiwilligen Vereinigungen zum Ausdruck kommende Potential einer Gesellschaft zur Selbstorganisation, Eigenständigkeit und Unternehmertum in den Vordergrund stellen (vgl. dazu auch Pankoke 2002).

IV. Ein Resümee

Im gesellschaftlichen Modernisierungsprozeß wird der Dritte oder Nonprofit-Sektor als „Hoffnungsträger" gehandelt. Diese Sichtweise ist aufgrund der Multifunktionalität der Organisationen und der Pluralität des bürgerschaftlichen Engagements durchaus begründet. Entgegen der Vorstellung beispielsweise der Beckschen Bürgerarbeit kann und darf vom Nonprofit-Sektor keine generelle Lösung der Arbeitsmarkt- und Beschäftigungsproblematik erwartet werden.[18] Doch zeichnet sich ange-

---

17 Nachdem der Begriff im Kontext der revolutionären *Civil Society* in Osteuropa populär wurde (vgl. Dubiel 1994, Beyme 2000a, Toepler 2000, Lauth/Merkel 1997) erfolgte seine Verwendung sowohl im analytischen als auch im Sinne eines (normativen) Leitbildes für eine aktiv beteiligte und selbständige Bürgerschaft und, in der Tradition Tocquevilles, als „Schule der Demokratie"; zur Definition Beyme 2000b, Kocka 2000a: 36f., Kocka 2000b: 481; ausführlich dazu Klein 2001.

18 Dieses ist als besondere Alternative für Arbeitslose und Sozialhilfeempfänger gedacht, die sich nachweislich unterdurchschnittlich engagieren und anstelle immaterieller Anerkennung ein monetäres Erwerbseinkommen bedürfen.

sichts des gesellschaftlichen Wandels und des Verlustes der Erwerbsarbeit gerade für den Dritten Sektor ein höheres Anforderungsprofil im Sinne von Beschäftigung *und* sozialer Integration ab. Daraus ergibt sich eine besondere Dilemmasituation für den Nonprofit-Sektor und das freiwillige Engagement: Um das Engagement als persönliche Arbeitsmarktstrategie zu nutzen, scheint eine Qualifizierung und Professionalisierung notwendig. Erfolgt beispielsweise als Anreiz vermehrt eine materielle Vergütung des bürgerschaftlichen Engagements durch Steuererleichterungen, Übungsleiterpauschalen oder ähnliches, wird lediglich eine verbesserte Arbeitsmarktchance und Nähe zum Arbeitsmarkt gefördert, aber *nicht* das Ehrenamt und Engagement selbst (vgl. Stecker 2004c). Es würden aufgrund der empirisch festgestellten Engagementstruktur besonders diejenigen Personenkreise unterstützt, die bereits engagiert sind und die eine sozialstaatliche Stützung nicht bedürfen, insbesondere deshalb nicht, weil das bürgerschaftliche Engagement ein Mittelstandsphänomen darstellt. Für den Sozialstaat ergibt sich hinsichtlich der Förderung und Anreizsetzung des Ehrenamts und Engagements somit zusammengefaßt das Problem, daß er die Ziele *Solidarität* und *Demokratie* nicht selbst fördern kann, da sich diese allenfalls indirekt ergeben können, aber nicht zwangsläufig einstellen müssen. Darüber hinaus entziehen sich gerade die sinnstiftenden, nichtmonetären Wohlfahrtseffekte oder positiven externen Effekte des bürgerschaftlichen Engagements, für das Autonomie und Freiheit bei der Wahl des Tätigseins offensichtlich konstitutive Kriterien darstellen, einer direkten Steuerung.

Der Dritte Sektor läßt sich jedoch nicht auf seine ökonomische und arbeitsmarktpolitische Relevanz reduzieren. Die zivilgesellschaftlichen Organisationen des Dritten Sektors übernehmen advokatorische, kontrollierende und politische Funktionen, indem sie staatliche Instanzen medienwirksam rechenschaftspflichtig machen. Als Teil der Zivilgesellschaft werden von den Organisationen und durch die darin tätigen Personen politische Funktionen wahrgenommen und auf demokratische Strukturen im nationalstaatlichen, europäischen und internationalen Rah-

---

Diese Personenkreise benötigen und suchen persönliche Perspektiven auf dem Arbeitsmarkt – und vermutlich nicht im „Bürgerarbeitssektor"; vgl. Stecker 1999b u. 1999c, Kommission für Zukunftsfragen der Freistaaten Bayern und Sachsen 1997: Kap. 15, 146–168 sowie Beck 1999.

men eingewirkt, während die geleisteten bezahlten und unbezahlten sozialen Dienstleistungen maßgeblich zur lokalen Wohlfahrt beitragen. Zivilgesellschaft wird damit zum Synonym einer positiv besetzten Zukunftsvision einer demokratischen und sozial-gerechten Gesellschaft. Infolge der breit rezipierten Arbeiten von Putnam gilt Sozialkapital inzwischen als Leitbegriff für Solidarität und Gemeinsinn.[19] Was die soziale Kohäsion betrifft, so werden Mitgliedschaft, Mitarbeit und Mitmachen in freiwilligen Vereinigungen als Aktivierung von Solidaritätspotentialen gesehen. Diese Beziehungen zeitigen positive Effekte sowohl für den Einzelnen als auch für die Gesellschaft. Entsprechend der Interpretation von Putnam werden mittels Sozialkapital persönliche Sinnstiftungsquellen erschlossen und – gewissermaßen nach außen gerichtet – positive (Rück-)Wirkungen auf die Gesellschaft erzielt.

Letztlich wird im Nonprofit-Sektor diejenige zivilgesellschaftliche und lebensweltliche Infrastruktur produziert, die zur gesellschaftlichen Integration und Solidarität beiträgt, indem sie Raum bietet für Selbstorganisation, persönliches Engagement und politisches, soziales Handeln.

---

19 Die negativen Auswirkungen in Richtung sozialer Abgrenzung und damit die aus demokratisch-emanzipativer Sicht als „unsozial" zu charakterisierenden Organisationen und Strukturen werden bisher weniger in den Blick genommen. Aktuell gewinnt diese Themenfeld zunehmend an Bedeutung; für eine Übersicht über laufende Arbeiten vgl. ARNOVA-Abstracts 2002, Roth 2003, Stecker/Nährlich 2004.

Das Ehrenamt im Altenbereich – Eine politische Herausforderung

Markus Ambrosch

Das für den vorliegenden Text erkenntnisleitende (Vor-)Verständnis in bezug auf das gemeinnützige Engagement im Altenbereich speist sich aus zwei Grundannahmen: Erstens handelt es sich im Vergleich zum allgemeinen Ehrenamt um einen heteronomen Tätigkeitsbereich, der deshalb zweitens eine differenzierte Analyse der „Lebensphase Alter" voraussetzt, die um die Herausschälung struktureller Spezifika bemüht ist. Da diese „Lebensphase Alter" nicht nur in der individuellen Biographie eines jeden Menschen in der heutigen westlichen Zivilisation an Bedeutung gewinnt, sondern auch in Gestalt der vielbeschriebenen demographischen Alterung der Gesamtbevölkerung in toto in den sozialwissenschaftlichen Blick zu nehmen ist, darf auch der Facettenreichtum dieses Lebensabschnitts nicht außer Acht gelassen werden. Man bedenke hierbei, dass heutzutage die Nachberufsphase einen Zeitraum von bis zu 40 Jahren einnehmen kann und mit unterschiedlichsten Aktivitäten und Lebensentwürfen – seien diese freiwilliger oder unfreiwilliger Natur – auszufüllen ist. Der von der gerontologischen Forschung präferierte multiperspektivische Zugang zum Thema *Alter(n)* verbietet daher eine vereinseitigende – und gerade dadurch stigmatisierende – Einstufung jener Bevölkerungsgruppe: Kompetenzen und Defizite, Autonomie und Abhängigkeit, Engagement und Disengagement älterer Bürger müssen stets zusammengedacht werden. Insbesondere hat dies auch für das Ehrenamt im Altenbereich Geltung.[1] Sowohl den gesellschaftlich-demographischen Entwicklungen als auch den gerontologischen Erkenntnis-

---

[1] Da an dieser Stelle nicht auf die theoretische Definitionsproblematik der Ehrenamtlichkeit eingegangen werden kann, sei darauf verwiesen, dass der Begriff *Ehrenamt* hier sehr weit gefasst wird, somit also auch Teile der Selbsthilfebewegung sowie eher informelle freiwillige soziale Tätigkeiten mit eingeschlossen sind.

sen darf sich die Politik nicht verschließen, um auf mittel- und langfristige Sicht eine adäquate Koordinationsbasis für die Ehrenamtlichkeit – in unserem Fall im Alter – einzurichten. Welche Faktoren sind hierfür jedoch maßgebend und unter welchen Gesichtspunkten sind diese zu sehen? Anknüpfend an diese Fragestellung und unter der Prämisse, dass die Ehrenamtlichkeit eine wichtige Komponente des sozialen Kitts ist, der das Gemeinwesen in seinem solidarischen Fundament zusammenzuhalten vermag, gilt es im Folgenden festzustellen, welche Rahmenbedingungen für ein ehrenamtliches Engagement Älterer vorherrschen.

I. Zur Ausgangslage des Ehrenamts im Altenbereich

Zunächst haben sich die diesbezüglichen Überlegungen an dem übergreifenden „Strukturwandel des Ehrenamtes" zu orientieren. Dieser findet seinerseits auf der Folie fundamentaler gesellschaftlicher Veränderungen statt, die hauptsächlich mit Schlagworten wie Individualisierung, Globalisierung, Pluralismus, Wertewandel und Säkularisierung assoziiert werden. Auch vor den Senioren machen diese Tendenzen offenbar keinen Halt (vgl. z. B. Kade 1994), wenngleich es dieser These noch an empirischer Evidenz mangelt. Da es in dieser Hinsicht einer besonderen Betrachtungsweise der Gruppe der Senioren bedarf, bleibt also das Desiderat einer eigenständigen Forschungsperspektive auf eben jene Gruppe noch zu erfüllen. In unserem Kontext scheint es nun angemessen zu sein, gerade im Hinblick auf die grundlegende Thematik – das Ehrenamt im Altenbereich – einen doppelten Zugang zu konzipieren: Zum einen sind die Älteren in ihrer Eigenschaft als ehrenamtlich Tätige zu betrachten; zum anderen müssen sie aber auch – vielleicht sogar in einem überdurchschnittlichen Maße – als Empfänger von Hilfeleistungen ins Auge gefasst werden. In beiden Fällen ist jedoch der erwähnte Strukturwandel bezüglich des Ehrenamtes im Blick zu behalten.

I.1 Die Älteren als ehrenamtlich Tätige

Es gilt an dieser Stelle, die gesundheits-, sozial- sowie auch die kulturpolitischen Potentiale zu erkunden, die eine ehrenamtliche Betätigung älterer Bürger in sich birgt. Hierbei ist es indiziert, die gesellschaftliche Relevanz des „Alters" zu berücksichtigen. Die „Institutionalisierung des Lebenslaufs" (Kohli 1985), deren Quintessenz die biographische Dreiteilung in Vorbereitungs-, Erwerbs- und Ruhestandsphase darstellt, erweist sich für uns als heuristisches Modell insofern als unbrauchbar, als die Grenzen zwischen den einzelnen Phasen immer mehr verschwimmen. Dies hat auch für den Übergang in den Ruhestand Geltung, vor allem deshalb, weil dieser – bedingt durch verschiedene Vorruhestandsmöglichkeiten – immer früher stattfindet. Dadurch muß dem Alter nicht nur eine erhöhte Aufmerksamkeit entgegengebracht werden, sondern es fällt diesem Lebensabschnitt auch faktisch mehr individuelles Gewicht zu; dieser Prozeß ist im übrigen auf eine eigenartige Weise mit der zunehmenden Auflösung der Konturen der bisher gewohnten Arbeitsgesellschaft verknüpft.[2]

Dadurch, dass nun im Renten- bzw. Pensionsalter ein enormes Maß an ungebundener Zeit zur Verfügung steht, kann eben diese Freizeit zur Aufnahme neuer Aktivitäten genutzt werden – insbesondere ist hier der Blick auf das Ehrenamt zu richten. Um einen geeigneten Gesamtüberblick zu erhalten hat eine solche – nun folgende – Betrachtung von einer Makro- auf eine Mikroebene, von einer gesamtgesellschaftlichen auf eine individuelle Sichtweise einzuschwenken.

Die Zahlen, die das ehrenamtliche Engagement Älterer illustrieren, differieren stark, und zwar sowohl in ihren Erhebungskategorien als auch in ihren endgültigen Ergebnissen. Während die eine Studie eher niedrigere Zahlen an das Tageslicht befördert – z. B. der Alters-Survey, der von 13,3 Prozent ehrenamtlich Tätiger in der Altersgruppe der 55 bis 69-Jährigen und in der Gruppe der über 70-jährigen von 6,9 Prozent ausgeht –, engagieren sich einer anderen Umfrage zufolge rund 30 Prozent aller 60- bis 70-jährigen ehrenamtlich (vgl. Bröscher/Naegele/Rohleder 2000: 34f.). Man kann jedoch davon ausgehen, dass diese Daten Markierungen darstellen, zwischen denen sich die wirklichen Zahlen bewegen.

---

2   Die Eigenartigkeit rührt daher, dass die in der Auflösung begriffene Erwerbsgesellschaft nach neuen Tätigkeits- und Vergesellschaftungsmöglichkeiten suchen muss, und somit die Senioren vielleicht sogar als Pioniere angesehen werden können, die sich in ihrer freien Zeit neue Tätigkeiten suchen (vgl. Kohli u. a. 1993: 16).

Ein beträchtlicher Anteil an der Konfusion bezüglich der obigen Daten ist auf die Tatsache zurückzuführen, dass ehrenamtliche Tätigkeiten unterschiedlich abgegrenzt werden.

Insofern erscheint es zweckdienlich, die entsprechenden Bereiche zu konturieren. Wie es für das Ehrenamt im allgemeinen der Fall ist, so muß auch hinsichtlich des Ehrenamtes im Altenbereich zunächst eine Unterscheidung in soziales und politisches Ehrenamt vorgenommen werden. Beide Ausprägungen stellen auch hier breite Tätigkeitsspektren dar, derer sich die Älteren bzw. die Alten von heute annehmen können. Solche ehrenamtlichen Optionen müssen jedoch nicht notgedrungen in alterspezifischen Vereinigungen genutzt werden, vielmehr steht es den Senioren ja frei, sich in eine allgemeine Ehrenamtsorganisation einzugliedern. Diesbezüglich geht aus den Daten des Alters-Survey 1998 hervor, dass sich die älteren Ehrenamtlichen eher in altersunspezifischen Bereichen einsetzen (vgl. Kohli 2000: 177). Der jeweilige Möglichkeitsspielraum ihres Engagements im altersspezifischen Ehrenamt erreicht dabei annähernd denselben Umfang wie im allgemeinen Ehrenamt.

In bezug auf das soziale Ehrenamt stehen den Akteuren gemeinhin Bereiche wie Sport, Kultur, Umwelt etc., vor allem aber die freiwillige Arbeit im sozialen bzw. gesundheitlichen Sektor offen. Dementsprechend reicht die von Senioren ausgeübte Bandbreite ehrenamtlicher Arbeit, von der Mitarbeit in Sportvereinen über Seniorentheatergruppen bis hin zu Hospizbewegungen. Dabei besteht eine Vielfalt an verbandlich organisierten Tätigkeitsfeldern (vgl. z. B. BAGSO 2000) sowie ein undurchsichtiges Dickicht an gemeinnützigen Betätigungen (mitunter auch mit informellen Charakter) für Ältere, die durchaus als Ehrenamt kategorisiert werden können. Ein Beispiel sind Selbsthilfegruppen, deren gesellschaftliches Gestaltungspotential sich aus der freiwilligen Arbeit ihrer Mitglieder ergibt. Das bürgerschaftliche Engagement tritt dann etwa in Form gegenseitiger Nachbarschaftshilfen in Erscheinung. Während die Tätigkeiten in den Bereichen wie Sport, Kultur und Umwelt überwiegend von Männern ausgeübt werden, stellen die Frauen in den sozialgesundheitlichen Diensten eindeutig die Majorität. (vgl. BMFSFJ 1996: 16). Deren gesellschaftliche Bedeutung ist insofern hervorzuheben, als das sozial-gesundheitliche ehrenamtliche Engagement zum einen den

Sozialstaat von weiteren Aufgaben entlastet, zum anderen aber den Betroffenen soziale Sicherheit zukommen lässt.

Im Gegensatz zum sozialen Ehrenamt scheint das politische Ehrenamt, worunter hauptsächlich die Mitarbeit in Seniorenvertretungen (z. B. Seniorenbeiräte und -räte) oder in parteilichen Organisationen (z. B. der Seniorenunion der CDU) fällt, im Altenbereich noch ein Randphänomen zu sein. Nur 1,4 Prozent aller über 59-jährigen beteiligen sich daran, und lediglich 0,6 Prozent üben ihr Ehrenamt aktiv aus (vgl. Künemund 2000: 297). Obwohl die Beteiligungsraten in diesem Bereich bis dato relativ niedrig ausgefallen sind, stellt sich angesichts der erwähnten demographischen Entwicklung die legitimationstheoretische Herausforderung, politische Mitwirkungsmöglichkeiten der älteren Bürger – gerade auch unter dem Aspekt der Ehrenamtlichkeit – zu diskutieren. Ein Merkmal, das die Relevanz dieser Thematik (in der Bundesrepublik Deutschland) vor Augen führt, ist die quantitative Zunahme seniorenpolitischer Institutionen über die letzten Jahre hinweg. Im Zusammenhang mit diesem „altenpolitischen Aktivismus" sind eine Reihe von Innovationen (Neckel 1993), mitunter auch Veränderungen, zu nennen, die für die politische Mitarbeit von Senioren durchaus von Belang sind. So besitzen nun alle im deutschen Bundestag vertretenen Parteien eine Seniorenorganisation: Die Senioren-Union der CDU, die Arbeitsgemeinschaft 60plus der SPD, die Senioren-Union der CSU, der Bundesverband Liberale Senioren der FDP, die Alten Grünen von Bündnis 90/Die Grünen und die Seniorenarbeitsgemeinschaft der PDS. Des weiteren ist die Entwicklung der Partei „Die Grauen" zu beachten, deren Bedeutung jedoch – entgegen optimistischer Einschätzungen in den 1980er Jahren – heute eher stagniert, wenn nicht sogar gänzlich im Schwinden begriffen ist. Drittens ist die quantitative Zunahme sowie der gewachsene Umfang des Engagements der kommunalen Seniorenvertretungen, wie sie sich in Seniorenbeiräten und Seniorenräten widerspiegeln, kaum zu übersehen. Die Bundesseniorenvertretung bezifferte ihre Zahl Ende 2000 bundesweit auf 1088 Vertretungen. Diese aufgezeigten Entwicklungen weisen auf eine breite Angebotspalette ehrenamtlicher Aufgabenfelder hin, welche den Älteren in der heutigen Gesellschaft offenstehen.

Neben der Unterscheidung zwischen sozialem und politischem Ehrenamt sind auch die Ressourcen, die auf der Seite der älteren Bürger bestehen, in ihrer Verschiedenartigkeit zu berücksichtigen. In diesem Kontext fallen vor allem die Ressourcen Zeit, Gesundheit, Geld und Bildung ins Gewicht, weshalb sie einer besonderen Erwähnung bedürfen.

Im Hinblick auf die zeitlichen Ressourcen ist unstrittig, dass diese sowohl infolge von Auflösungsprozessen innerhalb der Kernfamilie als auch durch Freisetzungsprozesse aus dem Erwerbsleben – man bedenke hier die vielfältigen Vorruhestandsregelungen – im Alter zunehmen. So besitzen Rentner bzw. Rentnerinnen mit 8,5 bzw. 7 Stunden pro Tag die meiste Freizeit (vgl. Gather 1996: 29). Jene ungebundene Zeit stellt insgesamt ein ernstzunehmendes Potential für eine ehrenamtliche Partizipation dar.

Daneben spielt das steigende gesundheitliche Niveau, das die Älteren erreichen respektive bewahren, eine wichtige Rolle, denn obwohl allenthalben auf die Überlastung der Pflegeeinrichtungen aufmerksam gemacht und daraus auf ein mit dem Alter quasi schicksalhaft einsetzendes Siechtum geschlossen wird, treten gravierende gesundheitliche Beeinträchtigungen erst in der Phase der Hochaltrigkeit ein. Letztlich befinden sich nur 4 Prozent aller über 60-jährigen in einer Altenpflegeeinrichtung. Selbst wenn ein gewisser Anteil zu Hause gepflegt wird, so ist doch die Mehrzahl der Alten körperlich und geistig noch in der Lage, sich ehrenamtlich zu engagieren.

Des weiteren sind auch die finanziellen Reserven der Älteren von Bedeutung. Obwohl die Armut im Alter nicht negiert werden darf, kann man davon ausgehen, dass die Gruppe der Senioren ungefähr doppelt so kapitalkräftig ist wie die der Berufstätigen (vgl. Rürup/Sesselmeier 1993). Mit den vorhandenen Geldmitteln, die aus verschiedenen Quellen stammen – z. B. Zinsen, Lebensversicherungen, Erbmasse usw. – können sie allfällige finanzielle Ausgaben leichter verkraften als Jüngere. Ihre eher gegebene finanzielle Unabhängigkeit ist eine günstige Voraussetzung für ehrenamtliche Betätigungen.

Schließlich ist auch die Bildung, die das Individuum während seines Lebens – im wesentlichen während seines Jugend- und frühen Erwachsenenalters – erworben hat, nicht zu vernachlässigen. Denn „je höher der Bildungsgrad ist, desto größer ist die Bereitschaft einer Vereinigung beizutreten und sich zu engagieren" (Ristau/Mackroth 1993: 35). Geht man davon aus, dass das Bildungsniveau, selbst wenn dieses nur die formalen

Abschlüsse betrifft, weiter zunehmen wird, so ist dies zukünftig ein wichtiger Faktor in der Ehrenamtsdiskussion.

Untersuchungen belegen den Zusammenhang zwischen den in Rede stehenden Ressourcen sowie zusätzlichen Merkmalen auf der einen, und der Bereitschaft Älterer, eine ehrenamtliche Tätigkeit aufzunehmen, auf der anderen Seite. Eine diesbezügliche bivariate Betrachtung förderte das Ergebnis zutage, dass die ehrenamtliche Arbeit von Senioren neben den bereits genannten Ressourcen z. B. auch mit dem Alter, dem Geschlecht, der Herkunft (Ost- oder Westdeutschland), der Wohnsituation und der ehemaligen Stellung im Berufsleben signifikant korreliert (vgl. Kühnemund 2000: 300f.). So nimmt mit steigendem Alter die Bereitschaft, sich ehrenamtlich zu engagieren, ab; es sind eher Männer dazu bereit, eine solche Aufgabe anzunehmen; in Westdeutschland erfreut sich das ehrenamtliche Engagement größerer Beliebtheit als in Ostdeutschland; die berufliche Tätigkeit hat einen Einfluß auf die ehrenamtliche Tätigkeit im Seniorenalter, wie man beispielsweise am „Senior Experten Service" (SES) sehen kann. Diese Erkenntnisse schärfen den Blick für individuelle Motive und Motivationslagen bezüglich der Aufnahme eines Ehrenamts im Alter.

Die jeweilige Motivationslage unterscheidet sich dabei insofern nicht von derjenigen jüngerer Menschen, als sie ein Amalgam unterschiedlicher Elemente darstellt, wie sie von den oben genannten Ressourcen und sozialen Gegebenheiten verkörpert werden. Individuelle Motive ergeben sich sodann aus diesen Motivationslagen. Nach ihrer Priorität geordnet, sind dabei vor allem folgende Motive zu nennen: Das Ausführen sinnvoller Tätigkeiten, die Suche nach Kontakten bzw. Kommunikation, die Hilfe am Mitmenschen sowie das Erlernen neuer Qualifikationen und andere persönliche Interessensrealisierungen. Eher unwichtig sind offizielle Anerkennungen und finanzielle Zuwendungen (vgl. ebd.: 92ff.). An diesen individuellen Motiven wird ersichtlich, wie sich der Strukturwandel des Ehrenamts bereits im Altenbereich niedergeschlagen hat. Es stehen vermehrt persönliche Interessen und Selbstverwirklichungsgedanken im Vordergrund, wenngleich diese auch mit altruistischen Grundhaltungen unterlegt sind bzw. in Verbindung gebracht werden wollen. Jener Altruismus und seine gesellschaftliche Notwendigkeit fällt spätestens dann ins Gewicht, wenn man einen Blick auf die Gruppe der Empfänger von Hilfeleistungen wirft – in unserem Fall auf die Gruppe der Senioren.

I.2 Die Älteren als Empfänger ehrenamtlicher Leistungen

So breit wie das Angebot an ehrenamtlichen Tätigkeiten ist, so weit reichen mindestens auch die Bedürfnislagen der jeweiligen Empfänger dieser Dienste. In einer pluralistisch strukturierten Gesellschaft existiert eine Vielzahl an Möglichkeiten, sein Leben – vor allem außerhalb des Erwerbslebens – zu gestalten. Insbesondere sportliche und kulturelle Aktivitäten zählen dazu. Daneben ist es jedoch in einem sozialstaatlich orientierten Gemeinwesen von Belang, eine sozial-gesundheitliche Versorgung im bestmöglichen Maße zu gewährleisten. Besonders für die Gruppe der Senioren gewinnen diese Punkte an Relevanz, steigt doch mit dem Alter das allgemeine Risiko der gesundheitlichen Beeinträchtigung und der Inaktivität. Daher ist es vonnöten, die Bedürfnislagen der Älteren kurz zu beleuchten.

Ohne an dieser Stelle auf allgemeine gerontologische Theorien einzugehen (z. B. Aktivitäts- und Disengagementtheorie, Defizit-Modell usw.), muß bezüglich der Bedürfnisse der Gruppe der Senioren eine Unterscheidung getroffen werden: Zum einen gibt es Personen, die den Wunsch nach Aufrechterhaltung oder sogar Ausbau ihrer Aktivitäten im Ruhestandsalter haben, zum anderen sind aber auch jene Älteren zu berücksichtigen, welche aufgrund psychischer und physischer Beeinträchtigungen der Hilfe bedürfen. Beiden Ausprägungen der Bedürfnislage muß eine gesonderte Aufmerksamkeit zuteil werden.

Im ersten Fall geht es um das Bedürfnis einer adäquaten Ausgestaltung der Freizeit im Alter. Damit einhergehend handelt es sich um ein erfolgreiches Altern des Einzelnen in einer postmodernen Gesellschaftskonstellation. Mit bezug auf das Konzept der „Erlebnis-Gesellschaft" (Schulze 1996) ist zu vermuten, dass vor allem die zukünftigen Jahrgänge, die ins Alter vorrücken, mehr und mehr erlebnisorientiert handeln werden. Die Befriedigung solcher Bedürfnisse, die sich auf die mannigfaltigen Angebote der Erlebnis-Gesellschaft beziehen – sei dies nun Bungee-Jumping für Senioren oder die bereits allenthalben etablierte Seniorentanzgruppe – muss zunächst organisiert werden. Hierbei verläuft die Organisation häufig auf ehrenamtlichem Wege, wie dies am Beispiel der Sportvereine ersichtlich ist.

Wenngleich die eben geschilderten Entwicklungen lediglich tendenziell zutreffen, ist es einleuchtend, dass in dem gleichen Maße, wie die Erlebnisrationalität im Alter steigt, auch der Kreis derer sich weitet, die empfänglich für Angebote im Bereich der Freizeitaktivitäten sind. Empirische Belege dieser Entwicklungen sind allenthalben zu vernehmen: Für die „Spaßalten" wird das Vergnügen zu einer nicht mehr ganz so lustigen Angelegenheit, die „fitten Alten" wollen die Freude am Leben erhalten und die „jungen Alten" wollen sich mit den „alten Jungen" ihre Freizeit teilen. Insofern als hier von wirtschaftlich ausgerichteten Unternehmen abgesehen wird, können für diese Suchenden dank eines gewissen Maßes an bürgerschaftlichem (ehrenamtlichem) Engagement organisierte Aktivitätsmöglichkeiten bereitgestellt werden.

Im Gegensatz dazu sind die Bedürfnislagen derer, die angesichts ihrer körperlich-geistigen Beeinträchtigungen zu Empfängern von Hilfeleistungen werden, von existentieller Art. Sie benötigen die Unterstützung Anderer. Dadurch, dass in den letzten Jahren die auftretenden Versorgungslücken im wohlfahrtsstaatlichen System vermehrt öffentlich diskutiert werden, rückten auch hier das ehrenamtliche Engagement und seine Potentiale in das Blickfeld. Die Situation der hilfebedürftigen Älteren ist dabei differenziert zu beleuchten, was allerdings im folgenden nur punktuell geschehen kann.

Zunächst einige Zahlen (Stichtag: 31.12.1998): In Deutschland sind insgesamt 1.809.094 Personen von der Pflegeversicherung erfaßt, d. h. sie sind in irgendeiner Art und Weise pflegebedürftig. Dabei ist jedoch davon auszugehen, dass die Zahl der Pflegefälle realiter höher liegt, denn nicht jeder Bedürftige bezieht Leistungen aus der Pflegeversicherung sei es aufgrund familiärer Strukturen, sei es aus persönlichen Motiven. Während sich der relative Anteil der Empfänger von Pflegeleistungen auf 2,2 Prozent der Gesamtbevölkerung beläuft, sind 81,6 Prozent davon (bzw. 1.475.880 Personen) 60 Jahre oder älter, wobei mit dem Alter auch die Wahrscheinlichkeit zunimmt, pflegebedürftig zu werden; ebenso steigt auch das Risiko der Schwerstpflegebedürftigkeit mit dem Alter (vgl. BMFSFJ 2001: 81ff.).

Obwohl man also durchaus von einer Zunahme der „aktiven Lebenserwartung" sprechen kann, ist zugleich zu bedenken, dass sich der Pflege- bzw. Unterstützungsbedarf im Alter – und hier insbesondere in der Phase der Hochaltrigkeit – verdichtet. Allerdings ist die Bedürfnislage nicht eindimensional zu bewerten. Die nötigen und möglichen Unterstützungsleistungen und deren Organisation können einfach zu unterschiedlich sein.

Der Bedarf an Hilfe variiert von Fall zu Fall. Es sind zunächst verschiedene Arten von Erkrankungen bzw. Defiziten festzustellen, denen auf der Seite der Hilfestellungen Rechnung getragen werden muß. Körperliche Einschränkungen sind beispielsweise anders zu behandeln als Demenzerkrankungen; dementsprechend ändert sich eben auch der Hilfebedarf. Daneben unterscheiden sich die jeweiligen Erkrankungen noch graduell, d. h. das Ausmaß muss Berücksichtigung finden. Ebenso spielt die soziale Betreuung eine Rolle. Womit z. B. Hospiz- oder Beratungsdienste angesprochen sind.

Des weiteren ist die Art der Versorgung zu berücksichtigen. So werden die älteren Pflegebedürftigen überwiegend in privaten Haushalten gepflegt (vgl. ebd.). Obwohl hier die professionelle Arbeit ambulanter Dienste als äußerst wichtig einzustufen ist, bleibt dennoch ein Raum für Hilfe frei, die dem Patienten die Möglichkeit einer alltäglichen Lebensführung eröffnet, denn die angesprochenen Dienste decken lediglich den Bereich der gesundheitlichen und nur teilweise den der hauswirtschaftlichen Versorgung ab. In dem erwähnten Freiraum für weitere Hilfen springen dann nicht nur Familienangehörige, sondern auch andere freiwillige Helfer ein.

Ebenso wie im privaten Bereich wird auch in professionellen Bezügen (hier vornehmlich in stationären Altenpflegeeinrichtungen) nur ungern auf die Unterstützung durch ehrenamtliche Helfer verzichtet, welche die Versorgungsleistung im Heimbetrieb komplettieren – z. B. durch Besuchs- und Hospizdienste. Bedenklich gestaltet sich diese Situation, wenn wirtschaftliche Erwägungen das Interesse an der Einstellung ehrenamtlich Tätiger fördern, was diese letztendlich zu billigen Arbeitskräften herabzustufen droht.

Trotzdem ist alles in allem ein Empfängerkreis für Hilfeleistungen auszumachen, für den das ehrenamtliche Helfen die Brücke zu einer normalen Lebensführung bildet. Wie solche Brücken jedoch – besonders im Altenbereich – wirkungsvoll gebaut und eingesetzt werden können, scheint zunehmend eine – wenn auch keine rein – politische Herausforderung zu sein. Denn wo die (Versorgungs-)Strukturen drohen, aufgrund bürokratischer Hürden immer unübersichtlicher zu werden – und damit der Einzelne in Gefahr steht, auf mögliche und anspruchsberechtigte Hilfen verzichten zu müssen – ist nach neuen Möglichkeiten der Koordination in der Altenhilfe Ausschau zu halten (vgl. z. B. Döhner/Mutschler/Schmoecker 1996).

II. Die Herausforderung an die Politik

Betrachtet man die Politik als ein System, dessen Aufgabe darin besteht, in Funktionslücken einzuspringen, „die sich durch die Überlastung anderer gesellschaftlicher Integrationsmechanismen öffnen" (Habermas 1992: 386), dann erscheint es sinnvoll, die Koordination ehrenamtlicher Arbeit auf politischer Ebene vonstatten gehen zu lassen. Gerade im Altenbereich ergeben sich hierfür positive Perspektiven. Der Rahmen einer solchen politischen Arbeit ist dabei im kommunalpolitischen Raum anzusiedeln. Mehrere Gründe sind in diesem Zusammenhang zu nennen.

Zunächst ist festzustellen, dass die Gemeinde der gesellschaftliche und politische Nahraum eines Menschen ist. Innerhalb einer Kommune konzentrieren sich in der Regel seine sozialen Begegnungen, die über den familiären Kreis hinausgehen (vgl. Bayerische Landeszentrale für politische Bildungsarbeit 1995: 7). Hier ist – in der überwiegenden Zahl der Fälle – sein Lebensmittelpunkt verortet; hier sieht er sich den meisten staatlichen Verwaltungsorganen gegenüber; hier befinden sich andererseits aber auch die direktesten Möglichkeiten politischer Partizipation. Insbesondere für den Altenbereich gewinnt die kommunalpolitische Ebene insofern Relevanz, als dass das ältere Individuum häufig einen engeren „Aktionsradius" aufweist und somit das Gemeindeleben sehr wichtig wird. Aus der Tatsache, dass es in der Regel die Kommunen sind, „die zuerst mit neuen gesellschaftlichen Problemen konfrontiert werden" (Braschos/Voigt 1991: I), erwächst eine weitere Aufgabe: Nämlich die grundlegende Integration des Einzelnen in die

Gemeinschaft. Hinzu kommt, dass es sich bei einem kommunalen Gemeinwesen um eine überschaubare Einheit handelt, deren Versorgungsorganisation noch auf einem – mehr oder weniger – leicht zu bewältigenden Komplexitätsgrad liegt.

Auch unter formalrechtlichen Gesichtspunkten spielt die Gemeinde eine zentrale Rolle. Es wird diesem Gemeinwesen nicht nur ein verfassungsmäßiges Selbstverwaltungsrecht zugesprochen (Art. 28 GG), sondern es trägt auch einen Teil der Verantwortung für die pflegerische Versorgung der Bevölkerung, wie dies in § 8 SGB XI Abs. 2 zum Ausdruck kommt. Im übrigen wird hier sogar explizit darauf Bezug genommen, dass auch ehrenamtliche Kräfte bei der Pflegekoordination und -planung zu berücksichtigen sind.

Des weiteren sind es ebenso die Kommunen, die die örtliche Altenhilfeplanung übernehmen. Auch wenn dieser Bereich eine juristische Sumpflandschaft darstellt, ist klar, dass sich die Gemeinden dieser Aufgabe annehmen müssen, wollen sie das Wohl ihrer (älteren) Einwohner sicherstellen (vgl. Klie/Spiegelberg 1998: 13ff.). Wenn jedoch diesbezügliche administrative Prozeduren juristisch in der Schwebe sind, so bleibt mehr Raum für ein politisches Handeln vor Ort, denn es entsteht eine Situation, die das Aushandeln bestimmter (divergierender) Positionen erfordert. Spätestens dann wird der Kommune bzw. der Kommunalpolitik – hier vor allem hinsichtlich des Altenbereichs – ihr berechtigter Platz als „Grundschule der Demokratie" (Holtmann 1998: 208) zuteil.

Wie jedoch kann das ehrenamtliche Engagement im Altenbereich auf politischen Bahnen koordiniert werden? Abgesehen von der traditionellen kommunalen Altenpolitik, die lediglich als ein gesondertes Ressort innerhalb der örtlichen Sozialpolitik gilt, existieren seit einigen Jahren neue Wege, eine angemessene Alterssozialpolitik zu verwirklichen. Diese Wege müssen als Möglichkeiten aufgefaßt werden, mit deren Hilfe auch die ehrenamtlichen Tätigkeiten organisiert und vernetzt werden können, um sie dann zu ihrer vollen Wirkung zu bringen. So paradox es auch klingen mag, aber jene Wege führen über das Ehrenamt selbst, nämlich über das politische Ehrenamt. Wie bereits oben kurz aufgezeigt wurde, sind hierin Chancen zu sehen, die zwar zu einem gewissen Teil schon genutzt werden, zu einem großen Teil aber noch unterbelichtet sind. Im Folgenden ist nun näher darauf einzugehen.

Zunächst sind dabei die Gremien politischer Einflußnahme zu erwähnen, die sich einerseits außerhalb parteilicher Organisationen befinden, andererseits aber auch nicht in einem festen parlamentarischen Raum anzusiedeln sind. Hierzu zählen in erster Linie die Seniorenvertretungen,[3] deren Hauptaufgabe darin besteht, sich um die Belange der älteren Einwohner zu kümmern sowie ihre Interessen in der Kommunalpolitik zu artikulieren. Ihre Existenz wird von den Gemeindeordnungen der Länder nicht ausdrücklich vorgeschrieben – die Regelungen sind vielmehr von Land zu Land verschieden –, weshalb ihr auch keine gesetzlich gefestigte Stellung zukommt. Zwar finden sie in einigen Kommunalverfassungen Erwähnung und ihnen wird bei Zustandekommen einer Vertretung ein Antrags- und Rederecht eingeräumt, aber letztlich basiert dies alles auf einer „Kann-Option" eben jener Verfassungen (vgl. Vanselow 1997). Deshalb stellen die Seniorenvertretungen eine lediglich freiwillige Institution der Kommune dar. Daneben kann festgehalten werden, dass das Vorhandensein einer Seniorenvertretung mit der Größe einer Kommune korreliert. „Je größer eine Kommune, desto eher verfügt sie über einen Seniorenbeirat." (Stehr 1999: 5). Allerdings ist dabei zu bedenken, dass in der Bundesrepublik erst etwa jede zwölfte Kommune über eine Seniorenvertretung verfügt.

Die Zahl der Mitglieder einer Seniorenvertretung ist sehr unterschiedlich. Entsprechende Studien berichten von Mitgliederstärken, die zwischen 5 und 22 Personen liegen, die meist selbst schon im Renten- bzw. Pensionsalter sind. Wichtig bei diesen Mitgliedern ist, dass sie ihre Arbeit ehrenamtlich verrichten, wenngleich die meisten von ihnen bereits in früheren Jahren ehrenamtlich oder politisch aktiv gewesen sind (vgl. ebd.: 65ff.).

Indem die Seniorenvertreter in die eine Richtung als Interessenvertreter und Sprachrohr der Älteren, in die andere Richtung hingegen als Überbringer und Multiplikator kommunaler Entscheidungen fungieren, können sie das Bindeglied bilden, das für die Koordination des ehrenamtlichen Engagements in der Gemeinde zuständig ist. Der Verantwor-

---

3   Auf die Frage nach der definitorischen Zuordnung von Seniorenvertretungen geht von Alemann näher ein. Für ihn bilden diese eher den „politischen Vorraum", und nicht den „vorpolitischen Raum" (von Alemann 1997: 44). Damit wird impliziert, dass es sich hier um ein eminent politisches Gremium handelt.

tungsbereich ist jedoch noch weiter gesteckt. Die Rekrutierung neuer ehrenamtlicher Helfer fließt genauso in die Arbeit ein wie die eigene Organisation von Seniorenaktivitäten und die Ausführung bestimmter Beratungsfunktionen. Dadurch liegt das Hauptaugenmerk der Seniorenvertretungen auf dem Aspekt der Mitwirkung, nicht so sehr auf dem der Mitbestimmung (vgl. Vanselow 1997: 121).

Neben den Seniorenvertretungen sind jedoch auch noch parteilich strukturierte Institutionen mit seniorenpolitischer Ausrichtung zu finden. Auch bei diesen Fällen handelt es sich um Organisationen, deren Mitglieder sich weitestgehend auf der Basis eines ehrenamtlichen Engagements einer solchen Aufgabe widmen. Bezüglich der Einteilung jener Institutionen erscheint die Unterscheidung in genuine Altenparteien und integrierte Altenparteien als zweckdienlich. Der ersten Gruppe ist in Deutschland hauptsächlich die Partei *Die Grauen* zuzuordnen. Dem zweiten Typ entsprechen eher jene innerparteilichen Organisationen der etablierten Volksparteien, wie sie bereits oben erwähnt worden sind. Aufgrund dieser Verschiedenartigkeit sollten beide Ausprägungen separat behandelt werden.

Hinsichtlich der genuinen Altenpartei der *Grauen* ist im vorhinein zu differenzieren zwischen der Partei *Die Grauen* und dem Seniorenschutzbund *Graue Panther*, aus dem die Partei ursprünglich hervorging; hier steht zunächst die Partei der Grauen im Mittelpunkt der Betrachtung. Wenngleich die Grauen auf der Welle des altenpolitischen Aktivismus nur noch mit einem Rettungsreifen mitzuschwimmen scheinen – die Wahlergebnisse zeugen davon –, praktizieren sie nach wie vor eine Politik der Skandalisierung (vgl. Neckel 1993: 553). Dadurch wird zwar unter Umständen der Bekanntheitsgrad erhöht, keineswegs wächst damit aber die Attraktivität als ernste Wahloption. Dennoch ist die Partei gerade auf lokaler Ebene um das Ehrenamt, seine Anerkennung sowie auch seine Koordination bemüht. Dies nicht zuletzt deshalb, weil die meisten Mitglieder selbst auf ehrenamtlicher Basis tätig sind. Zahlreiche Aktivitäten – besonders im kommunalen Raum – belegen diese Bemühungen, wie z. B. bestimmte Aktionstage für das Ehrenamt in der Gemeinde. Aufgrund der Personalunion einzelner Mitglieder, die sich über ihr Engagement in der genuinen Altenpartei hinaus auch in die Arbeit kommunaler (Senioren-

)Vertretungen einbringen, gelingt es den Grauen, das Forum für ihren politischen Einfluß deutlich zu erweitern.

Unter den gleichen Gesichtspunkten, wenn auch mit einem verändertem Vorzeichen, sind nun die integrierten Altenparteien zu betrachten. Im Gegensatz zur genuinen Altenpartei der Grauen sind diese einer Mutterpartei untergeordnet. Allerdings kann derzeitig allgemein ein Loslösungsprozeß hinsichtlich dieses Subordinationsverhältnisses ausgemacht werden, was sich im Endeffekt über die Arbeit der einzelnen Seniorenparteien auch auf die Thematik des Ehrenamts auswirken kann. Um diesen Aspekt zu verdeutlichen, soll die Senioren Union der CDU Deutschlands beispielhaft herangezogen werden.

Die Senioren-Union wurde 1988 ins Leben gerufen und zählt heute bundesweit ca. 73.000 Mitglieder, wobei in etwa 2/3 davon CDU-Mitglieder sind, was wiederum den Gedanken nahelegt, dass nicht das politische Engagement allein, sondern vielmehr das politisch ehrenamtliche Engagement bei vielen im Vordergrund steht. Dadurch, dass die Senioren Union in sehr vielen Städten und Gemeinden inzwischen Ortsverbände eingerichtet hat, können die Aktivitäten auf kommunaler Ebene bürgernah gestaltet werden. Dabei ist der bereits oben erwähnte Drang zu mehr Eigenverantwortlichkeit und Selbständigkeit nicht zu übersehen (vgl. Senioren Union der CDU Deutschlands 2000). So ist die Senioren Union als eigenständige Organisation in der BAGSO (Bundesarbeitsgemeinschaft der Seniorenorganisationen) und in der ESU (Europäische Senioren Union) eingegliedert. Besonders die letztgenannte Einbindung läßt auf ein zunehmendes Interesse an einer internationalen Zusammenarbeit im Bereich des (senioren-)politischen Ehrenamtes schließen.

Hinsichtlich des Bemühens um das Ehrenamt arbeiten sie nicht nur darauf hin, diesem Anerkennung seitens öffentlicher Instanzen zukommen zu lassen, sondern sie betreiben zudem – auch auf lokaler Ebene – Werbung für das (soziale) Ehrenamt. Indem die integrierten Altenparteien – ebenso wie die genuinen Altenparteien – durch Vertreter in der Kommune auch in Seniorenvertretungen mitarbeiten können, kommt ein solches Wirken noch mehr zum Vorschein.

Alles in allem ist festzustellen, dass sich sowohl die genuinen als auch die integrierten Altenparteien nicht bloß die Vertretung und Artikulation bzw. Aggregation der Interessen älterer Bürger zur Aufgabe machen; vielmehr intervenieren sie aktiv und gestalterisch, um das Wohl der Senioren zu gewährleisten. Neben gemeinsamen Unternehmungen (z. B. Seniorenreisen) zählt auch die Protektion und Förderung des Ehrenamts dazu. Dieses ist bei den integrierten Altenparteien stärker ausgeprägt als bei den Grauen; der Grund dafür ist offenbar darin zu sehen, dass sich die Grauen noch auf eine nicht-parteiliche Organisation stützen können – nämlich den Seniorenschutzbund Graue Panther –, die sich dann auch mit anderen Tätigkeiten befassen kann. Allerdings ist es momentan nur schwer möglich, über die Effektivität bezüglich der Aktivitäten zum Ehrenamt seitens der erwähnten Parteien genaue Aussagen zu treffen, da noch keine verläßlichen empirischen Befunde hierzu vorliegen.

Außer diesen politisch geprägten Institutionen, die sich um das Ehrenamt im Alter bemühen, ist jedoch noch auf Formen der offenen Altenarbeit einzugehen. Da sich die in derartigen Einrichtungen arbeitenden Senioren im weitesten Sinne auch als politisch Ehrenamtliche bezeichnen, ist es durchaus legitim, sie an dieser Stelle zu erwähnen. Obgleich es mehrere Möglichkeiten an institutioneller Vernetzung gibt (vgl. Döhner/Mutschler/Schmoecker 1996), soll im folgenden exemplarisch auf die Seniorenbüros Bezug genommen werden.

Diese werden zwar häufig auf der Grundlage kommunalpolitischer Entscheidungen initiiert und – zumindest anfänglich – finanziert, sie sind aber ihrer Arbeit und ihres Selbstverständnisses nach in keiner Weise als politisch im Sinne der bisher behandelten Institutionen zu bezeichnen. Ihre zentrale Aufgabe ist es vielmehr, eine Kontaktstelle für die altersspezifischen Belange und Interessen jedweder Couleur zu bilden, egal ob es sich dabei um Angelegenheiten der Hilfearrangements, der Beratung oder eben des Ehrenamts handelt. Darüber hinaus aber gründen bzw. begleiten sie auch eigene Projekte (wie z. B. Selbsthilfegruppen), wenn ein entsprechender Bedarf herrscht. Um diesen weitgefächerten Aufgabenkatalog angemessen bewältigen zu können, sind den dort ehrenamtlich Tätigen häufig hauptamtliche Kräfte zur Seite gestellt.

Indem die Seniorenbüros eine Vernetzungsinstanz für das freiwillige bürgerschaftliche Engagement darstellen, werden sie zugleich auch zu einem weiteren wichtigen Element für die Koordination des Ehrenamts im Altenbereich, die sich neben der oben skizzierten eher politischen

Koordination ansiedeln läßt. Dies gilt vor allem für den kommunalen Raum, haben sie doch hier ihren eigentlichen Wirkungskreis. Das „Modellprogramm Seniorenbüro", welches vom Bundesministerium für Familie, Senioren, Frauen und Jugend in den 1990er Jahren ins Leben gerufen wurde, hat gezeigt, wie effektiv diese Einrichtungen arbeiten (vgl. BMFSFJ 1997). Es ist dabei sicherlich nicht die Tatsache von der Hand zu weisen, dass es sich im Falle der Seniorenbüros auf den ersten Blick um eine zielgruppenorientierte Förderung des Engagements handelt; dennoch kann durch ein generationsübergreifendes Interesse auf Seiten der Senioren der Einbezug *aller* Bürger in das ehrenamtliche Wirken eine nicht zu unterschätzende Ergänzung sein. Mitunter können die Seniorenbüros sich zu einer funktionalen sozialstaatlichen Entlastungsinstitution entwickeln, was sie letztendlich als „Nahtstelle zwischen Kompetenzerhalt und Hilfebedürftigkeit" im Alter interessant macht (ebd.: 7).

Ergo sind diese eher „außerpolitischen" Organisationen insofern für die Thematik des Ehrenamts im Altenbereich nicht zu vernachlässigen, als sie ebenfalls als eine wichtige Verknüpfungskomponente dienen und partiell sogar selbst am Aufbau neuer ehrenamtlicher Tätigkeiten beteiligt sind. Dabei sollte allerdings nicht übersehen werden, dass die jeweilige Selbstorganisation jener Einrichtungen oftmals eines gewissen Katalysators bedarf, der entweder aus der politischen Öffentlichkeit oder aus der Zivilgesellschaft stammen muß. Häufig ist es die (Kommunal-)Politik, die hier die notwendigen Akzente setzt, denn der Aufbau einer solchen Einrichtung gründet überwiegend auf kommunalpolitischen Aushandlungsprozessen. Eine erhebliche Rolle spielt in diesem Zusammenhang auch die Finanzierung, durch welche eine Implementierung erst stattfinden kann. Meist können sich die Organisationen erst später wirtschaftlich eigenständig am Leben erhalten, gleichgültig ob sie nun von Wohlfahrtsverbänden, Kommunen, privaten Initiativen etc. initiiert und getragen werden.

Ein Fazit, das auf den vorangegangenen Ausführungen basiert, ist zunächst in zweifacher Hinsicht zu ziehen. Zum einen offeriert das Ehrenamt im Altenbereich Hilfeleistungen für die jeweilige Gruppe der Bedürftigen; zum anderen dient es aber auch als Aktivierungs- bzw. Integrationsmoment für diejenigen, die sich engagieren wollen. Daraus resultiert einerseits, dass die Kommunen von sozialstaatlichen Aufgaben entlastet werden bzw. dass das Wohl der Bürger aus eigenen gesellschaftlichen Kräften erhalten wird, und andererseits, dass sich Senioren auch in nachberuflichen Tätigkeitsfeldern nützlich in das Gemeinwesen einbringen können. Folglich sind beide Aspekte die zwei Seiten derselben Medaille – nämlich des Ehrenamts im Altenbereich.

Das politische Ehrenamt kann dabei eine Scharnierfunktion übernehmen, indem es zur Reduktion des *structural lag*[4] beiträgt; es baut gewissermaßen die Brücken über jene Kluft, die zwischen den gesellschaftlichen Möglichkeiten und den individuellen Interessen und Fertigkeiten herrscht. Gleichzeitig wird aber auch der Hilfebedarf und das Hilfeangebot verbunden.

Obwohl nun die politisch ehrenamtlichen Senioren, die in den oben skizzierten Bereichen tätig sind, nicht als „normale" Kommunalpolitiker anzusehen sind, denn dazu fehlt ihnen ja eindeutig die juristische Rückendeckung, machen sie dennoch ihren Einfluß geltend sowie ihre Interessen deutlich. Mit der Initiierung eines solchen Artikulationsprozesses geht meist auch ein Impuls vom politischen System aus, der der jeweiligen Entscheidung nicht nur Legitimität, sondern auch Legalität verschafft. Zudem wird es dadurch möglich, kommunale Strukturen auf eine Weise miteinander zu verbinden, die letztlich allen Beteiligten zugute kommt. Zu denken wäre hierbei beispielsweise an die Überlegungen, Vergünstigungen für bestimmte kommunale Einrichtungen (Schwimmbad, Theater etc.) für die ehrenamtlich Tätigen einzuführen; das persönliche Engagement würde damit nicht entlohnt, auf jeden Fall aber belohnt werden.

Allerdings ist damit noch keineswegs die Frage behandelt, wie es um die Legitimation der politisch Ehrenamtlichen bestellt ist. Besteht im Falle der Altenparteien nicht die Gefahr, dass – auch auf kommunaler Ebene – die Sachpolitik von einer Parteipolitik überlagert wird? Sind die Seniorenvertreter auch wirklich legitimierte Interessenvertreter? Ein kurzer Exkurs möge Aufschluß darüber geben.

---

4   Mit dem Begriff *structural lag* ist die Diskrepanz zwischen den vorhandenen gesellschaftlichen Tätigkeitsstrukturen und -optionen auf der einen Seite und den individuellen Möglichkeiten und Fähigkeiten auf der anderen Seite gemeint. Häufig fehlen daher dem einzelnen die Chancen, sich mit all seinem Potential in das Gemeinwesen einzubringen.

In unserem Kontext entspringen diese Fragen hauptsächlich den Bedenken, ob nicht eine erfolgreiche ehrenamtliche Koordination in der Gemeinde durch die vorgestellten politischen Institutionen – welcher Art diese im konkreten Fall auch immer sein mögen – und den darin enthaltenen Interessengegensätzen ausgehöhlt wird. Freilich ist festzustellen, dass die Parteipolitik innerhalb von kommunalen Entscheidungsprozessen bedeutsamer wird (vgl. Holtmann 1998: 209). Ferner muß auch die unterschiedliche Konstituierung der Seniorenvertretungen Berücksichtigung finden: So ist zwischen Seniorenbeiräten, deren Mitglieder ernannt werden, Seniorenräten, deren Mitglieder gewählt werden, sowie einigen Mischformen zu differenzieren. Ebenfalls in Betracht zu ziehen ist die Tatsache, dass sich in den Altenparteien in der Mehrzahl politisch erfahrene, einflußreiche und charakterlich starke Persönlichkeiten hervortun, die den Bezug zur Basis oftmals nicht zu registrieren scheinen.

Diese Aspekte können und dürfen nicht außer acht gelassen werden, wenngleich es sich bei den zur Entscheidung stehenden Themen meist nicht um kommunalpolitisch tiefgreifende Entscheidungen handelt. Im Gegensatz zu Themen, deren Brisanz sich vor dem Hintergrund des grundlegenden Funktionierens einer Gemeinde nicht zu rechtfertigen braucht (z. B. die Finanzpolitik), nehmen jene Punkte auf der politischen Tagesordnung, die das Ehrenamt im Altenbereich und seine Koordination zum Inhalt haben, lediglich einen marginalen Platz ein. Dennoch dürfen und müssen diese nicht unter den Tisch fallen – und genau dafür sorgt das politische Ehrenamt. Diese (seniorenpolitische) Arbeit scheint sich deshalb noch relativ einfach zu gestalten, weil im Vergleich zur Gesamtbevölkerung die Strukturen im Altenbereich noch transparenter, die politisch-administrativen Wege kürzer, die Anliegen und Interessen homogener und die Lebenswelten der Betroffenen leichter zu erreichen sind. Ohne die diesbezüglichen legitimationstheoretischen Untiefen an dieser Stelle genauer in den Blick zu nehmen, ist somit festzuhalten, dass sich politisch Ehrenamtliche berechtigterweise um die Belange älterer Bürger kümmern.

Wie sich dieses Legitimationsverhältnis allerdings zukünftig entwickeln wird, ist momentan schwer absehbar. Dazu trägt auf der einen Seite der Gang der gesellschaftlichen Entwicklung, auf der anderen Seite der Strukturwandel des Ehrenamts bei. So ist das Verhalten jener Generationen nicht leicht zu prognostizieren, die derzeitig bzw. in naher Zukunft in das Seniorenalter vorrücken werden, wie beispielsweise die 68er Generation. Auch für diese Alterskohorten lassen sich bei genauer Betrachtung bestimmte Tendenzen ausmachen, die mit den eingangs aufgezählten Schlagworten (Individualisierung etc.) in Einklang zu bringen wären. Wie gesagt fehlen hier jedoch noch stichhaltige empirische Belege, die mögliche Veränderungen in der betreffenden Bevölkerungsgruppe aufweisen könnten. Fest steht hingegen, dass die Politik, und mit ihr das politische Ehrenamt, eine Flexibilität im Umgang mit altersrelevanten Themen zeigen muß, um das Wohl aller Bürger zu wahren. Die Bereitstellung und Koordination von ehrenamtlichen Tätigkeiten ist dabei besonders zu beachten, vor allem dann, wenn aus ihr neben einer inner- auch eine intergenerationelle Hilfe und (Zusammen-)Arbeit hervorgeht. Erst dadurch erscheint es möglich, sowohl dem einzelnen ein erfolgreiches Altern zu sichern, als auch im gesamten Gemeinwesen einen allgemeinen sozialen Ausgleich zu schaffen.

Akteurskonstellationen in der Familienpolitik unter besonderer Berücksichtigung der Familienverbände

Irene Gerlach

I. Zum Wandel familienpolitischer Probleme und Akteurskonstellationen

Die mehr als 50 Jahre nachkriegsdeutscher Geschichte und die 50 Jahre seit der Institutionalisierung von Familienpolitik durch Gründung eines entsprechenden Ministeriums lassen sich durch massive Änderungen der Akteurskonstellationen sowie der Handlungsorientierungen beschreiben, die gleichzeitig als Indiz für die heute vollkommen anders gestaltete Beziehung dieses Politikbereiches zu seinem gesellschaftlichen Umfeld gelten können. Ganz deutlich haben sich die Konturen der Begründung und Durchsetzung politischer Maßnahmen und damit die Kategorisierung des Problems in dieser Zeit von einem normgeleiteten Diskurs einer Institutionenpolitik zu einem interessengeleiteten Diskurs innerhalb der Neustrukturierung des Sozialstaates mit ebenso geänderter Akteurskonstellation entwickelt. Nicht zuletzt hat die Änderung der Akteurskonstellation auch zu spezifischen Gewichtungen im Rahmen von politischen Interaktionsformen geführt.

Dies nachzuzeichnen und gleichzeitig auf die Defizite hinzuweisen, die mit der Art institutioneller Organisation von Familienpolitik in Deutschland verbunden sind, wird die Aufgabe der folgenden Ausführungen sein. Dabei werde ich mich eines theoretischen Untersuchungsrasters bedienen, das als „akteurszentrierter Institutionalismus" bezeichnet wird.

Politik ist eine Form sozialen Handelns, die sich sowohl durch strukturelle, insbesondere institutionelle Rahmensetzung bestimmt als auch durch die Handlungsorientierungen individueller wie kollektiver Akteure. Diese systematische Verknüpfung struktureller Sichtweisen mit solchen des methodischen Individualismus ist die Kernaussage des u. a.

von Renate Mayntz und Fritz W. Scharpf entwickelten politikwissenschaftlichen Untersuchungsansatzes des akteurszentrierten Institutionalismus (vgl. Mayntz/Scharpf 1996 u. Scharpf 2000). Die spezifische Problemlösungsfähigkeit eines politischen Systems hängt danach von drei Komponenten ab:
– von der Art des zu lösenden politischen Problems, insbesondere von der Frage, ob es sich als Verteilungsproblem darstellt und wie politische Regelungserfordernisse begründet werden – etwa normativ, interessenpolitisch oder funktional i. S. des Systems;
– von der Konstellation der politischen Akteure mit ihren Handlungsorientierungen und der Gestaltung der Arena, in der die politischen Akteure zur Beratung und Entscheidung zusammenkommen, sowie
– von den durch das politische System und durch die politische Kultur institutionalisierten Regelungen, die zur Lösung eines Problems herangezogen werden, wie z. B. materielle Verhaltens- und formale Verfahrensnormen, Regeln, die bestimmten Adressaten die Verfügung über Ressourcen zugestehen, Relationen, d. h. Dominanz- und Abhängigkeitsbeziehungen zwischen Akteuren (vgl. Scharpf 2000: 40 u. Mayntz/ Scharpf 1996: 47f.).
Diese Rahmenbedingungen führen zu unterschiedlichen Arten politischer Interaktion (Governance-Formen), als Grundformen etwa zu unterscheiden: „einseitiges Handeln", „Verhandlung", „Mehrheitsentscheidung" und „Hierarchische Steuerung".

Dieses kurz skizzierte Raster einer Policy-Analyse soll uns im folgenden dazu dienen, die Entwicklung der deutschen Familienpolitik zu beschreiben und Defizite zu erklären. Dies wird notgedrungen sehr schemenhaft geschehen.

II. Entwicklung der Akteurskonstellationen

In der Bundesrepublik geschah die „Geburt" der Familie in der Rolle der *res publica* wie in der Weimarer Republik mit Hilfe der Verfassung, wenngleich auch sehr zögerlich. So war im Rahmen des Verfassungskonvents von Herrenchiemsee die Erwähnung von Ehe und Familie noch nicht angedacht worden und geschah dann im Grundsatz- und Hauptausschuß in vehementer Auseinandersetzung um die zugrundezulegenden normativen Vorstellungen. Vor allem CDU-Vertreter kämpften einerseits um die verfassungsmäßige Verankerung und andererseits um die Erhaltung des bürgerlichen Familienideals (Bindung an Ehe; keine Gleichstellung ehelicher und unehelicher Kinder). SPD und FDP dagegen wandten sich zunächst generell gegen die Regelung eines solchermaßen „traditionell-biologischen und moralischen Sachkomplexes" (n. Schmid 1989: 266), und setzten sich, als die Einführung von Art. 6 GG abzusehen war, unterstützt durch Vertreter der KPD, für ein institutionell möglichst offenes Verständnis von Familie ein (genauer Gerlach 1996: 96ff.).

Im Zusammenhang der Institutionalisierung von Familienpolitik mit der Gründung des Bundesfamilienministeriums im Jahr 1954 blieben die Akteurskonstellationen des Parlamentarischen Rates erhalten. Schon im ersten Bundestag hatte es eine „Kampfgruppe für die Familie" unter Leitung des CDU-Abgeordneten und späteren ersten Bundesfamilienministers Franz-Josef Wuermeling gegeben, auf die auch der im Jahr 1952 von den Unionsparteien eingebrachte Antrag auf Einrichtung eines Referates für Familienfragen im Bundesinnenministerium zurückging. Nachdem das Episkopat die Unionsparteien im Wahlkampf zum zweiten Bundestag massiv unterstützt hatte, wurde das Familienministerium dann quasi als „Prämie" eingerichtet und mit einem strenggläubigen Katholiken als Minister besetzt.

Ansatzweise war eine Familienpolitik zuvor im Rahmen sozialpolitischer Maßnahmen betrieben worden, wobei aber eher randständige Familien bzw. Teilfamilien in prekären Lebenslagen die Zielgruppe waren bzw. war und nicht die Familie als solche. Dagegen wandten sich insbesondere die in den 1950er Jahren stark kirchlich orientierten Famienverbände, die eine systematische und allgemeine Familienpolitik forderten. Wie in den Beratungen des Parlamentarischen Rates wehrten sich sowohl SPD als auch FDP gegen die institutionelle Gestaltung eines Policy-Bereiches für ein so „allgemeines Anliegen wie Familie".

Bis weit in die 1960er Jahre hinein ließen sich lediglich die normativ geleiteten Steuerungsziele der Wiederherstellung und Erhaltung der bürgerlichen Familie auf der einen Seite und auf der anderen Seite ein bewußt verkündeter Steuerungsverzicht für ein als biologisch/moralisch eingestuftes Sachgebiet identifizieren, auf der Akteursebene im wesentlichen durch Kirche, Familienverbände und C-Parteien auf der einen und SPD und FDP auf der anderen Seite vertreten.

Weitere Akteure – zumindest bezüglich sporadischer Eingriffe in das familienpolitische Agenda-Setting – waren die Arbeitgeberverbände, die sich gegen die seit 1955 bestehende Pflicht zur Errichtung von Arbeitgeberkassen für das vom dritten Kind an zu zahlende Kindergeld wandten und u. a. eine diesbezügliche Klage vor dem Bundesverfassungsgericht erhoben. Daneben meldeten sie mit dem Einsetzen des „Wirtschaftswunders" in den späten 1950er und frühen 1960er Jahren einen erhöhten Arbeitskräftebedarf an und ließen damit z. B. den zweiten Familienminister Bruno Heck über einen Ausbau des Kinderbetreuungsnetzes nachdenken, um den Müttern zumindest eine Teilerwerbstätigkeit zu ermöglichen, was für Franz-Josef Wuermeling noch revolutionär und unsere Gesellschaft in ihren Grundfesten erschütternd gewesen wäre. Und auch die Zahlung des Zweitkindergeldes aus Bundesmitteln ab 1962 dürfte auf den massiven Protest der Arbeitgeber zurückzuführen sein.

Als zusätzlicher Akteur muß hier schließlich das Bundesverfassungsgericht genannt werden und zwar in der Rolle des Erzwingers der verfassungsrechtlichen Vorgaben von Art. 117 GG (Anpassung des Ehe- und Familienrechts an Art. 3 GG), nachdem die dort vorgesehenen Fristen vom Gesetzgeber ignoriert worden waren. Wesentliche familienpolitische Maßnahmen, die mit Wirkung von Bundesverfassungsgerichtsurteilen entstanden, waren die Einführung des Ehegattensplittings 1958 und die Verabschiedung des „Ersten Gleichberechtigungsgesetzes" 1957. Die Rolle des Bundesverfassungsgerichtes im Rahmen der Akteurskonstellationen der 1950er Jahre unterscheidet sich jedoch aufgrund seines minimalen politischen Gestaltungswillens deutlich von derjenigen, die es in den 1990er Jahren einnehmen wird.

Die Akteure der Familienpolitik des jungen Nachkriegsdeutschland argumentierten normativ, Probleme der Familiepolitik wurden ebenso wertrational und in weiten Teilen als individuell verursacht angesehen. Beides läßt sich nicht nur durch eine Vielzahl eindeutiger Aussprüche des ersten Bundesfamilienministers Franz Josef Wuermeling verdeutlichen,[1] sondern – allerdings in stark gemäßigter Weise – z. B. auch durch Formulierungen des Bundesverfassungsgerichtes in seinem Urteil zum Ehegattensplitting (BVerfGE 6, 55). Und schließlich wurde auch das familienpolitische Steuerungserfordernis selbst einerseits normativ begründet (C-Parteien, Verbände und Kirche) und andererseits abgewehrt (SPD und FDP). Einzig die Arbeitgeber unter den Akteuren litten unter einer für sie weder pareto-optimalen und ebenfalls nach dem Kaldor-Kriterium nicht optimalen Verteilung der Lasten,[2] zumal ein direkter Nutzen des von ihnen zu zahlenden Kindergeldes insoweit nicht identifiziert werden konnte, als die generative Funktion der Familie in ausreichender Weise erfüllt wurde, da die Familien von ihrem prinzipiellen „Drohpotenzial", d. h. der Verweigerung der generativen Funktionserfüllung, noch keinen Gebrauch machten.

Normorientierung führte in dieser ersten Phase westdeutscher Familienpolitik, die auch als Familieninstitutionenpolitik bezeichnet wird, eher zu Thematisierung bzw. Nicht-Thematisierung von Familieninteressen in der Politik und nicht zu einer Konfrontation unterschiedlicher Handlungsoptionen in politischen Entscheidungssituationen und Verteilungskämpfen.

Vor dem Hintergrund eines hohen Maßes an Institutionalisierung und normativer Kollektivierung von Lebensläufen konnte dies geschehen,

---

1   Seiner Meinung nach konnte allein die Mehrkinderfamilie die Werte ausprägen, die er für unabdingbar hielt: „Opferbereitschaft, Achtung christlicher Werte, Sittlichkeit und Arbeitsamkeit". Garantiert werden konnte dies nur durch eine nicht erwerbstätige Mutter. „So ist die Mutter daheim, zumal der Vater weithin nicht daheim ist, heute noch vielfach wichtiger als früher. Eine Mutter daheim ersetzt vielfach Autos, Musiktruhen und Auslandsreisen, die doch allzu oft mit ihrer Kinder gestohlenen Zeit bezahlt wurden" (n. Gerlach 1996: 189).
2   Ein wohlfahrtstheoretischer Maßstab der Ökonomie ist das Pareto-Optimum. Von Effizienz in dessen Sinne ist dann auszugehen, wenn die Allokation knapper Ressourcen auf konkurrierende Verwendungsmöglichkeiten so geschieht, dass keine Änderung mehr denkbar ist, welche den Nutzen mindestens eines Beteiligten erhöhen würde, ohne dass irgend ein anderer deshalb schlechter gestellt würde. Das Kaldor-Kriterium, das alle Maßnahmen positiv bewertet, deren Nutzen für die Begünstigten groß genug ist, um daraus auch noch die volle Entschädigung aller durch die Maßnahmen Benachteiligten bestreiten zu können, scheint dagegen besser geeignet einen politischen Wohlfahrtsbegriff zu beschreiben.

weil implizit gelebte Verträge wie z. B. der Geschlechtervertrag mit der Aufteilung zwischen bezahlter Erwerbsarbeit und nicht bezahlter Haus- und Familienarbeit weit verbreitete und kaum in Frage gestellte Realität waren. Gerechtigkeitsorientierte Diskurse – etwa im Hinblick auf Leistungs- oder Partizipationsgerechtigkeit – konnten sich noch nicht entwickeln, da Familienleistungen mangels Optionsvielfalt mehr oder weniger von allen Bürgern und Bürgerinnen erbracht wurden, weniger Sonderinteressen als Allgemeininteressen repräsentierten.

Zu einer Dynamisierung der Akteurskonstellationen kam es dann zum Ende der 1960er Jahre einerseits durch die Integration der parteipolitischen Akteure SPD und FDP nunmehr in die Gestaltung und nicht nur bloße Abwehr von Familienpolitik, die anders als zuvor immer bekundet, mit der Regierungsübernahme 1969 nicht das Ressort abschafften, sondern in gesellschaftspolitische Offensiven führten und schließlich durch den Ende der 1960er Jahre einsetzenden Wertewandel, der zum Kern von Individualisierungs- und Deinstitutionalisierungsprozessen in den Lebensläufen wurde. Als weiterer neuer Akteur sei hier aber auch die sich entwickelnde zweite Frauenbewegung genannt.

Wesentliche Rechtsreformen als Ausdruck der neuen Gesellschaftpolitik und als solcher einer Familienmitgliederpolitik waren das „Nicht-Ehelichen-Gesetz" von 1969, die Reform des Ehe- und Scheidungsrechts 1976, die Reform elterlicher Sorge 1979 und schließlich 1979 die Einführung des bezahlten Mutterschaftsurlaubs, allerdings nur für zuvor erwerbstätige Mütter. Viele dieser Rechtsreformen waren schon in den vorangegangenen Amtszeiten vorbereitet worden, so etwa das „Nicht-Ehelichen-Gesetz" oder die Reform des Jugendwohlfahrtsgesetzes, so dass man mit guten Recht hier eigendynamische Entwicklungen des Policy-Bereiches unterstellen kann.

Im Bereich des Familienlastenausgleichs, der Umverteilung der mit Familienfunktionen verbundenen finanziellen Lasten also, wurde 1975 mit der „Kindergeldreform" dessen duale Organisationsstruktur aufgegeben und damit die nach Ansicht der Regierungsparteien unsoziale Wirkung von Steuerfreibeträgen beseitigt.

Normorientiertes Handeln verliert im Verlaufe der 1970er Jahre stark an Bedeutung in der Familienpolitik. Man findet es allerdings noch im Hinblick auf die Diskussion des „Muttergeldes" bzw. des Mutterschaftsurlaubs, wobei die Akteure trennend jeweils das Verständnis der (mütterlichen) Erziehungsaufgabe in Verbindung oder ohne eine solche mit Erwerbstätigkeit wirkte.[3]

Im wesentlichen lagerbegründend war aber die Frage der Gerechtigkeit von Steuerfreibeträgen, die von Vertretern der SPD sozialpolitisch und solchen der C-Parteien steuersystematisch beantwortet wurde. Nach dem Regierungswechsel war dann 1983 die Wiedereinführung der dualen Struktur des Familienlastenausgleichs auch die erste familienpolitische Maßnahme, der in den 1980er Jahren weitere, qualitativ neue und eher einem interessenorientierten als einem normorientierten Diskurs entwachsende Maßnahmen folgten. Dazu gehörte die stufenweise Einführung von Erziehungsurlaub und Erziehungsgeld (ab 1986), die Anerkennung von Kindererziehungszeiten in der Rentenversicherung (ab 1987) sowie die Anerkennung von Pflegeleistungen (1989 und 1992). Im Ansatz handelte es sich hier um eine erste Anerkennung von Familienleistungen und ihrer externen Effekte. Die Maßnahmen der 1990er Jahre lassen sich im wesentlichen drei Funktionsgruppen zuordnen:
- Maßnahmen zur Verwirklichung bzw. zum Schutz von Gleichheitsrechten; dazu gehört die Ergänzung von Art. 3 Abs. Satz 2 GG 1994,[4] aber auch die Reform des Kinderschaftsrechts, das ab 1998 eine endgültige Gleichstellung von ehelichen und nichtehelichen Kindern garantiert

---

[3] Beim „Muttergeld" handelte es sich um ein Konzept, nach dem nicht-erwerbstätige Mütter für die Zeit der frühkindlichen Betreuung ihrer Kinder vom Staat eine Bezahlung erhalten sollten. Die damalige Familienministerin Käthe Strobel (SPD) stand dem Konzept skeptisch gegenüber. Bezüglich des (bezahlten) Mutterschaftsurlaubs ging es in der politischen Auseinandersetzung um die Tatsache, dass nur zuvor erwerbstätige Frauen in seinen Genuß kommen konnten. Im Prinzip deutet sich hier auch die Scheidelinie im Wechsel von der normorientierten zur interessenorientierten Politik an: Während sich nämlich hier die Verfechter der Frauenrolle „an Heim und Herd" und der berufstätigen Frau miteinander konfrontierten, kommt es in den Folgejahren mit der Einführung von Erziehungsurlaub und Erziehungsgeld für alle Eltern zu einer tendenziellen Aufwertung und Anerkennung volkswirtschaftlich bedeutsamer Arbeit, es stehen sich nicht weiter Rollenkonzepte, sondern Leistungsbereiche gegenüber.

[4] „Der Staat fördert die tatsächliche Durchsetzung der Gleichberechtigung von Frauen und Männern und wirkt auf die Beseitigung bestehender Nachteile hin".

und darüber hinaus in der Neuregelung des Umgangs zwischen Kindern und nicht oder nicht mehr verheirateten Eltern eine Anpassung an die soziale Realität geleistet hat;

– Maßnahmen zur steuerlichen Behandlung von Elternschaft, dazu gehört die stufenweise Entwicklung steuerlich anzuerkennender Kosten des kindlichen Existenzminimums sowie der Erziehungs- und Betreuungskosten oder alternativ der Zahlung eines wesentlich höheren Kindergeldes;

– und schließlich der (bescheidene) Ausbau rentenrechtlicher Anerkennung von Familienleistungen.

Freiraum für die politische Gestaltung blieb dabei nur im ersten Bereich, was durch Umgewichtungen innerhalb der Akteurskonstellationen zu erklären ist.

So finden wir im familienpolitischen Gestaltungsprozeß die Regierungsparteien, die sich nicht mehr den Positionen der C-Parteien der 1950er Jahre zuordnen lassen, sondern von einer starken Durchmischung von familien- und frauenpolitischen Interessen gekennzeichnet sind. Im wesentlichen argumentationsleitend ist hier die Anerkennung der volkswirtschaftlich bedeutenden Leistungen von Familien sowie praktisch gelebter Individualisierung in unterschiedlichen Familienformen. Ein wesentlicher – in der Art der Realisierung seiner Gestaltungsfunktion neuer – Akteur ist das Bundesverfassungsgericht und sind mit diesem als klageinitiierend verbunden die Familienverbände, die sich keineswegs mehr durchgehend in großer Nähe zu den Kirchen befinden. Sie artikulieren Familieninteressen aus verteilungspolitischer Sicht, d. h. diskursleitend ist für sie die Frage einer gerechten Entgeltung von Familienleistungen angesichts zunehmend schiefer Verteilungen von Einkommen und Voraussetzungen für die Sicherungsleistungen kollektivierter Solidarverbände wie z. B. der Rentenversicherung.

Das Bundesverfassungsgericht ist von einem allenfalls korrigierenden Akteur im Verlauf des letzten Jahrzehnts zu einem massiv politisch gestaltenden Akteur in der Familienpolitik geworden. In insgesamt fast 50 Urteilen zu Fragen des Familienrechts und des Familienlastenausgleichs seit den 1950er Jahren hat es wesentliche Eckwerte der Familienpolitik vorgeben. Über 40 Prozent dieser Urteile wurden in den 1990er Jahren gefällt und zwar verbunden mit immer deutlicheren Vorgaben für die politische Ausgestaltung,[5] so dass wir heute z. B. davon ausgehen können, dass die gegenwärtig gezahlten Leistungen im Familienlastenausgleich (Kindergeld/Steuerfreibetrag), die im wesentlichen auf die Urteilssprechung des Bundesverfassungsgerichtes zurückgehen, dem Gesetzgeber weder in der Höhe noch in der Art der Umsetzung nennenswerten Gestaltungsspielraum ließen. Ähnliches deutet sich bezüglich einer rentenrechtlichen Anerkennung von Familienarbeit in der Form einer tendenziellen Gleichbewertung von Erwerbs- und Familienarbeit an. Hier hatte das Bundesverfassungsgericht vor seinem jüngsten Urteil aus dem April 2001 in drei Urteilen der 1990er Jahre Eckwerte gesetzt (BVerfGE 82, 60; 87, 1; 94, 241), deren Umsetzung in der Form eines systematischen Umbaus des Rentenversicherungssystems aber noch aussteht.

Bezogen auf die eingangs eingeführten Governance-Formen ist so das Bundesverfassungsgericht zu einem Akteur „quasi einseitigen Handelns" geworden. In diesem Zusammenhang darf allerdings die Funktion der Familienverbände nicht übersehen werden, die einen großen Teil der Klagen initiierten bzw. unterstützten, allerdings als Interessenvertreter der Familie im Vergleich mit anderen Verbänden relativ schwach auftreten. Insgesamt gibt es in Deutschland vier allgemeine Familienverbände, die unter dem Dach der Arbeitsgemeinschaft der deutschen Familienorganisationen (AGF) zusammengeschlossen sind:
– der *Bund der Kinderreichen Deutschlands* (BDK), der – in den 1950er Jahren gegründet – später mit dem *Deutschen Familienverband* (DFV) fusionierte,
– die *Evangelische Aktionsgemeinschaft für Familienfragen* (EAF),
– der *Familienbund der Katholiken* (FdK),
– der *Verband alleinstehender Mütter und Väter* (VAMV).

Daneben gibt es speziell zum Schutz von unter dreijährigen Kindern die *Deutsche Liga für das Kind in Familie und Gesellschaft*.

Bei dem Versuch, Familieninteressen innerhalb einer bestimmten Partei zu verorten, begegnen wir der Schwierigkeit, hier überhaupt parteipolitische Kompetenzen zu identifizieren – dies im Gegensatz zu Interessen von Arbeitnehmern, Unternehmern oder auch kleiner Gruppen wie etwa der Homosexuellen.

---

5   Dazu genauer Gerlach 2000.

Prinzipiell können drei verbandspolitische Funktionen unterschieden werden, die für Familien zu realisieren wären (Wingen 1997: 432): die Vertretung von Familienbelangen gegenüber Politik und Öffentlichkeit, advokatorische Funktionen für die Familien als Mitgestalter von Familienpolitik und schließlich die Initiation oder Unterstützung von Selbsthilfenetzwerken.

Insbesondere im letzten Bereich gibt es – v. a. unter dem Aspekt zivilgesellschaftlicher Aktivierung von Solidarpotenzialen – ein breites Handlungsspektrum, das anhand der folgenden exemplarischen Maßnahmen verdeutlicht werden kann. Hier wäre zu denken an: die Erstellung einer Ist- und Soll-Analyse einer familienfreundlichen Sozialplanung v. a. auf der kommunalen Ebene, die sich einerseits auf die kommunale Verwaltung, andererseits auf alle anderen kommunalen Akteure – z. B. Arbeitgeber, Vereine, Investoren u.s.w. bezieht. Dies kann durch die Entwicklung von Familienförderplänen, Familienberichten, Familien- und Kinderfreundlichkeitsprüfungen bis hin zur Zertifizierung oder zum „family-audit" geschehen. Dazu gehören:
– eine frühzeitige Einbindung familienfreundlichen Denkens in alle kommunalen Planungsvorgänge durch Familienbeiräte;
– eine systematische Anregung und Vernetzung von Ressourcen i. S. der Familien, beispielhaft etwa durch Arbeitsgemeinschaften zwischen kommunalen Stellen und Arbeitgebern in Fragen der regelmäßigen und außergewöhnlichen Kinderbetreuung. Hier könnten Maßnahmen der betrieblichen Frauen- und Familienförderung als Vorbilder dienen, so wie sie zum Beispiel in der Form von Tagesmütterpools bei der Commerzbank im Programm *Consens* realisiert werden (Laubenthal/Zimmer/Gerlach 2000: 98ff.);
– eine Institutionalisierung von ressourcenbündelnden Netzwerken, Agenturen und Pools;
– die Schaffung von „Zeitkarteien", in die sich Bürger und Bürgerinnen, die sich ehrenamtlich engagieren möchten, eintragen lassen;
– die Initiierung von Tauschringen, in denen nicht nur Güter, sondern auch Arbeit getauscht werden könnten;
– die Koordination von elterlichen Fahr-, Betreuungs- und Freizeitdiensten.

Bezüglich der Rentenfrage ist als neuer Akteur im Agenda-Setting der Familienpolitik auch der VDR zu nennen, der durch die regelmäßige Beauftragung der Prognos-AG, Basel, mit der Erstellung von Gutachten zur Entwicklung der wirtschaftlichen und demografischen Eckwerte der Rentenversicherung zunehmenden Gestaltungsdruck erzeugt. Als letzter Akteur ist schließlich hier noch die EU zu erwähnen, auf deren Richtlinie zum Elternurlaub die im Jahr 2000 vom Bundestag verabschiedete Novelle zum Erziehungsgeld und Erziehungsurlaub zurückgeht.[6] Erwähnenswert in diesem Zusammenhang ist auch die Tatsache, dass mit der Verabschiedung der *Charta der Grundrechte* der Europäischen Union auf der Regierungskonferenz von Nizza Familienrechte ausdrücklich in Art. 33 verankert worden sind.[7] In der Verknüpfung von Gleichstellungs- und Familienpolitik sind hier aber auch Urteile des EuGH zu nennen, durch die (sich teilweise widersprechende) Eckwerte zur Einbeziehung von Elternschaft in Gleichstellungsmaßnahmen geprägt wurden.[8]

Vergleicht man also die Akteurskonstellationen in der Familienpolitik der 1950er und frühen 1960er Jahre mit den heutigen, so hat sich durch die Hinwendung von einem normativen zu einem interessenpolitischen Diskurs, durch diejenige von einer wertrationalen zu einer zweckrationalen Begründung der Politik eine deutliche Neukategorisierung familienpolitischer Probleme ergeben.

---

6   Vereinbarung nachzulesen in BR-Drucks. 223/96 vom 25. März 1996.
7   Artikel 33 *Familien- und Berufsleben:*
    Der rechtliche, wirtschaftliche und soziale Schutz der Familie wird gewährleistet. Um Familie- und Berufsleben miteinander in Einklang bringen zu können, hat jede Person das Recht auf Schutz vor Entlassung aus einem mit der Mutterschaft zusammenhängenden Grund sowie den Anspruch auf einen bezahlten Mutterschaftsurlaub und auf einen Elternurlaub nach der Geburt oder Adoption eines Kindes.
8   Der EuGH beschäftigte sich 1995 (Kalanke-Urteil) und 1997 (Marschall-Urteil) mit der Zulässigkeit von Quotenregelungen in deutschen Landesgleichstellungsgesetzen. 1995 erklärte er Regelungen, die zwingend die Besetzung von Stellen mit Vertreterinnen des unterrepräsentierten Geschlechts vorsahen, als mit dem Gemeinschaftsrecht nicht vereinbar. 1997 allerdings erklärte er entsprechende Vorschriften für rechtens.

Insbesondere durch das Bundesverfassungsgericht und – eingeschränkt – durch die EU als Akteure sind Governance-Formen entstanden, die einem Verhandlungssystem Familienpolitik kaum noch Spielräume lassen.

Dies jedoch ist vor dem Hintergrund aktueller Muster der individuellen Verhaltensbegründung und der daraus entstandenen demografischen Strukturen und deren Folgen insoweit zur Lösung der Probleme ungeeignet, als es die Verhandlungssituation in der Familienpolitik in die Situation eines Gefangenendilemmas geführt hat.[9]

Mit den Individualisierungstendenzen, die sich seit den 1970er Jahren zeigen, und die nicht zuletzt auch durch die großen Familienrechtsreformen dieses Jahrzehnts unterstützt wurden, ergaben sich Optionserweiterungen v. a. im weiblichen Lebenslauf, die wesentliche Änderungen im Bereich der Realisierung von Familienfunktionen bedingten und die überzeugend durch Rational-Choice-Ansätze wie denjenigen von Gary S. Becker zu erklären sind. Es sind zwar individuelle Kalküle, die Entscheidungen in Familien bestimmen, diese sind aber gesellschaftlich determiniert, und genauso verursachen sie gesellschaftliche Konsequenzen, so dass auch das Funktionieren sozialer Systeme auf ökonomische Grenznutzenkalküle zurückzuführen ist und der Diskurs interessenorientiert geführt werden sollte.[10]

Diese Koppelung mikrosoziologischer Entscheidungen mit makrosoziologischen Konsequenzen läßt sich problemlos an der Tatsache verdeutlichen, dass Familien heute seltener, instabiler und weniger „produktiv" bezüglich ihrer reproduktiven Funktion sind. Dies läßt sich anhand weniger Maßzahlen konkretisieren:

---

9 Das Gefangenendilemma als spieltheoretische Situation im Rahmen utilitaristischen Handelns, demzufolge die naheliegende egoistische Verhaltensvariante für beide Partner ungünstig ist, bessere Lösungswege nur über Kooperation zu erzielen sind, scheint mir sehr gut auf die Konfrontation von Familien/Kinderlosen übertragbar zu sein. Die Absicherung des Lebensrisikos „Alter" ist (aufgrund finanztechnischer Voraussetzungen) nicht vollkommen herausgelöst aus dem Generationenverhältnis – einem direkten oder einem kollektivierten – zu realisieren. Im Endeffekt kann wohlfahrtssteigernd hier nur eine Lösung sein, die in Kooperation alle risikoabsichernden Elemente berücksichtigt, d. h. sowohl Beitragsleistungen als auch Erziehungsleistungen.

10 Vgl. Becker 1996.

Maßzahl	1960	1995***
NRZ*	1,10	0,64
TFR**	2,36	1,34
Kinderlose Frauen	9,2 %	23 %****
Jugendlastquotient (unter 20 J.)	1990: 100/37	2030: 100/36
Alterslastquotient (über 60 Jahre)	1990: 100/35	2030: 100/73

*   Nettoreproductionsrate
**   Totalfertilityrate
*** Die Zahlen von 1960 beziehen sich auf das frühere Bundesgebiet, diejenigen von 1995 auf Gesamtdeutschand.
**** Bezug genommen wird auf die Geburtsjahrgänge 1935 und 1960

Diese Zahlen sind Folge rationaler individueller Kalküle, in die heute z. B. die Tatsache einzuziehen ist, dass sich Frauen mit Hochschulabschluß während einer 10-jährigen Familienpause nach der Geburt eines Kindes unter Berücksichtigung sämtlicher Transferleistungen Einkommenseinbußen (incl. entsprechender Sozialversicherungsanwartschaften) schon zu Beginn der 1990er Jahre von 540.000 DM einhandeln. Das entspricht etwa 35 Prozent des erwartbaren Lebenseinkommens, dass sie – die selben Daten zugrundegelegt – bei Vollzeiterwerbstätigkeit erzielen würden (Galler 1991: 140).[11] Auf der Makroebene bedeutet dies, dass Familien ein Humanvermögen aufbauen, das sich 1990 auf 15,286 Billionen DM (für die „alte" Bundesrepublik) beziffern ließ. Dem standen im gleichen Jahr nur 6,9 Billionen DM an reproduzierbarem Sachvermögen gegenüber (BMFuS 1994: 26). Nach aktuellen Berechnungen des Wissenschaftlichen Beirates für Familienfragen beim Bundesfamilienministerium beträgt der gesellschaftliche Beitrag zu diesen Kosten gut ein Drittel, bei Alleinerziehenden in Ostdeutschland etwa 50 Prozent.

In der Gestaltung individueller Lebensläufe, die sich mit dem Konzept der Individualisierung beschreiben läßt (Stichwort: Optionserweiterung) kann man demnach heute von einer Zweckorientierung ausgehen, der auf der Ebene des politischen Diskurses und der familienpolitischen Verhandlungssysteme eine Interessenorientierung im Hinblick auf eine

---

11 Bei Frauen mit Hauptschulabschluß entspräche dies etwa 29 Prozent des geschätzten Lebenseinkommens.

bestandssichernde Tauschlogik der Leistungsgerechtigkeit entsprechen müßte. Dies gilt umso stärker, als durch die Pluralisierung von Lebensläufen und insbesondere durch die Tatsache, dass sich mittlerweile ein Viertel der Frauen und ihrer Partner (mit wachsender Tendenz) nicht mehr an der Humanvermögensproduktion beteiligen, eine zunehmende bevölkerungsspaltende Lagerbildung sichtbar wird. Steuerungsziel der Politik kann hier nicht mehr die (bloße) Absicherung einer Institution, sondern muss der sozialpolitische Ausgleich externer Effekte sein.

Bisher wird nur der Diskurs unter professionellen Interessenvertretern (Familienverbände, VDR) sowie von seiten des Bundesverfassungsgerichtes entsprechend geführt, aber kaum die gesamte familienpolitische Akteurskonstellation betreffend, was eine rechtzeitige Neuorientierung der familienpolitischen Verteilungsstrukturen in Richtung einer Wohlfahrtssteigerung und nicht -minimierung bisher nicht in Gang gesetzt hat. Dagegen kommt es in der Familienpolitik der letzten Jahrzehnte zunehmend zu Dilemmasituationen bzw. Kooperationsproblemen, die sich mit Otto Keck definieren lassen als „Situationen, in denen ohne die Koordinierung des Handelns der beteiligten Akteure ein Zustand perpetuiert wird, der für alle oder mindestens einen der Beteiligten suboptimal ist, oder in denen ein Zustand herbeigeführt wird, in dem sich alle oder mindestens einer der Beteiligten gegenüber dem Status Quo verschlechtert und sich keiner verbessert" (Keck 1997: 38).

Warum also haben sich in der Familienpolitik den klassischen Verhandlungssystemen der Sozialpolitik vergleichbare Systeme bisher nicht entwickelt und warum war offensichtlich das Hinzutreten eines dominanten Akteurs in der Rolle des Bundesverfassungsgerichtes notwendig, um verfassungsinkongruente Politik zu vermeiden? Und schließlich: Was ist nach der Veröffentlichung des Bundesverfassungsgerichtsurteils zur Pflegeversicherung im Frühjahr 2001 geschehen?

Zunächst zur letzten Frage: In seinen gesamten Urteilen zum Familienlastenausgleich der später 1980er und 1990er Jahre hat das Bundesverfassungsgericht mit wachsender Vehemenz auf die strukturellen Ungerechtigkeiten aufmerksam gemacht, die für Familien sowohl im Steuer- als auch im Sozialversicherungssystem bestehen. Dies geschah jedoch ohne dass ein entsprechender politischer Diskurs oder gar ein solcher der Öffentlichkeit in Gang gesetzt wurde. Mit dem letzten Urteil ist eines deutlich geworden: Familieninteressen sind auf dem Weg Sonderinteressen zu werden. Sie sind durch die Folgen der Individualisierung nicht mehr selbstverständliche Allgemeininteressen, und damit wurden die bevölkerungspolarisierenden Konturen des Problems deutlich. Erst dies hat die breite Aufmerksamkeit der Medien geweckt und dazu geführt, dass wirklich alle Wochenzeitschriften mit politischem Anspruch genauso wie überregionale und lokale Tageszeitungen das Thema breit und wiederholt aufgegriffen haben.

Für die Familienverbände liegt hier eine Möglichkeit zu agieren, die vergleichbar in Deutschland noch nie gegeben war, denn aus der Verbändeforschung wissen wir, dass Interessen nur durchsetzbar sind, wenn sie hinreichend organisationsfähig (motivationale und materielle Ressourcen) und konfliktfähig (kollektive Verweigerung einer für die Gesellschaft funktionsfähigen Leistung) sind. In diesem Sinne haben die Familien in der Tat in den letzten Jahren ihre Konfliktfähigkeit bewiesen, und eben die Folgen dieses Verhaltens hat das Bundesverfassungsgericht nun vor dem Hintergrund des Kriteriums der Leistungsgerechtigkeit deutlich gemacht.

Auf der anderen Seite aber lassen sich Interessen umso leichter organisieren, je größer der persönliche Nutzen für den individuellen Beteiligungsaufwand ist, und dieser nimmt mit der Größe der Bevölkerungsgruppe ab, deren Interessen organisiert werden sollen. D. h., dass Interessenorganisationen für kleinere Gruppen für das individuelle Kalkül interessanter als solche großer Gruppen sind (vgl. auch Olson 1968).

Andererseits dürften aber auch die unterschwellige Weiterexistenz der normativen Komponenten des familienpolitischen Diskurses sowie die institutionellen Regelungen, die dem Policy-Bereich seine Handlungsmöglichkeiten vorgeben, zu seiner Durchsetzungsschwäche führen. Der zumindest unausgesprochen noch vorhandene Bezug auf „politische Lager" bedeutet eine Schwäche in Verhandlungssystemen, die sich wertrationalen Begründungen gegenüber in der Regel verschließen. Organisatorisch begründete Schwächen zeigen sich in zwei Perspektiven: Dies gilt einerseits für die Tatsache, dass das Familienministerium kaum federführende Kompetenzen hat, sondern alle Reformen – seien es solche des FLA oder des Familien- und Sozialrechts – nur als „Juniorpartner" von Finanz-, Sozial- und Justizministerium gestalten kann. Andererseits gehört zu den ungünstigen institutionellen Rahmenbedingungen sicher auch die Tatsache, dass Familienpolitik in Deutschland nicht über eine zentralisierte Organisationsstruktur verfügt (so sind die Haushaltsmittel nicht nur über eine Vielzahl von Ressorts verteilt, sondern auch über die Sozialversicherungen), etwa in der Form der Familienkassen in Österreich oder der *Caisses d' Allocation Familiales* in Frankreich, die alle Familienleistungen bündeln und so für Transparenz sorgen, aber v. a. auch vor dem Zugriff anderer Ressorts schützen und schließlich selbst als Quasi-Akteure auftreten. Diese institutionellen Voraussetzungen bedingen in Deutschland einen für die Familienpolitik restringierenden Handlungskontext (dazu allgemein Mayntz/Scharpf 1996: 43).

Sowohl Michael Zürn als auch Fritz W. Scharpf sehen in der Wiedereinbeziehung normativer Kriterien für den Diskurs von Verhandlungssystemen mit Kooperationsproblemen einen Lösungsweg, Zürn in der Form von Gerechtigkeitskonzepten, Scharpf in der Form „moralfähiger Themen" und Themen der distributiven Gerechtigkeit (Zürn 1992: 154 sowie Scharpf 1988: 80). Ich halte beide Vorschläge zur Lösung familienpolitischer Probleme für wenig hilfreich, da auch Gerechtigkeit z. B. auf Interessenpolitik zurückzuführen ist, verstehen wir sie z. B. als Leistungsgerechtigkeit.

Hilfreicher scheint mir hier die von Otto Keck formulierte These, Kooperationsprobleme entstünden durch Defizite im Allgemeinwissen bezüglich der betreffenden Situation, d. h. die Akteure verfügen über unterschiedliche Situationsdeutungen. Die vehemente volkswirtschaftliche Bedeutung von Familienleistungen im Sinne ihrer externen Effekte bei stetig steigender Exklusion von Bevölkerungsanteilen aus dem Kreis der Leistungserbringer bedeutet Verhandlungsmacht für familienpolitische Interessenpolitik, die bisher kaum genutzt ist. Sie bildet aber auch die Basis zur Herausbildung einer Tauschlogik für Kooperationsprozesse. Verdienst des Bundesverfassungsgerichtes ist es, auf diese aufmerksam und diese transparent gemacht zu haben. Überdenkenswert erscheint in diesem Zusammenhang natürlich auch die Neuorganisation der institutionellen Rahmenbedingungen des Entscheidungsprozesses etwa im Hinblick auf einen Ausbau direktdemokratischer Elemente.[12]

---

12 Die Erfahrungen in der Schweiz haben allerdings gezeigt, dass noch nicht einmal so allgemeine Interessen wie der Mutterschutz für das Volk mehrheitsfähig waren. Seit 1945 gibt es in der schweizer Verfassung einen Gesetzgebungsauftrag zur Verabschiedung einer Mutterschaftsversicherung. Dreimal – 1984, 1987 und 1999 – wurde ein entsprechender Gesetzesentwurf durch Referenden abgelehnt (vgl. Obinger 2000: 57).

Jugend und Engagement:
Junge Menschen überdurchschnittlich ehrenamtlich/ freiwillig engagiert

Martin Nörber

Die Thematisierung *ehrenamtlich/freiwilligen Engagements* hat in den letzten Jahren einen breiten Stellenwert in der öffentlich-politischen Diskussion eingenommen.[1] Das es sich bei der Auseinandersetzung um kein schnelllebiges Diskussion-Highlight handelt, zeigt sich daran, dass auch nach dem Internationalen Jahr der Freiwilligen das Thema nach wie vor in Fachbeiträgen und auf Tagungen wie auch in der politischen Debatte aktuell ist. Wenig geändert hat sich aber an den Fragestellungen der Auseinandersetzung mit dem Thema. So wird immer wieder über die „Krise des Ehrenamtes" ebenso nachgedacht und berichtet, wie es Hinweise auf ein kontinuierlich bzw. wachsendes Potential an ehrenamtlich/freiwilligem Engagement gibt.

Angesichts dessen hat die im im Jahr 1999 im Auftrag des Bundesministeriums für Familie, Senioren, Frauen und Jugend (BMFSFJ) durchgeführte bisher größte repräsentative Untersuchung zur „Freiwilligenarbeit, ehrenamtlichen Tätigkeit und bürgerschaftlichem Engagement" in der Bundesrepublik eine wichtige neue Grundlage für diese Diskussion geschaffen.

I. Ergebnisse der BMFSJ-Studie

Die durch das BMFSFJ in Auftrag gegebene Untersuchung wurde im Zeitraum von Mai bis Juli 1999 in Form einer computerunterstützten telefonischen Befragung auf Grundlage einer Zufallsauswahl durchge-

---

1 Die Nutzung von Begrifflichkeiten im Kontext individuellen gesellschaftlichen Engagements ist höchst unterschiedlich (vgl. Nörber 1999).

führt und Ende 2000 in drei Bänden veröffentlicht. Durch eine ergänzende Finanzierung der Robert-Bosch-Stiftung konnte der Stichprobenumfang von ehemals geplanten 10.000 Befragten auf fast 15.000 erhöht werden. Als Grundgesamtheit der Befragung diente die Wohnbevölkerung Deutschlands ab 14 Jahren in Privathaushalten mit Telefonanschluss.

Im Gegensatz zu bereits vorliegenden Erhebungen, die sich „unter unterschiedlichen Prämissen auf jeweils einen begrenzten Teilbereich oder speziellen Ausschnitt ehrenamtlichen Engagements beziehen" (Beher/Liebig/Rauschenbach 1998: 22), sollten durch eine derartig umfassende Erhebung „Aussagen über Umfang und Verbreitung ehrenamtlichen Engagements in der Bevölkerung insgesamt und in verschiedenen Bevölkerungsgruppen [erwartet werden]. Organisatorische Einbindung und Rahmenbedingungen der ehrenamtlichen Tätigkeit sollen ebenso untersucht werden wie Motivation und Zugänge zum Ehrenamt sowie die Bereitschaft zum Engagement bei Personen, die bisher nicht ehrenamtlich tätig sind" (Rosenbladt/Picot 1999: 8). Um dieses Ziel zu erreichen und den in anderen Erhebungen wahrgenommenen Problematiken Rechnung zu tragen,[2] ging die Erhebung folgenden Weg:

„Ehrenamtliches/freiwilliges/bürgerschaftliches Engagement wird nicht isoliert gesehen, sondern als Unterkategorie einer breiter verstandenen Aktivität des *Mitmachens* in Vereinen, Gruppierungen, Organisationen. Erster Schritt des Konzept ist es, diese Aktivität in verschiedenen Gesellschafts- bzw. Lebensbereichen zu erfassen.

Die als *aktiv* identifizierten Personen werden in einem zweiten Schritt gefragt, ob sie in der angegebenen Gruppierung oder Organisation Tätigkeiten ausüben, die als ehrenamtliches/freiwilliges Engagement zu verstehen sind. Es wird damit klar gemacht, daß es um mehr als bloße Mitgliedschaft oder normales Mitmachen geht. Es geht auch um mehr als bloßes Gesinnungsengagement. „Es geht um freiwillig übernommene

---

2   Als zentrale Probleme wurde die große Vielfalt der Formen und Felder in denen ehrenamtliches/freiwilliges Engagement auftritt und die Unklarheit sprachlich-begrifflicher Benennung angesehen, die dazu führen können, dass sich ehrenamtlich/freiwillig Engagierte in einer Befragung nicht als *Engagierte* angesprochen fühlen.

Aufgaben oder Arbeiten, die man unbezahlt oder gegen geringe Aufwandsentschädigung ausübt." (Rosenbladt/Picot 1999: 10).

Des weiteren geht die Erhebung über vorliegende Untersuchungsansätze dadurch hinaus, indem „sie die von den Befragten ausgeübten ehrenamtlichen bzw. freiwilligen Tätigkeiten als solche erfaßt und beschreibt. Dabei kann eine Person mehrere unterschiedliche Tätigkeiten ausüben, die getrennt erfaßt und beschrieben werden. Die Datenanalyse erfolgt je nach Darstellung entweder auf der Ebene der Personen oder auf der Ebene der Tätigkeiten *(Mehrebenen-Analyse)*" (Rosenbladt/Picot 1999: 9).

Die Auswertung der Befragung brachte dabei u. a. folgende, in Kurzform aufgeführten Ergebnisse:

- 34 Prozent aller Bundesbürgerinnen und -bürger ab 14 Jahren sind in irgendeiner Form ehrenamtlich/freiwillig engagiert – „und zwar in dem Sinne, daß man in Vereinen, Initiativen, Projekten, Selbsthilfegruppen oder Einrichtungen aktiv mitmacht und dort unbezahlt oder gegen geringe Aufwandsentschädigung freiwillig übernommene Aufgaben oder Arbeiten ausübt" (Rosenbladt/Picot 1999: 3).
- „Im Durchschnitt werden 1,6 ehrenamtliche Tätigkeiten pro engagierter Person ausgeübt. Hochgerechnet auf die Gesamtheit von rund 63 Millionen Bundesbürgern ab 14 Jahren heißt das, daß rund 22 Millionen ehrenamtlich Engagierte in rund 35 Millionen ehrenamtlich ausgeübten Aufgaben oder Funktionen tätig sind" (Rosenbladt/Picot 1999: 3).
- Bezogen auf die Bezeichnung des Engagements wurde von 48 Prozent aller Engagierten der Begriff „Freiwilligenarbeit", von 32 Prozent der Begriff „Ehrenamt", von 6 Prozent Begriffe wie „Initiativen- oder Projektarbeit", von 6 Prozent der Begriff „Bürgerengagement" und von 2 Prozent der Begriff „Selbsthilfe" gewählt.
- Im Durchschnitt wendet jede/r Engagierte rund 23 Stunden im Monat oder ca. 5 Stunden pro Woche für sein Engagement auf. Ca. ein Drittel der Engagierten wird dabei mit mehr als 5 Stunden pro Woche als hochaktiv bezeichnet.
- Personen mit besseren bildungsmäßigen, beruflichen und finanziellen Voraussetzungen und Personen, die sozial stärker integriert sind, sind eher als andere zur Übernahme freiwilliger, ehrenamtlicher Auf-

gaben und Arbeiten bereit. Bezogen auf das Engagement von Frauen und Männer zeigt sich, dass zwar Männer leicht stärker engagiert sind (55 Prozent), dass aber in bestimmten Feldern ehrenamtliches Engagement überwiegend von Frauen geleistet wird. „Insbesondere gilt das für Felder mit relativ hohen Anforderungen und Belastungen wie etwa den sozialen Bereich (67 Prozent Frauen) oder den Gesundheitsbereich (66 Prozent)" (Rosenbladt/Picot 1999: 4).[3]

- Nach Angaben ehrenamtlich/freiwillig Aktiver existieren für die Hälfte dieser Personen Qualifizierungsangebote für ihre Tätigkeit, die – sofern vorhanden – von 70 Prozent aller Engagierten wahrgenommen wurden.
- „Ganz überwiegend sehen sich die ehrenamtlich Aktiven den Anforderungen in ihrer Aufgabe gewachsen. Jedoch fühlt sich immerhin jeder vierte ‚manchmal überfordert' (25 %). In einzelnen Feldern, etwa dem Gesundheitsbereich, steigt dieser Anteil auf bis zu 40 %" (Rosenbladt/Picot 1999: 5).
- Altruistische Motive, Spaß zu haben und mit sympathischen Menschen in Kontakt zu kommen stehen im Vordergrund der Erwartungen von ehrenamtlich/freiwillig Engagierten. „Für drei Viertel [...] ist es darüber hinaus wichtig, ‚Kenntnisse und Erfahrungen zu erweitern'. Ein möglicher beruflicher Nutzen ist dagegen nur für eine Teilgruppe von rd. 20 % von Bedeutung" (Rosenbladt/Picot 1999: 5).
- Das Interesse bisher Nicht-Engagierter ist groß. So sind 40 Prozent dieser Gruppe durchaus an einem ehrenamtlich/freiwilligem Engagement interessiert.
- Ehrenamtlich/freiwillig Tätige sehen einen deutlichen Bedarf an der Verbesserung der Rahmenbedingungen für ihr Engagement. So wird bezogen auf die Organisationen von Ehrenamtlichen gefordert, die Bereitstellung der nötigen Mittel für die Arbeit und für bestimmte Projekte zu verbessern (Finanzmittel, Räume, Ausstattung usw.). Bezogen auf die durch den Staat zu schaffenden Rahmenbedingungen werden am häufigsten Wünsche gerichtet, die sich auf die

---

3   Insgesamt lagen der Erhebung 15 Engagementsfelder zugrunde, denen sich die Befragten als ehrenamtlich/freiwillig Engagierte selbst zuordneten.

steuerliche Absetzbarkeit von Unkosten bzw. die steuerliche Freistellung von Aufwandsentschädigungen beziehen. „Allgemein wird eine bessere Information und Beratung über Gelegenheiten zum ehrenamtlichen Engagement für besonders wichtig gehalten" (Rosenbladt/Picot 1999: 6).

Ergebnisse der Erhebung „Freiwilligenarbeit, ehrenamtliche Tätigkeit und bürgerschaftliches Engagement" bezogen auf das ehrenamtlich/freiwillige Engagement junger Menschen.[4]

Die folgenden Ergebnisse basieren auf der Auswertung der Angaben der Gruppe der 14- bis 24-Jährigen. Das wohl auf den ersten Blick wichtigste Ergebnis ist, dass die Altersgruppe der 14- bis 24-Jährigen die Bevölkerungsgruppe dargestellt, die das höchste ehrenamtlich/freiwillige Engagement aufweist. So sind in ihr die meisten der hochaktiv ehrenamtlich/freiwillig Engagierten (mehr als 5 Stunden/Woche) vertreten. Im Vergleich mit anderen Altersgruppen ist die Gruppe der 14- bis 24-Jährigen zudem die Gruppe, in der die meisten Personen insgesamt in irgendeiner Form aktiv sind bzw. irgendwo mitmachen (siehe Tab. 1).

---

4   Die im folgenden dargestellten Ergebnisse stellen aufgrund der notwendigen umfänglichen Begrenzung nur einen Ausschnitt dar. So findet in der Regel keine geschlechtsspezifische Differenzierung statt. Auch eine nochmalige Unterteilung der Altersgruppe in die Gruppen der 14- bis 19-Jährigen und der 20- bis 24-Jährigen kann an dieser Stelle ebensowenig stattfinden wie eine Differenzierung bezogen auf junge Menschen in Ost- und Westdeutschland. Eine detailliertere Betrachtung bleibt so der Auswertung im Schwerpunktbericht „Jugend" der Erhebung vorbehalten.

Tab. 1: Anteil der ehrenamtlich/freiwillig Engagierten (darunter hochaktiv ehrenamtlich/freiwillig Engagierte), Aktive und Nicht-Aktive an der Gesamtbevölkerung, differenziert nach Altersgruppen (Angaben in Prozent)

Altersgruppe/ Engagement	14 bis 24 Jahre	25 bis 59 Jahre	60 Jahre und älter
ehrenamtliche/freiwillige Tätigkeit	37	37	26
darunter Hochaktive	14	12	9
Aktive	37	31	30
Nicht-Aktive	26	32	44

– Die Altersgruppe der 14- bis 24-Jährigen stellt insgesamt 14 Prozent aller ehrenamtlich/freiwillig Engagierten gegenüber 60 Prozent in der Altersgruppe der 25- bis 59-Jährigen und 26 Prozent in der Altersgruppe der 60-Jährigen und älter.
– In der Altersgruppe überwiegt geringfügig der männliche Anteil (52 Prozent Männer zu 48 Prozent Frauen).
– Mit 70 Prozent stellt die Gruppe der Schüler/innen in der Altersgruppe die größte Gruppe dar, gefolgt von 19 Prozent Erwerbstätigen.
– 50 Prozent der Personen der Altersgruppe leben seit ihrer Geburt am derzeitigen Wohnort und 24 Prozent sind vor mehr als 10 Jahren an diesen Ort zugezogen. Insgesamt 50 Prozent leben an diesem Ort sehr gern, 43 Prozent gern.
– Überdurchschnittlich groß ist der Freundeskreis am Wohnort: 40 Prozent der 14- bis 24-Jährigen besitzt einen sehr großen Freundeskreis. Zum Vergleich: In der Altersgruppen der 25- bis 59-Jährigen sind dies 27 Prozent und in der Altersgruppe der 60-Jährigen und älter 26 Prozent.
– 83 Prozent der Altersgruppe leben in einem Haushalt mit 3 und mehr Personen.
– Die Kirchenbindung fällt vergleichsweise (in Klammer die Werte der 25- bis 59-Jährigen/60-Jährigen und älter) gering aus. 10 Prozent be-

zeichnen sie als stark (16 Prozent/26 Prozent), 39 Prozent als mittel (41 Prozent/43 Prozent)und 50 Prozent als wenig (42 Prozent/30 Prozent).
- Bezogen auf das Interesse hinsichtlich in Politik und öffentlichem Leben, ist die Altersgruppe der 14- bis 24-Jährigen mehrheitlich nur „mittel" (58 Prozent) interessiert („Stark": 27 Prozent; „Wenig": 15 Prozent). Zum Vergleich die 25- bis 59-Jährigen („Stark": 44 Prozent; „Mittel": 46 Prozent, „Wenig": 10 Prozent) und die 60-Jährigen und älter („Stark": 53 Prozent; „Mittel": 36 Prozent, „Wenig": 11 Prozent).

Bezogen auf das ehrenamtlich/freiwillige Engagement insgesamt zeigt die Erhebung u. a. folgende Ergebnisse:

Junge Menschen in der Altersgruppe 14- bis 24-Jahren bezeichnen ihre Tätigkeit mit deutlicher Mehrheit als „Freiwilligenarbeit" (58 Prozent). Jede/r Fünfte betrachtet es als „Ehrenamt" (20 Prozent). Als „Nebenberuf" (6 Prozent), „Selbsthilfe" (3 Prozent), „Bürgerengagement" (4 Prozent) oder „Initiativen-/Projektarbeit" (3 Prozent) bezeichnen es dagegen nur 16 Prozent.

Junge Menschen engagieren sich insbesondere im Bereich „Sport und Bewegung" (40 Prozent). Mit deutlichem Abstand folgt der Bereich „Freizeit und Geselligkeit" (19 Prozent). Nur mit geringem Abstand kommt danach der Bereich „Schule/Kindergarten" (16 Prozent) gefolgt von den Bereichen „Kultur und Musik" (13 Prozent) sowie dem „Kirchlich/Religiösen Bereich" (13 Prozent). Knapp dahinter rangiert der Bereich „Unfall-/Rettungsdienst, freiwillige Feuerwehr" (11 Prozent). Alle weiteren Felder fallen in den Nennungen deutlich ab.[5]

Der Zugang zu ihrer ehrenamtlich/freiwilligen Tätigkeit liegt bei jungen Engagierten dabei bei 43 Prozent in der eigenen Initiative während 55 Prozent hinsichtlich einer ehrenamtlich/freiwilligen Tätigkeit „geworben" bzw. „gefragt" wurden. Die Eigeninitiative fällt bei jungen Engagierten etwas höher aus als bei älteren Engagierten. Wurden junge Engagierte „geworben" bzw. „gefragt", konzentrieren sich 87 Prozent der Nennungen in den beiden Punkten der Ansprache durch „leitende Per-

---

5 Da hier Mehrfachnennungen möglich waren, liegt die prozentuale Gesamtsumme bei der Beantwortung bei statistisch irrelevanten 142 Prozent.

sonen aus der Gruppe bzw. Organisation, in der ich tätig bin" (43 Prozent) und auf „Freunde oder Bekannte, die dort schon aktiv waren" (43 Prozent). Dabei sind die bereits aktiven Freunde und Bekannte vergleichsweise von eindeutig überdurchschnittlicher Bedeutung für junge Engagierte (Durchschnitt = 35 Prozent).

Interessant ist in diesem Zusammenhang, dass – unabhängig vom Alter – nur bei jeweils 3 Prozent aller ehrenamtlich/freiwillig Engagierten, der Anstoss zu Übernahme ihrer Tätigkeit aufgrund von Informations- oder Kontaktstellen als auch aufgrund von Hinweisen aus der Presse, dem Rundfunk oder Fernsehen geschah.

Deutlich machen die Ergebnisse auch, dass die Wahrscheinlichkeit über das Aktiv-sein hinaus ehrenamtlich/freiwillig Aufgaben und Arbeiten auszuüben zwischen einzelnen Bereichen als auch zwischen den Altersgruppen höchst unterschiedlich ist. So zeigt die folgende Tabelle (Tab. 2), dass im Bereich „Unfall-/Rettungsdienst, freiwillige Feuerwehr" gerade die Gruppe der 14- bis 24-Jährigen von großer Bedeutung bezogen auf die Gesamtheit ehrenamtlich/freiwilliger Tätigkeiten in diesem Bereich ist. Erweitert man die Altersgruppe auf alle ehrenamtlich/freiwillig Enga-

Tab. 2: Anteil der Personen mit ehrenamtlich/freiwilliger Tätigkeit an allen Aktiven in ausgewählten Bereichen (Angaben in Prozent)

Bereich/Altersgruppe	14 bis 24 Jahre	14 bis 29 Jahre
Unfall-/Rettungsdienst, freiwillige Feuerwehr	31	43
Jugend-/Bildungsarbeit	19	36
Sport und Bewegung	18	27
Schule und Kindergarten	16	27
Kultur und Musik	15	27
Freizeit und Geselligkeit	16	25
Umwelt-/Natur-/Tierschutz	14	23

gierten im Alter von 14- bis 29-Jahren wird die Bedeutung der „jungen Engagierten" noch deutlicher.

Bezogen auf die nicht unerhebliche Diskussion zum sogenannten „neuen Ehrenamt" versus einem sogenannten "traditionellen Ehrenamt" macht die Erhebung deutlich, dass das weit überwiegende ehrenamtlich/freiwillige Engagement in Vereinen, Kirchen/kirchlichen Vereinigungen und staatlichen oder kommunalen Einrichtungen geschieht. Dies gilt auch für die Gruppe der 14- bis 24-Jährigen (vgl. Tab. 3).

Tab. 3: Organisatorischer Rahmen ehrenamtlich/freiwilligen Engagements; Gesamtangaben sowie differenziert nach Altersgruppen (Angaben in Prozent)

Altersgruppe/ Organisation	Insgesamt	14 bis 24 Jahre	25 bis 59 Jahre	60 Jahre und älter
Verein	49	49	49	47
Verband	7	6	7	9
Gewerkschaft	1	0	2	1
Partei	3	3	3	3
Kirche/religiöse Ver.	14	15	12	17
Selbsthilfegruppe	1	2	2	1
Initiative oder Projekt	4	3	4	4
Sonstige selbstorganisierte Gruppe	6	6	6	6
Staatliche oder kommunale Einrichtung	10	11	11	7
Private Einrichtung oder Stiftung	2	1	2	3
Sonstige	3	4	2	3

Wenn bei ehrenamtlich/freiwillig engagierten jungen Menschen an erster Stelle Erwartungen dahingehend existieren, dass die Tätigkeit Spaß macht, man mit Menschen zusammen ist, die sympathisch sind und man anderen Menschen helfen will, zeigen die Ergebnisse bei der Frage nach der Erfüllung der Erwartungen, dass diese Erwartungen auch erfüllt werden.

Weiter wird aber deutlich, dass obwohl die jungen in annähernd gleichem Umfang wie ältere Engagierte in Vereinen, Verbänden u. a. eingebunden sind, aber nur jede/r vierte junge Engagierte (24 Prozent) hier ein Wahlamt innehat. Damit unterscheidet sich die Altersgruppe der 14- bis 24-Jährigen deutlich von älteren Engagierten. Hier hat annähernd jede/r Zweite (25- bis 59-Jährige: 45 Prozent bzw. 60-Jährige und älter: 40 Prozent) ein solches inne. Auch wenn die Gruppe der jungen Engagierten damit über vergleichsweise geringe Mitentscheidungsmöglichkeiten in vereinspolitischen Fragen verfügt, beantworten junge Engagierte die Frage nach eigener Verantwortung und eigenen Entscheidungsmöglichkeiten bei ihrer Tätigkeit erkennbar überdurchschnittlich im Vergleich zu älteren Engagierten.

Mit Blick auf das Geschlecht zeigt sich, dass sich mehr Männer in Vereinen engagieren (Männer 55 Prozent – Frauen 41 Prozent), während deutlich mehr Frauen im Bereich „Kirche/religiöse Vereinigungen" (Frauen 19 Prozent – Männer 9 Prozent) ehrenamtlich/freiwillig tätig sind. Bezogen auf die anderen Organisationsformen existieren nur geringfügige Unterschiede zwischen den Geschlechtern.

Wenn bezogen auf die am häufigsten genannten Erwartungen im Zusammenhang mit der übernommenen Tätigkeit zwischen den Altersgruppen in gewissem Maße Unterschiede existieren, so wird beispielsweise die Bedeutung des Spaßes von allen ehrenamtlich/freiwillig Engagierten an erster Stelle genannt. Jüngere Engagierte setzen hier die Bedeutung „macht Spaß" leicht höher als ältere Engagierte.[6] Damit fällt, bezogen auf die Erwartung, dass die Tätigkeit auch für die beruflichen Möglichkeiten etwas nutzen, eine erhebliche Differenz zwischen den Altersgruppen auf (Durchschnittswert: 2.2/14- bis 24-Jährige: 2.7; 24- bis 59-Jährige: 2.2; 60-Jährige und älter: 1.6). Junge Engagierte erwarten

---

6   Eine Bestimmung, was unter dem Begriff „Spaß" verstanden wird, findet sich in der Regel bei keiner Erhebung. So existiert bezogen auf die Notwendigkeit, dass die Tätigkeit „Spaß machen muss", die Assoziation, dass nur eine lustbefriedigende, kurzweilige und abwechselungsreiche Tätigkeit für junge Menschen in Frage kommt. Jugend wird somit vielfach in Zusammenhang mit einem hedonistischen Streben gebracht. Spaß kann demgegenüber für Jugendliche aber – so die Aussage eines Jugendlichen – auch bedeuten, „mit anderen gemeinsam etwas Sinnvolles tun" (vgl. Münchmeier 1999: 19).

– und sehen diese Erwartung in nahezu gleichem Umfang auch erfüllt – eine Nutzung von im ehrenamtlich/freiwilligen Engagement erworbenen Fähigkeiten, Kompetenzen und Erfahrungen in ihren (späteren) beruflichen Zusammenhängen. Vielleicht ist in diesem Zusammenhang auch das deutlich überdurchschnittliche Interesse (39 Prozent im Gegensatz zu 23 Prozent im Durchschnitt) insbesondere der jungen Engagierten nach Tätigkeitsnachweisen zu sehen.

Bezogen auf Personenkreise, die im Mittelpunkt ehrenamtlich/freiwilligen Engagements stehen, kommt der Gruppe der „Kinder und Jugendlichen" große Bedeutung zu (vgl. Tab. 4).

Tab. 4: Ehrenamtliches/freiwilliges Engagement bezogen auf Personenkreise; Gesamtangaben sowie differenziert nach Altersgruppen (Angaben in Prozent)

Altersgruppe/ Personenkreise	Insgesamt	14 bis 24 Jahre	25 bis 59 Jahre	60 Jahre und älter
Kinder und Jugendliche	36	63	36	12
Senioren	8	1	5	24
Frauen	4	1	4	4
Männer	4	2	5	3
Nein, anderer oder kein spezieller Personenkreis	48	33	49	55

Hinsichtlich der inhaltlichen Tätigkeitsschwerpunkte weisen die Ergebnisse darauf hin, dass bei allen Engagierten der Schwerpunkt in der „Organisation und Durchführung von Treffen/Veranstaltungen" (48 Prozent der Nennungen) liegt. Deutlich unterscheidet sich aber die Gruppe der Jungen von anderen Altersgruppen dadurch, dass bei ihnen die „pädagogische Betreuung oder die Anleitung einer Gruppe" (35 Prozent der Nennungen) – fast gleichwertig mit der eher unspezifischen pragmatischen Äußerung „Praktische Arbeiten, die geleistet werden müssen" (37 Prozent der Nennungen) – in der Spitzengruppe der inhaltlichen Beschreibung ihrer Tätigkeiten rangiert. Dabei nehmen junge Engagierte hinsichtlich der an sie gestellten Anforderungen wahr, dass ihre Tätigkeit

„in starkem Maße" eine hohe Einsatzbereitschaft (65 Prozent) erfordert. Damit unterscheiden sie sich deutlich von anderen Altersgruppen, deren Einschätzung bezogen auf eine „hohe Einsatzbereitschaft" erheblich deutlich geringer ausfällt (25- bis 59-Jährige: 57 Prozent; 60-Jährige und älter: 47 Prozent). Genau umgekehrt sieht es bezogen auf die Anforderung „Mit Behörden gut umgehen können" als auch mit der Anforderung nach „Selbstlosigkeit" aus. Nur 9 Prozent der jungen Engagierten sehen im Hinblick auf Behörden, dass sie „in starkem Maße" gefordert sind. Bei den beiden „älteren" Altersgruppen liegt diese Wahrnehmung jeweils bei 23 Prozent. Bei der „Selbstlosigkeit" sehen sich die Jungen nur zu 12 Prozent stark gefordert, im Gegensatz zu 20 Prozent bei den 25- bis 59-Jährigen und 25 Prozent bei den 60-Jährigen und älter.

Den aus ihrem Engagement erwachsenden Anforderungen fühlen sich 67 Prozent der jungen Engagierten immer gewachsen. Deutlich weniger, als dies für ältere Engagierte zutrifft. So fühlen sich immerhin 75 Prozent aller 25- bis 59-Jährigen und 81 Prozent aller 60-Jährigen und älter den Anforderungen immer gewachsen. Vielleicht steht dieses Ergebnis in direktem Zusammenhang mit dem Besuch von Kurs- und Seminarangeboten. Hier zeigt sich, dass 40 Prozent der jungen Engagierten noch nie an einem Kurs- und Seminarangebot teilgenommen haben, während dies beispielsweise 60 Prozent der Engagierten der Altersgruppe der 60-Jährigen und älter schon mehrmals der Fall war.

Es wurde schon darauf verwiesen, dass der Anteil der Gruppe der hochaktiv Engagierten (mehr als 5 Stunden/Woche) in der Gruppe der jungen Engagierten am höchsten ausfällt. Vielleicht liegt das hohe zeitliche Engagement darin begründet, dass sich 41 Prozent aller jungen Engagierten mehrmals in der Woche ihrer Tätigkeit widmen. Sie liegen damit deutlich über dem Durchschnitt von 30 Prozent aller Engagierten, die angeben, mehrmals in der Woche ehrenamtlich/freiwillig tätig zu sein. Die Tätigkeitszeiten junger Engagierter konzentrieren sich dabei insbesondere auf Wochenenden und werktägliche Nachmittage.

Hinsichtlich einer Kostenerstattung von Auslagen im Zusammenhang mit ehrenamtlich/freiwilliger Tätigkeit wird deutlich, dass fast jeder Zweite der jungen Engagierten Kosten für Auslagen erstattet bekommt. Eine Vergütung für ihre Tätigkeit erhält aber nur jeder Vierte (25 Prozent) – und wenn, hiervon wiederum nur jeder Zweite regelmäßig. Im

Gegensatz hierzu erhalten zwar nur 18 Prozent der 60-Jährigen und älter Engagierten eine Vergütung, dafür hiervon aber immerhin 64 Prozent regelmäßig. Junge Engagierte mit Vergütung, die bei 83 Prozent der Bezieher/innen unter 150 € pro Monat liegt, halten diese Vergütung überdurchschnittlich für angemessen.

Befragt, mit welchen Maßnahmen ehrenamtlich/freiwilliges Engagement gefördert und unterstützt werden kann bzw. „wo der Schuh drückt", zeigen die Antworten junger Engagierter bezogen auf die Organisation, in deren Zusammenhang das eigene Engagement angesiedelt ist, dass sich drei Punkte klar herausstellen lassen. An erster Stelle wird auf die „Bereitstellung von Finanzmitteln für bestimmte Projekte" hingewiesen. Die „Bereitstellung von geeigneten Räumen/Ausstattungsmitteln für Projekt-/Gruppenarbeit" folgt an zweiter Position. Eine "Unbürokratische Kostenerstattung" wird an dritter Stelle genannt. Alle drei genannten Punkte werden dabei von der Großgruppe der 14- bis 59-Jährigen Engagierten deutlich mehr als von den 60-Jährigen und älter Engagierten als verbesserungsnotwendig angesehen. Insbesondere bei der „Bereitstellung von geeigneten Räumen/Ausstattungsmitteln für Projekt-/Gruppenarbeit" zeigt sich aber, dass es hier gerade der Gruppe der 14- bis 24-Jährigen – mit deutlichem Abstand gegenüber allen älteren Engagierten – das zentrale Problem darstellt.

Bezogen auf Verbesserungen hinsichtlich der Förderung durch Staat und Arbeitgeber/innen favorisieren junge Engagierte nahezu gleichwertig an erster Stelle eine „bessere Information/Beratung über Gelegenheiten zum ehrenamtlichen Engagement" sowie die „Anerkennung ehrenamtlicher Tätigkeit als berufliches Praktikum oder berufliche Weiterbildung".

Fast am Ende der Kurzdarstellung einiger Ergebnisse soll auf die biographische Bedeutung ehrenamtlich/freiwilligen Engagements in „jungen Jahren" verwiesen werden. Hierzu macht die Erhebung deutlich, dass ehrenamtlich/freiwilliges Engagement in jungen Jahren „lebensprägend" zu sein scheint. So haben 49 Prozent aller ehrenamtlich/freiwillig Tätigen in der Altersspanne zwischen 6 und 20 Jahren begonnen, Aufgaben und Tätigkeiten verantwortlich zu übernehmen. Wenn dieser Anteil erwartungsgemäß bezogen auf die Altersgruppe der 14- bis 21-Jährigen bei 91 Prozent steht, liegt er in der Gruppe der 25- bis 59-Jährigen bei 47 Prozent und sinkt bei der Gruppe der 60-Jährigen und älter auf 24 Prozent ab – wobei in dieser Altersgruppe ein Engagementbeginn für den Zeitraum 1960 und früher zu taxieren wäre. Dies lässt – wenn auch nur indirekt – interessante Einblicke in die lebensweltlichen Auffassungen der Befragten zu, die unmittelbar an eigene sozio-biographische Erfahrenswerte gebunden scheinen.

Einen weiteren eventuell „lebensprägenden" Aspekt besitzt ehrenamtlich/freiwilliges Engagement zudem insofern, als dass jede/r Dritte junge Engagierte davon berichtet, dass seine Tätigkeit in ähnlicher Form von anderen Personen haupt- oder nebenberuflich gegen Bezahlung ausgeübt wird. Ca. 40 Prozent der jungen Engagierten dieser Gruppe besitzen ein Interesse daran, ihre ehrenamtlich/freiwillige Tätigkeit beruflich oder gegen Bezahlung auszuüben. In dieser Beziehung unterscheidet sich die Gruppe der jungen Engagierten deutlich von älteren Engagierten. Das Kennenlernen von möglichen Arbeitsfeldern durch ehrenamtlich/freiwilliges Engagement scheint damit gerade bei jüngeren Engagierten bezogen auf eine mögliche spätere Berufstätigkeit von Bedeutung zu sein.

Bezogen auf ein mögliches Ende ihres ehrenamtlich/freiwilligen Engagements gehen junge Engagierte deutlich überdurchschnittlich (48 zu 37 Prozent) davon aus, dass bei ihrem Ausscheiden ihre Aufgabe von jemand anderem nur mit einigen Schwierigkeiten übernommen werden könnte. Das mit einem Ausscheiden aber eher nicht zu rechnen ist, wird deutlich, wenn 62 Prozent der 14- bis 24-Jährigen ihre Tätigkeit auch in Zukunft wie bisher weiterführen wollen und sogar 26 Prozent der jungen Engagierten ihre Tätigkeit gerne noch ausweiten würden – im Gegensatz zu 14 Prozent der 25- bis 59-Jährigen und zu 9 Prozent der 60-Jährigen und älter.

Leider können im Rahmen dieser Kurzdarstellung keine Ergebnisse der Rückmeldungen von aktuell nicht ehrenamtlich/freiwillig engagierten jungen Menschen dargestellt werden. Auch hier zeigen sich interessante Ergebnisse mit Hinweischarakter auf Ansatzpunkte für die Arbeit mit ehrenamtlich/freiwillig tätigen jungen Menschen.

Auch eine Darstellung von Ergebnissen bezogen auf einzelne Tätigkeitsbereiche ist an dieser Stelle aus umfänglichen Gründen nicht möglich. Nur sehr kurz soll deshalb ein Blick auf Ergebnisse zum Bereich

„Außerschulische Jugendarbeit, Bildungsarbeit für Erwachsene" geworfen werden. Hier bringt die Erhebung u.a. folgende Ergebnisse:

Insgesamt sind – ausgehend von der Selbstzuordnung der Befragten nach Bereichen – in diesem Bereich 6 Prozent der Gesamtbevölkerung (ca. 3,8 Millionen Personen) im Alter ab 14 Jahren aktiv und 2 Prozent der Bevölkerung (ca. 1,3 Mio. Personen) engagiert sich hier ehrenamtlich/freiwillig. Leider ist diese Angabe für diejenigen, die an der außerschulischen Jugendarbeit besonders interessiert sind, wenig befriedigend, da dieser Bereich nicht explizit abgefragt wurde. Eine nähere Betrachtung ist allerdings dann möglich und sinnvoll, wenn in diesem Bereich die Personengruppe betrachtet wird, deren Tätigkeit sich auf den „Personenkreis" der Kinder und Jugendlichen bezieht. Darüber hinaus zeigt die durch die Befragten selbst vorgenommene Zuordnung in Tätigkeitsbereiche, dass eine Person beispielsweise Jugendleiter in einer Auferstehungsgemeinde ist, diese ehrenamtlich/freiwillige Tätigkeit aber dem Bereich „Kirchlicher/Religiöser Bereich" zugeordnet hat. Insbesondere bezogen auf den Bereich des Kirchlich Religiösen wie auch in geringerem Umfang für die Bereiche „Sport und Bewegung" und „Freizeit und Geselligkeit" ist dieses Phänomen einer – aus meiner Sicht – falschen Zuordnung zu beobachten. Insofern stellen die für den Bereich „Außerschulische Jugendarbeit, Bildungsarbeit für Erwachsene" genannten absoluten Zahlen eher die Untergrenze dar.

Bezogen auf die altersbezogene Verteilung im Bereich zeigt die Erhebung eine annähernd gleiche Verteilung ehrenamtlich/freiwillig Engagierter zwischen den Altersgruppen. Ca. jeder Vierte, der in diesem Bereich aktiv ist bzw. an Angeboten teilnimmt, hat auch in diesem Bereich ehrenamtlich/freiwillig Aufgaben bzw. Tätigkeiten übernommen.

Zusammenfassend kann festgehalten werden, dass die Erhebung aufgrund ihres Umfanges und ihrer Tiefe als auch aufgrund ihrer Repräsentativität ein großes Reservoir bietet, um das Wissen über ehrenamtliches/freiwilliges Engagement weiter zu verbessern. Auch mit der Veröffentlichung durch das BMFSFJ ist dieses Reservoir – gerade bezogen auf die Gruppe der jungen Engagierten – bei weitem noch nicht erschöpft.

II. Jugend aktiv – alles o. k.?

Vor dem Hintergrund der dargestellten Erhebungsergebnisse scheint es um das ehrenamtliche/freiwillige Engagement junger Menschen in Deutschland vergleichsweise gut bestellt. Übersehen werden darf dabei aber nicht, dass dieses Engagement zu ca. 75 Prozent als Form der Selbstorganisation in Organisationen wie Vereinen und Verbänden stattfindet. Diese von jungen Engagierten getragene Jugendorganisationen wie auch deren Angebote unterliegen dabei den kontinuierlichen Fluktuations- und Veränderungsprozessen, die im Zusammenhang mit dem jugendlichen Alter der Engagierten existieren. Dem Vorteil des ständigen Wandels und der kontinuierlichen Anpassung an aktuelle Anforderungen von Kindern und Jugendlichen steht der Nachteil einer stetig wiederkehrenden Diskontinuität entgegen. Immer wieder beenden Engagierte aus den verschiedensten Gründen ihr Engagement und immer wieder wachsen neue junge Engagierte in verantwortliche Positionen, übernehmen als Jugendleiterinnen und -leiter Verantwortung. In der Konsequenz bedeutet dies, dass beispielsweise immer wieder Qualifikationsangebote, Beratung und Unterstützung für Neueinsteigerinnen und -einsteiger angeboten bzw. durchgeführt werden müssen.

Angesichts dessen muss es im Hinblick auf die Notwendigkeit einer kontinuierlich sich immer wieder neu ergebenden Notwendigkeit der Gewinnung, Bindung und Förderung neuer junger Engagierter zentral um die Etablierung und Absicherung förderlicher Rahmenbedingungen für das Engagement junger Menschen gehen. Diese Unterstützung wird in einer stetig – demographisch betrachtet – älter werdenden Bevölkerung immer wichtiger. Eine wachsene Anzahl älterer Menschen in unserer Gesellschaft im Verhältnis zu einer stetig kleiner werdenden Gruppe junger Menschen darf nicht dazu führen, dass Jugendliche, ihre Themen wie auch ihr Engagement an den Rand gesellschaftlicher Wahrnehmung gedrängt werden.

Wie durch geeignete Rahmenbedingungen das ehrenamtliche/freiwillige Engagement junger Menschen unterstützt und anerkannt werden kann, zeigt sich beispielsweise anhand des hessischen Gesetzes zur Stärkung des Ehrenamtes in der Jugendarbeit. Auf der Grundlage dieses Gesetzes können sich in der Jugendarbeit ehrenamtlich/freiwillig Engagierte bis zu 12 Arbeitstage bei Lohnfortzahlung für ihr Engagement freistellen lassen. Diese im Jahr 1985 gesetzlich eingeführte Lohnfortzahlung hat zu einem deutlichen Anstieg der Freistellungsnutzung geführt. Der in Abb. 1 in den Jahren 1993 und 1997 bis 2000 zu verzeichnende deutliche Rückgang in der Nutzung der Freistellungsmöglichkeiten war bedingt durch erhebliche Konflikte um das Gesetz, die bis zu einem Urteil des Bundesverfassungsgerichts führten. Die seit Dezember 2000 nun neue gesetzliche Regelung, verbunden mit einer gelungenen Öffentlichkeitsarbeit, hat zu einem deutlichen Anstieg der Nutzung dieses bundesweit einmaligen Unterstützungsangebotes für ehrenamtlich/freiwilliges Engagement geführt. Es zeichnet sich ab, dass im Jahr 2002 die Nutzung dieser gesetzlichen Ehrenamts-/Freiwilligenunterstützung nochmals stark ansteigen wird.

Abb. 1: Entwicklung der Anzahl der Freistellungsanträge für ehrenamtliche/freiwillige Mitarbeiterinnen und Mitarbeiter in der verbandlichen Kinder- und Jugendarbeit in Hessen auf der Grundlage des „Gesetzes zur Stärkung des Ehrenamtes in der Jugendarbeit" im Zeitraum von 1991 bis 2001

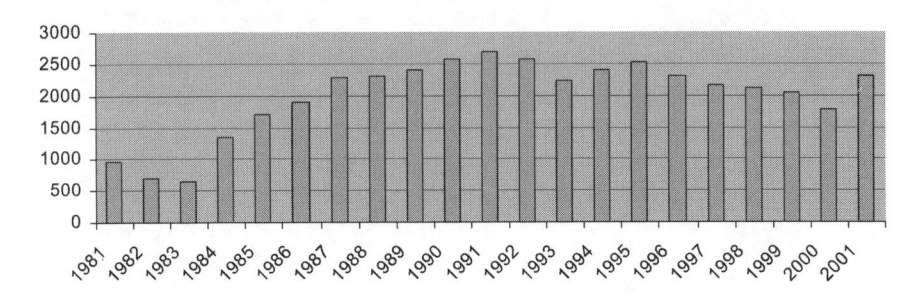

Deutlich machen die dargestellten Ergebnisse wie auch das gezeigte Beispiel, dass von einer hohen Bereitschaft für ein ehrenamtliches/freiwilliges Engagement von jungen Menschen in Deutschland ausgegangen werden kann. Deutlich wird aber auch, dass ehrenamtliches/freiwilliges Engagement nicht – sozusagen – naturgemäß nachwächst, sondern einer kontinuierlichen „Pflege", Unterstützung und Förderung bedarf.

Bürgerstiftungen – Eine neue Form von Stiftungen von Bürgern für Bürger

Karsten Timmer

Kaum ein anderes Wort hat in den letzten Jahren in der öffentlichen Debatte einen vergleichbaren Aufschwung genommen wie der *Bürger*. Von der Bürgergesellschaft über den bürgernahen Staat und dem bürgerschaftlichen Engagement bis hin zum *corporate citizen* begegnet er uns in fast jedweder Kombination. Es scheint daher kein Wunder zu sein, dass der Begriff auch das deutsche Stiftungswesen erreicht hat, in dem die Bürgerstiftungen seit einigen Jahren große Aufmerksamkeit erregen. Die Diskussion um die Bürgergesellschaft hat damit einen Bereich erfasst, der in der öffentlichen Wahrnehmung ein zwiespältiges Image genießt.

Auf der einen Seite gelten Stiftungen zurecht als Paradebeispiele der neu entdeckten Zivilgesellschaft in Deutschland. Durch ihre finanzielle Unabhängigkeit sind Stiftungen wie kaum eine andere Institution in der Lage, gesellschaftliche Probleme anzugehen, ohne dabei Rücksicht auf politische Moden, wirtschaftliche Zwänge oder gesellschaftliche Erwartungen nehmen zu müssen. Der Bundestag hat die wichtige Rolle, die Stiftungen in der Zivilgesellschaft spielen, kürzlich ausdrücklich anerkannt. Er beschloss im Sommer 2000 neue Regelungen für die Besteuerung von Stiftungen, die das Stiften attraktiver machen und die Wachstumsraten im Stiftungswesen noch steiler ansteigen lassen. Während über die 1990er Jahre durchschnittlich 300 bis 400 neue Stiftungen pro Jahr gegründet wurden, schnellten die Neugründungen im Jahr 2000 bereits auf 650 hoch. 2001 – mit dem Inkrafttreten der neuen Regelungen – waren es 1.000 Stiftungen, die neu errichtet wurden und alles spricht dafür, dass sich dieser Trend fortsetzen wird. Angesichts dieser Zahlen ist es nicht übertrieben, von einer Renaissance des Stiftungsgedanken in Deutschland zu sprechen. Die Bürgerstiftungen sind ein wichtiges Element dieser Renaissance. Sie haben einen großen Anteil daran, dass der Stiftungssektor als innovativer und dynamischen Bestandteil der Bürgergesellschaft wahrgenommen wird.

Auf der anderen Seite steht diesem öffentlichen und politischen Interesse an Stiftungen ein weit verbreitetes Misstrauen gegenüber. In weiten Teilen der Bevölkerung gelten Stiftungen als elitäre Organisationen, die das ihnen anvertraute Geld nach eigenem Gutdünken verteilen, ohne darüber Rechenschaft abzulegen. Tatsächlich spielen Stiftungen in der Medienberichterstattung oft eine eher unrühmliche Rolle, denn meistens sind es Korruptionsskandale, in denen Stiftungen Erwähnung finden. Sei es bei der Parteienfinanzierung, bei der FIFA oder bei Firmenpleiten – allzu oft sind es Stiftungen, die als Rückgrat von Geldwäsche-Systemen dienen. Obwohl es sich bei diesen Stiftungen zumeist weder um deutsche noch um gemeinnützige Stiftungen handelt, leisteten solche Berichte in der Öffentlichkeit einem gewissen Misstrauen Vorschub. Stiftungen erscheinen vielen als intransparent, undemokratisch, elitär und deshalb wenig angetan, eine Bereicherung der Bürgergesellschaft darzustellen.

Angesichts der widersprüchlichen öffentlichen Wahrnehmung von Stiftungen wird dieser Beitrag versuchen, die Bürgerstiftungen zwischen den beiden Polen der Wert- und zum Teil auch Überschätzung einerseits und der Ablehnung andererseits zu verorten, um ein klareres Bild davon zu gewinnen, welche Chancen Bürgerstiftungen für bürgerschaftliches Engagement bieten.

I. Was ist eine Bürgerstiftung?

I.1 Was ist eine Stiftung?

Zwar stellen Bürgerstiftungen eine Innovation im deutschen Stiftungswesen dar, es gibt jedoch – zumindest bislang – keine eigene Rechtsform, die speziell auf diese besondere Stiftungsart zugeschnitten wäre. Bürgerstiftungen sind Stiftungen des bürgerlichen Rechts und stehen damit in der Jahrhunderte alten Tradition von Stiftungen in Deutschland – die älteste noch aktive deutsche Stiftung geht auf das Jahr 917 zurück und ihre heutige Rechtsform fand die Stiftung im 19. Jahrhundert. Nicht zuletzt aufgrund ihrer langen Vorgeschichte sind Stiftungen eine überaus eigenwillige Institution mit sehr speziellen Möglichkeiten und Beschränkungen. Da die Aktivitäten, die Bürgerstiftungen entfalten können, sich innerhalb dieses rechtlichen Rahmens bewegen, besteht der erste Schritt zur Erklärung einer Bürgerstiftung in der Beschäftigung mit dem Institut der Stiftung selbst.

Was also ist eine Stiftung? Sie ist, kurz gesagt, eine *verselbständigte Vermögensmasse*. In diesem knappen Begriff schwingt Vieles mit: Erstens geht es bei einer Stiftung grundsätzlich um ein Vermögen. Dieses Vermögen – das Stiftungskapital – ist die Grundlage und Existenzberechtigung jeder Stiftung. Diese schlichte Aussage hat weitreichende Folgen, denn aus ihr ergibt sich, dass das Kapital einer Stiftung ungemindert erhalten werden muss, und zwar auf ewig. Um ihre Projekte durchzuführen, darf eine Stiftung lediglich die Erträge verwenden, die sie aus ihrem Vermögen erzielt, das Stiftungskapital jedoch darf nicht angetastet werden. Aus diesem ehernen Grundsatz folgt im Übrigen auch, dass eine Stiftung nicht rückgängig gemacht werden kann. Sobald die Stiftung errichtet ist, hat der Stifter selbst keine Ansprüche mehr auf das Kapital und kann sein Vermögen nicht wieder aus der Stiftung herausnehmen.

Dieser Punkt verweist bereits auf den zweiten Bestandteil der oben genannten Kurzdefinition als verselbständige Vermögensmasse: Sobald die Ziele einer Stiftung einmal durch eine Satzung definiert sind, verselbständigt sie sich in dem Sinne, dass weder der Stifter selbst, noch die Organe der Stiftung oder irgendjemand anderes Einfluss auf die Festlegungen nehmen kann, unter denen die Stiftung errichtet wurde. Letzten Endes gehört eine Stiftung sich selbst – sie hat keine Eigentümer, Gesellschafter oder Mitglieder, die die Ziele der Organisation durch eine interne Meinungsbildung verändern könnten.

Da eine Stiftung auf ewig angelegt ist und nach ihrer Gründung kaum noch grundlegend verändert werden kann, kommt dem Gründungsdokument der Stiftung – der Satzung – eine überragende Bedeutung zu. In der Satzung legt der Stifter fest, welchen Zwecken sein Vermögen dienen soll – dem Umweltschutz, der Altenhilfe, der Bildung, der Völkerverständigung etc. Durch die Satzung lebt der Stifterwille weiter und auch wenn der Stifter selbst lange gestorben sein sollte, kann er sicher sein, dass sein Vermögen denjenigen Anliegen zukommt, die ihm zu seinen Lebzeiten wichtig waren. Die Gremien der Stiftung sind an die Satzung gebunden und führen den Stifterwillen in der alltäglichen Arbeit der Stiftung fort.

Stiftungsvermögen und Stifterwille sind daher die beiden Grundfesten, auf denen Stiftungen stehen. Aus ihnen ergeben sich die Charakteristika, die Stiftungen von allen anderen Körperschaften unterscheiden: Stiftungen sind extrem unabhängig, sie sind überaus langlebig und sie bieten dem Stifter die Garantie, dass sein Vermögen dauerhaft und über seinem Tod hinaus in seinem Sinne Gutes tut. Zugleich sind sie als Körperschaften des öffentlichen Rechts auch von der Einkommenssteuer befreit. Ein zusätzlicher Anreiz also für sogenannte Firmenstiftungen.

I.2 Was ist eine Bürgerstiftung?

Versteht man die verschiedenen Möglichkeiten, gemeinnützige Anliegen finanziell zu unterstützen, als Investitionen in das Gemeinwohl, dann wird deutlich, dass es unterschiedliche Investitionsformen gibt, die jeweils unterschiedlichen Anforderungen gerecht werden. So ist eine Spende ein ideales Mittel, um ein bestimmtes Anliegen kurzfristig zu unterstützen, etwa in einer Krisensituation, in der dringend Gelder benötigt werden, die schnell verfügbar sein müssen. Spenden können in jeder Höhe sinnvoll eingesetzt werden, der Spender hat jedoch nur sehr begrenzte Möglichkeiten, die tatsächliche Verwendung seines Geldes zu beeinflussen.

Eine Vereins- oder Fördermitgliedschaft dagegen ist eine gute Möglichkeit, eine bestimmte Organisation (Theater, Kindergarten, Schule) langfristig zu fördern. Eine Fördermitgliedschaft ist immer widerrufbar; sie gewährleistet daher Flexibilität auf Seiten des Förderers, allerdings keine Nachhaltigkeit auf Seiten der geförderten Organisation. Auch eine Fördermitgliedschaft ist nicht an ein bestimmtes Minimum gebunden.

Eine Stiftung schließlich ist – unter Investitionsgesichtspunkten – das genaue Gegenteil einer Spende. Während diese vollständig und zeitnah verwendet werden muss, ist die Stiftung das Mittel der Wahl, wenn ein bestimmtes Anliegen oder bestimmte Organisationen nachhaltig unterstützt werden sollen. Da eine Stiftung eine eigenständige Institution ist, erlaubt sie dem Stifter einen hohen Grad persönlicher Beteiligung, andererseits aber verursacht sie von allen Investitionsformen auch den höchsten Verwaltungsaufwand bei Gründung und Betrieb. Da nur die Erträge des Kapitals verwendet werden dürfen, kommt die Gründung einer Stiftung daher erst dann in Frage, wenn ein substantielles Vermögen zur Verfügung steht. Die Vorraussetzung der staatlichen Anerkennung ist gemeinhin ein Mindestkapital von 50.000 Euro. Realistischerweise muss man aber davon ausgehen, dass eine Stiftung erheblich mehr Kapital braucht, um zu gewährleisten, dass nicht ein unverhältnismäßig großer Teil des Budgets bereits von den Verwaltungskosten beansprucht wird. Wenn die Stiftung gar hauptamtliches Personal beschäftigen soll, ist ein substantielles Vermögen von mehreren Millionen von Nöten, um aus den Erträgen Personal, Projektarbeit und Verwaltungskosten bestreiten zu können.

Die Bürgerstiftungen haben dieser Systematik eine neue Möglichkeit hinzugefügt. Bürgerstiftungen bündeln die Mittel vieler und fungieren als Dach für zahlreiche *Unterstiftungen*. Daher können sie auch für kleinere und mittlere Summen eine kostengünstige Verwaltung und ein professionelles Projektmanagement bieten, das sonst nur große eigenständige Stiftungen leisten können. Ihr besonderes Angebot richtet sich an Bürger, die das lokale Kinderheim, die Altenarbeit in der Stadt oder andere Anliegen vor Ort langfristig und nachhaltig unterstützen wollen. Sie erhalten durch die Bürgerstiftung die Chance, ihre gemeinnützigen Vorstellungen zu verwirklichen, auch wenn sie nicht über Millionenbeträge verfügen, die die Gründung einer eigenständigen Stiftung rechtfertigen würden. Darüber hinaus bietet die Bürgerstiftung den Vorteil, dass sie über die sozialen Notlagen und Probleme in der Stadt in der Regel sehr gut informiert ist, so dass sie in der Lage ist, mit dem ihr anvertrauten Geld dort zu helfen, wo es Not tut.

Bürgerstiftungen schaffen daher eine win-win-Situation: Dem Stifter bieten sie eine effektive Möglichkeit, einen bleibenden Beitrag zum Gemeinwohl zu leisten. Gleichzeitig kommt die lokale *community* in den Genuss von finanziellen Mitteln, die sonst unter Umständen nicht gestiftet worden wären.

Die Bürgerstiftung tritt als Vermittlerin zwischen den lokalen Projekten und Organisationen einerseits und den Stiftern andererseits auf und versteht sich als Dienstleistungsagentur, die Stiftern helfen will, ihre Vorstellungen zu realisieren. Um diesem Anspruch gerecht zu werden, bieten die Bürgerstiftungen verschiedene Möglichkeiten, sich finanziell für das Gemeinwohl zu engagieren. Sie nehmen erstens Spenden entgegen, die Projekten vor Ort zugute kommen. Eine weitere Option ist es, eine bestimmte Summe in den Kapitalstock der Stiftung zuzustiften. Da das Grundstockvermögen der Bürgerstiftung darauf angelegt ist, über einen langen Zeitraum immer weiter anzuwachsen, können auf diese Wiese auch kleine Beträge eine große Wirkung erzielen. Auch wenn es nur 100 Euro sind, die gestiftet werden – das Geld geht nie verloren.

Für Bürger, die sich langfristig für ihre Stadt engagieren wollen, bietet die Bürgerstiftung darüber hinaus die Möglichkeit, eine sogenannte *unselbständige Stiftung* einzurichten. Eine solche Stiftung ist ein ideales Instrument, um gerade kleinere Vermögen effektiv und effizient zu stiften. Denn auf der einen Seite genießen unselbständige Stiftungen alle Vorteile einer selbständigen Stiftung: Der Stifter kann ihr einen eigenen Namen verleihen, die Zwecke festlegen und gegebenenfalls auch eigene Gremien bestimmen, die über die Verwendung der Mittel entscheiden. Auch steuerlich ist eine unselbständige Stiftung einer selbständigen gleichgestellt. Auf der anderen Seite entfällt im Falle einer unselbständigen Stiftung die Pflicht der staatlichen Genehmigung. Darüber hinaus ist gewährleistet, dass die Stiftung professionell geführt wird, ohne dass sie eigenes Personal benötigt, da die Verwaltung von der Bürgerstiftung wahrgenommen wird. Die Bürgerstiftung berät den Stifter bei der Umsetzung seiner Vorstellungen, entwickelt ein Profil für die Stiftung, verwaltet und investiert das Vermögen, übernimmt das Projektmanagement und gibt die Gewähr, dass die Erträge auch nach dem Tod des Stifters in seinem Sinne verwandt werden.

Diese Dienstleistungsfunktion für Stifter ist die Kernkompetenz der Bürgerstiftungen. In den USA, wo die *community foundation* 1914 erfunden wurden, setzt sich das zum Teil erhebliche Vermögen der Bürgerstiftungen aus mehreren 100 oder gar über 1.000 sogenannter Funds zusammen. Auch in Deutschland gelingt es den Bürgerstiftungen zunehmend, Stifter vor Ort davon zu überzeugen, dass die Stiftung das geeignete Instrument zur Verwirklichung ihrer gemeinnützigen Vorstellungen ist. Hier wie dort bewährt sich daher der Wahlspruch der Bürgerstiftungen: Man stiftet nicht für, sondern durch die Bürgerstiftung.

Nicht zuletzt aufgrund ihres Dienstleistungscharakters sind die Bürgerstiftungen in der Lage, die Vorteile herkömmlicher Stiftungen mit Prinzipien bürgerschaftlichen Engagements zu verbinden. In ihrer Eigenschaft als Stiftungen genießen sie ein hohes Maß an finanzieller und politischer Unabhängigkeit und bieten den Bürgern/Stiftern die Sicherheit, dass ihre Beiträge dauerhaft dem Gemeinwohl zu gute kommen. Darüber hinaus können die Stifter die besonderen steuerlichen Abzugmöglichkeiten geltend machen, die nur Stiftungen genießen.

Auf der anderen Seite verkörpern Bürgerstiftungen die Prinzipien bürgerschaftlichen Engagements. Anders als herkömmliche Stiftungen, die in ihrer internen Organisation typischerweise keine demokratischen Elemente kennen, legen die Bürgerstiftungen großen Wert auf die Einbeziehung von Stiftern und Ehrenamtlichen in die internen Entscheidungsprozesse, etwa durch Stifterversammlungen oder Ausschüsse. Darüber hinaus verwirklichen die Bürgerstiftungen verschiedene Grundannahmen zivilgesellschaftlichen Handelns: Sie bündeln die Ressourcen vieler, um gemeinsam zum Ziel zu kommen, sie haben einen konkreten, lokalen Bezug im Handeln, sie sind dem Prinzip der Transparenz und Öffentlichkeit verpflichtet und sie stehen für ein nachhaltiges Engagement, das auf langfristige Wirkungen und nicht auf kurzfristige Erfolge zielt.

Abb. 1: Die Struktur einer Bürgerstiftung

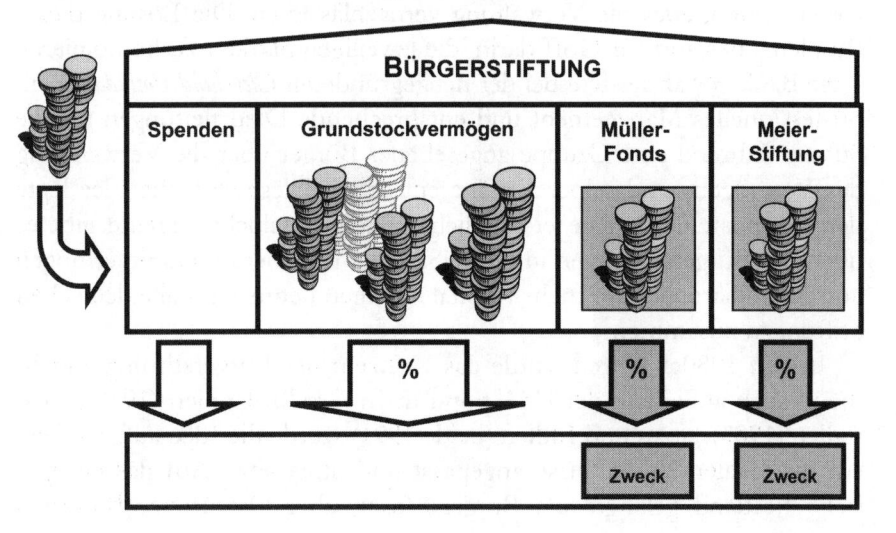

II. Bürgerstiftungen in Deutschland

I.1 Entwicklung der Bürgerstiftungsbewegung

Es ist kein Zufall, dass das Konzept der Bürgerstiftung gerade Mitte der 1990er Jahre in Deutschland auf fruchtbaren Boden fiel. Spätestens zu dieser Zeit zwangen die leeren staatlichen Kassen zu der Einsicht, dass der traditionelle deutsche Wohlfahrtsstaat an seine finanziellen Grenzen stieß. In der Diskussion um eine neue Arbeitsteilung bei der Bewältigung öffentlicher Aufgaben richtete sich die Aufmerksamkeit bald auf die Bürgergesellschaft und damit auch auf neue Formen, mit denen die Bürger sich mit ihren Ideen, ihrer Zeit und nicht zuletzt mit ihrem Geld am Gemeinwohl beteiligen konnten. Vor diesem Hintergrund ist es nicht erstaunlich, dass das Konzept *Bürgerstiftung* auf ein großes Interesse stieß.

Den Weg nach Deutschland fand das Konzept allerdings auf Umwegen. Erfunden wurde die *community foundation* 1914 von Frederick Goff, einem Banker und Anwalt in Cleveland, Ohio. Goffs Idee beruhte auf einer doppelten Enttäuschung: der Enttäuschung darüber, dass die Bank zwar das Vermögen der ihr anvertrauten Stiftungen professionell managte, aber der Projektarbeit keine Bedeutung zumaß, während die Non-profit-Organisationen vor Ort viel Gewicht auf die gemeinnützige Arbeit legten, aber die Verwaltung vernachlässigten. Die Lösung dieses Problems bestand für Goff darin, die jeweiligen Stärken zu kombinieren – die Bank gewährleistete bei der neugegründeten *Cleveland Foundation* ein professionelles Management und entsprechende Dienstleitungen für die Stifter, während eine Gruppe angesehener Bürger über die Verwendung des Vermögens und seiner Erträge entschied. Diese einfache Idee legte den Grundstein für eine erstaunliche Erfolgsgeschichte. Heute gibt es über 700 Bürgerstiftungen in den USA, die mit einem Gesamtvermögen von 35 Milliarden Euro mehr Kapital ihr eigen nennen, als alle deutschen Stiftungen zusammen.

In den 1980er Jahren wurde das Konzept der Bürgerstiftung zunehmend auch außerhalb der USA populär. In Großbritannien (1979), Australien (1983) Japan und Indien (beide 1991) wurde die Idee aufgegriffen, auf die lokalen Verhältnisse angepasst und umgesetzt. Auf das europäische Festland gelangte die Bürgerstiftung über Osteuropa (Bulgarien

1992, Slowakei 1994, *Carpathian Euroregion* 1995, Russland 1998, Tschechien 1998, Polen 1999), wo die großen amerikanischen Stiftungen nach dem Niedergang der kommunistischen Regime nachhaltig in die Infrastruktur des gemeinnützigen Sektors investierten und das Model der Bürgerstiftung verbreiteten.

Während die Idee lokalen Stiftens und des Stiftens überhaupt in Osteuropa nach 40 Jahren Staatssozialismus auf eine *tabula rasa* traf, konnten die *community foundations* in Deutschland auf eine Jahrhunderte alte Tradition lokaler Gemeinschaftsstiftungen aufbauen. Seit dem Mittelalter haben Bürger der Kirche oder der Stadt ihre Vermögen vermacht, um damit die Pfarrei, die Kirchenorgel, das Altenheim oder das Theater vor Ort über ihren Tod hinaus zu unterstützen. Bis heute verwalten Stadt- und Kirchenverwaltungen zum Teil substantielle Stiftungsvermögen, die ihnen im Laufe der Jahrhunderte anvertraut worden sind. Auch der Name *Bürgerstiftung*, der von der Bürgerstiftung Hannover 1997 als deutsche Übersetzung von *community foundation* gewählt wurde, ist nicht neu. So unterstützt die Barsinghäuser Bürgerstiftung bereits seit 1989 in Not geratende Bürger der Stadt und auch in Frankfurt ist seit langem eine Bürgerstiftung aktiv, die den Veranstaltungsort Holzhausenschlößchen unterhält.

Was also ist neu an dem Konzept der Bürgerstiftung nach amerikanischen Vorbild? Neu ist erstens, dass die Bürgerstiftungen eine selbständige und aktive Rolle in der Gesellschaft spielen. Anders als Kirchen- und Stadtverwaltungen, die das ihnen anvertraute Geld oft nur verwalten und festgelegten Zwecken zukommen lassen, sind Bürgerstiftungen Institutionen der Zivilgesellschaft, die nicht von äußeren Zwängen und Hierarchien abhängen. Neu an den Bürgerstiftungen ist zweitens, dass sie sich als *Donor Service*-Organisationen, also als Dienstleister für Stifter verstehen. Indem sie Stiftern helfen, ihre Vorstellungen möglichst effektiv und effizient umzusetzen, verwirklichen sie einen Dienstleistungsgedanken, der sie grundlegend von anderen Stiftungen unterscheidet. Eng mit diesem Punkt verbunden ist drittens, dass sich die Bürgerstiftungen zu einem hohen Maß an Transparenz verpflichtet haben. Sie machen ihre internen Prozesse und die Entscheidungen über die Vergabe von Fördermitteln öffentlich, so dass die Bürger die Aktivitäten *ihrer* Stiftung nachvollziehen können. Dieses Merkmal unterscheidet sie maßgeblich von vielen anderen Stiftungen, gerade von den erwähnten Stiftungen in der Verwaltung von Städten und Kirchen. Der Unterschied zu denjenigen Stiftungen schließlich, die den Namen Bürgerstiftung schon seit längerem führen, besteht darin, dass diese Stiftungen einem ganz bestimmten Zweck gewidmet sind: Unterhalt eines Veranstaltungsortes (Bürgerstiftung Frankfurt), Erhalt eines historischen Bauwerkes (Bürgerstiftung Rüsselsheim) oder Unterstützung notleidender Bürger (Bürgerstiftung Barsinghausen). Ganz anders die Bürgerstiftungen amerikanischer Prägung, die nur regional festgelegt sind und innerhalb ihrer Stadt eine Vielzahl von unterschiedlichen Projekten in den Bereichen Kinder und Jugend, Altenarbeit, Bildung, etc. verfolgen.

Die Vorzüge der Bürgerstiftungen – Unabhängigkeit, Flexibilität und Dienstleistungsgedanke – haben zu einer rasanten Ausbreitung geführt. Seit der Gründung der ersten Bürgerstiftung Deutschlands, der *Stadt Stiftung Gütersloh*, Ende 1996 sind über 60 Bürgerstiftungen entstanden. Darüber hinaus bereiten weit über dreißig Initiativkreise die Gründung einer Bürgerstiftung in ihrer Stadt oder Region vor, so dass abzusehen ist, dass sich die Gründungswelle der letzten Jahre auch in Zukunft unvermindert fortsetzten wird. Zusammen ist es den 63 Bürgerstiftungen gelungen, ein Kapital von insgesamt über 27 Millionen Euro anzusammeln.

Bürgerstiftungen in Deutschland

Initiative BÜRGERSTIFTUNGEN

II.2 Bürgerstiftungen in Aktion

Das Konzept der Bürgerstiftung zeichnet sich dadurch aus, dass es auf unterschiedlichste Anforderungen und lokale Bedingungen angepasst werden kann. Je nachdem ob die Initiative von einer großen Gruppe von Bürgern oder einer Einzelperson ergriffen wird, ob es sich um eine Großstadt oder eine ländliche Region handelt oder ob es vor Ort eine ausgeprägte bürgerschaftliche Kultur gibt oder nicht, wird eine Bürgerstiftung unterschiedliche Schwerpunkte in der Projektarbeit, dem Fundraising und dem Organisationsaufbau setzen. Aus diesem Grund sollen im folgenden zwei Bürgerstiftungen vorgestellt werden, die sich hinsichtlich ihrer Entstehungsgeschichte und Rahmenbedingungen stark unterscheiden.

Die *Stadt Stiftung Gütersloh* verkörpert den Typ einer sogenannten top-down Stiftung: Ein Einzelstifter, Reinhard Mohn, ergriff die Initiative zu ihrer Gründung und stellte das Gründungskapital zur Verfügung. Auf einer internationalen Tagung zu Stiftungsfragen war der Nachkriegsgründer der *Bertelsmann AG*, der bereits 1977 die *Bertelsmann Stiftung* ins Leben gerufen hatte, auf das Konzept der Bürgerstiftungen aufmerksam worden. Um seiner Heimatstadt einen Dienst zu erweisen, aber auch um in der Praxis zu beweisen, dass das Model *community foundation* in Deutschland wichtige Impulse setzen kann, gründete Mohn 1996 die *Stadt Stiftung Gütersloh* und stattete sie mit einem Startkapital von 1 Million Euro aus. Er selbst allerdings übernahm keine Funktion in der Stiftung, sondern öffnete die Gremien für Bürger der Stadt.

In den letzten Jahren gelang es der Stadt Stiftung, ihr Kapital von ursprünglich 1 Million Euro auf über 3 Millionen zu erhöhen. Dieser Erfolg beruht zum einen auf mehreren substantiellen Zustiftungen in das Grundstockvermögen der Stiftung und zum anderen auf zwei unselbständigen Stiftungen von jeweils einer Million Mark, die unter dem Dach der Stadt Stiftung errichtet worden sind: Dem *Wössner Jugendfonds* und dem *Wixforth Fonds Gesundheitswesen*, mit dem der ehemalige Stadtdirektor der Stadt und ihren Bürgern für ein jahrzehntelanges, erfülltes Berufsleben in seiner Heimatstadt dankte. Insgesamt steht der Stiftung inzwischen ein Etat von 366.000 Euro zur Verfügung, der sich aus Spenden und aus den Erträgen des Stiftungskapitals ergibt.

Die Projektarbeit der Stiftung konzentrierte sich in den ersten Jahren vor allem auf die Jugendarbeit. Um nicht an den Bedürfnissen der Jugendlichen selbst vorbei zu planen, stand am Beginn der Arbeit ein großes *Gütersloher Jugendforum*, auf dem über 1.000 Jugendliche ihre Ansichten zu Themen wie Freizeit und Kultur, Sport, Drogenprävention oder Berufswelt diskutierten. Aus den Anregungen dieser Konferenz entwickelte die Stiftung ihre ersten Projekte: Sie sanierte einen alten Wasserturm in der Innenstadt und baute ihn zu einem Jugendzentrum aus, sie initiierte eine Betreuung für ausländische Kinder, sie organisierte einen Nachtbus, der es den Jugendlichen erlaubte, abends sicher wieder aus der Disko nach Hause zu fahren, und sie veranstaltete das *Basketball bei Nacht*-Turnier, das großen Anklang fand. Bereits nach wenigen Jahren war das Stiftungskapital so angewachsen, dass die Stiftung ihre Aktivitäten auf neue Felder ausweiten konnte, vor allem auf die Bereiche Gesundheit, Kultur und Bildung.

Quer durch alle Projekte zieht sich die Wertschätzung ehrenamtlicher Arbeit. Getreu ihres Mottos *Wir für unsere Stadt: Zeit – Ideen – Geld*, legt die Stiftung großen Wert darauf, dass Ehrenamtliche die Möglichkeit haben, sich in die Aktivitäten einzubringen. Darüber hinaus steht die Ehrenamtlichkeit im Mittelpunkt zweier Projekte, die sich speziell der Anerkennung und Förderung freiwilligen Engagements widmen. Seit 1998 richtet die Stiftung einmal jährlich den *Nachmittag für ehrenamtliche Pflegerinnen und Pfleger* aus, die für einen Nachmittag von ihrer Arbeit entlastet werden und auf einer geselligen Veranstaltung ein Forum für Unterhaltung, Austausch und Information finden. Darüber hinaus lobt die Stadt Stiftung den mit € 5.000 dotierten *Preis der Stadt Stiftung* aus, der jedes Jahr einer Initiative verliehen wird, die durch ihr ehrenamtliches Engagement das Leben in Gütersloh lebenswerter macht.

Ein weiteres Merkmal, das alle Projekte gemein haben, ist das Bestreben, Brücken zwischen verschiedenen Gruppen und Akteuren in der Stadt zu bauen. So beschränkte sich die Unterstützung des Jugendtreffs „Scream" nicht darauf, die Miete für das Zentrum zu übernehmen – die Stadt Stiftung brachte die betroffenen Jugendlichen mit den Verantwortlichen der Stadtverwaltung, Lehrern, Eltern, Sozialarbeitern und Vertretern der lokalen Wirtschaft an einen Tisch, damit sie gemeinsam den Jugendtreff aufbauen konnten. Auch der Ökumenische Gottesdienst – eines der erfolgreichsten Projekte der Stiftung – zielt darauf ab, Brücken zu bauen; in diesem Fall zwischen den verschiedenen Konfessionen in der Stadt. Von der Stiftung initiiert, organisiert und finanziert, führen Jugendliche der verschiedenen Konfessionen einmal im Jahr gemeinsam ein eigens komponiertes Musical auf, das jedes Jahr über tausend Zuschauer anzieht.

Alle zuvor genannten Projekte führt die Stadt Stiftung mit Hilfe von Ehrenamtlichen selbst durch. Die Stiftung entscheidet selbständig, welche Probleme in der Stadt sie angehen will und mit was für einem Projekt die Probleme am besten gelöst werden können. Sind diese Entscheidungen gefallen, führt sie die Projekte eigenständig durch und finanziert sie selbst. Neben diesen so genannten operativen Projekten ist die Stadt Stiftung seit dem Jahr 2000 auch fördernd tätig. Zu einem Stichtag im Jahr, meistens im März, können sich Initiativen, Projekte und Organisationen aus Gütersloh bei der Stiftung um Förderung für bestimmte Projekte bewerben. Sofern die Bewerber den Förderkriterien gerecht werden, unterstützt die Stadt Stiftung ihre Projekte entweder durch Geld oder durch Sachmittel, so dass eine Vielzahl von Aktivitäten ermöglicht werden, für die bislang die nötigen Mittel fehlten.

Nach über sechs Jahren hat sich die Stadt Stiftung in Gütersloh einen hohen Grad an Bekanntheit und Anerkennung erarbeitet. Sie hat sich in der Stadt als ein wichtiger Akteur etabliert, der eigene Projekte durchführt, wo es Not tut, andere Organisationen in ihrer Arbeit unterstützt und in vielen Bereichen des öffentlichen Lebens vermittelnd eingreift. Die Stiftung hat die günstigen Vorraussetzungen optimal genutzt: Sie konnte durch die substantielle Anfangsstiftung von Beginn an eine eigenständige Projektarbeit machen, mit der sie in einer mittelgroßen Stadt wie Gütersloh (90.000 Einwohner) eine hohe Öffentlichkeitswirkung erzielte. Dass Bürgerstiftungen aber auch unter anderen Voraussetzungen zum Erfolg kommen können, zeigt das Beispiel der *Bürgerstiftung Hamburg*.

Die Gründung der *Bürgerstiftung Hamburg* geht nicht auf einen Einzelstifter, sondern auf eine Gruppe von Bürgern zurück, die sich 1998 zusammenfanden, um in ihrer Stadt eine Stiftung nach dem Modell der amerikanischen *community foundations* ins Leben zu rufen. Gemeinsam brachten 14 Erststifter das erforderliche Mindestkapital von € 50.000 auf. Mittlerweile ist das Kapital durch Zustiftungen und die Errichtung zweier unselbständiger Stiftungen auf über € 500.000 angewachsen. Ca. € 120.000 stehen der Stiftung momentan als Jahresbudget zur Verfügung – insgesamt über € 150.000 hat die Stiftung seit ihrer Gründung in gemeinnützige Projekte investiert.

Ähnlich wie die Stadt Stiftung Gütersloh – und die überwiegende Mehrzahl aller deutschen Bürgerstiftungen – konzentrierte die Bürgerstiftung Hamburg ihre Mittel auf die Kinder- und Jugendarbeit in sozialen Brennpunkten der Stadt. Um die begrenzten Mittel möglichst effektiv zu verwenden, beschloss sie drei Schwerpunktbereiche: Gewalt- und Kriminalitätsprävention, Jugend und Demokratie sowie Netzwerke und Beratung. Besonders im Bereich der Gewaltprävention hat die Stiftung sich in den vergangenen Jahren einen Namen gemacht, der vor allem mit einem höchst erfolgreichen Projekt verbunden ist: der *Hot Schrott Band*. Im Problembezirk Osdorfer Born, einer Hochhaussiedlung im Osten Hamburgs, initiierte die Bürgerstiftung eine Band, die sich ihre Instrumente auf dem Schrottplatz und nicht in der Musikalienhandlung sucht. Unter professioneller Anleitung spielen die Mitglieder dieser ungewöhnlichen Big Band auf Autotüren, Blechkanistern und Plastikfässern. Das Projekt verwandelt aber nicht nur Müll zu Instrumenten, sondern auch Aggression zu Musik und gesellschaftliche Isolation zu Erfolgserlebnissen. Die Band ist inzwischen so erfolgreich, das sie eine Vielzahl von öffentlichen Auftritten absolviert hat. Die Bürgerstiftung übernimmt dabei die Honorare der beiden Bandleader, sie vermittelt Kontakte und Übungsräume und steht der Gruppe mit Sachspenden zur Seite. Idealtypisch verdeutlicht das Projekt einen erfolgreichen Ansatz der Prävention: Es geht um jugendgerechte Inhalte, die die Begabungen und Interessen der Jugendlichen fördern und ihnen durch Eigenverantwortung Selbstbewusstsein vermitteln. Diesen Prinzipien sind auch die anderen Präventions-Projekte der *Bürgerstiftung Hamburg* verpflichtet, die statt der Musik auf den Sport, namentlich Taekwondo und Streetsoccer, setzen.

Ein weiteres Projekt, das der Bürgerstiftung viel Anerkennung einbrachte, ist die Förderung des Jugendparlaments Horn, für das die Bürgerstiftung Anfang 1999 die Patenschaft übernahm. Auch hier steht die Idee im Vordergrund, Jugendliche ernst zu nehmen, ihnen Verantwortung zu übertragen und sie in der Praxis soziale und demokratische Spielregeln erlernen zu lassen. Um die Jugendlichen im „JuPa" zu unterstützen, organisierte die Bürgerstiftung Schulungen und Workshops, stellte ihnen einen Kommunikationstrainer zur Seite, vermittelte Kontakte und half mit Geld und Sachspenden.

Nachdem die *Bürgerstiftung Hamburg* sich anfangs ausschließlich auf operative Projekte konzentrierte, hat auch sie inzwischen begonnen, einen Förderschwerpunkt aufzubauen. Im Jahr 2002 erhielten etwa das Segelprojekt einer Gesamtschule, eine Musikwerkstatt, das Stadtteiltheater „Pauli-Passion 2002" oder der Kinder-Kunstklub Lurup finanzielle Unterstützung in Höhe von € 2.000–5.000. Ein weiteres Projekt, das den Anspruch *Menschen verbinden – Zukunft stiften* zum Ausdruck bringt, ist schließlich der Wettbewerb *Anstoß für Hamburg*, mit dem die Bürgerstiftung seit dem Jahr 2000 Projekte prämiert, die das Leben für Kinder und Jugendliche in Hamburg lebenswerter machen.

Ähnlich wie die *Stadt Stiftung Gütersloh*, die von der logistischen und finanziellen Hilfe der *Bertelsmann Stiftung* profitiert, genießt die *Bürgerstiftung Hamburg* die Unterstützung der *Körber Stiftung*, die die Kosten für einen hauptamtlichen Mitarbeiter trägt. Darüber hinaus findet die Bürgerstiftung in den über 600 Stiftungen der „Stiftungshauptstadt" Deutschlands viele natürliche Partner und kann damit auf die Vorteile einer Großstadt zurückgreifen: Das Potential an Partnern und Stiftern ist ungleich größer als in kleineren Städten, allerdings werben wesentlich mehr Organisationen um die Aufmerksamkeit der Öffentlichkeit und die Gunst der Mäzene.

II.3 Bürgerstiftungen in Deutschland – eine Zwischenbilanz

Allein die beiden Beispiele Gütersloh und Hamburg zeigen, dass es kein Patentrezept für eine Bürgerstiftung gibt – zu unterschiedlich sind die Vorraussetzungen und Anforderungen in den jeweiligen Städten. Die Stärke der Bürgerstiftungen liegt gerade darin, dass sie sich auf unterschiedlichste Bedingungen einstellen können, um den jeweiligen Bedingungen – und damit dem Wohl der Bürger – gerecht zu werden.

Einige Erfahrungswerte lassen sich jedoch trotzdem aus der kurzen Geschichte der Bürgerstiftungen gewinnen.

So ist etwa eine wichtige Lehre, dass hauptamtliches Personal der Dreh- und Angelpunkt des Erfolges ist. Bürgerstiftungen sind extrem arbeitsintensive Unternehmen: Die Projektarbeit bindet viele Ressourcen, Ehrenamtliche müssen organisiert, Werbematerial erstellt, Stifter und Spender gewonnen werden. Bei all diesen Aktivitäten hat die Stiftung eine Verantwortung gegenüber dem Gemeinwohl, im besonderen aber gegenüber den Stiftern, die der Stiftung ihr Geld anvertraut haben. Schon allein um neue Stifter gewinnen zu können, muss die Arbeit einer Bürgerstiftung hochgradig professionell sein, was ab einem bestimmten – relativ frühen – Zeitpunkt nur noch durch hauptamtliches Personal zu gewährleisten ist. In dieser Situation sehen sich viele Stiftungen vor einem Teufelskreis: Stifter und Spender gewinnt man über gute Projekte, gute Projekte machen Arbeit, Arbeit braucht Arbeitskräfte, Arbeitskräfte kosten Geld, Geld braucht man für die Projekte, mit denen Stifter gewonnen werden, etc. Es erfordert Mut, diesen Teufelskreis zu durchbrechen und eine gezielte Investition in die Zukunft, sprich in Personal, zu machen. Allerdings finden immer mehr Stiftungen diesen Mut und auch die nötige Unterstützung, sei es durch ABM-Maßnahmen, durch andere Stiftungen, Spender oder Unternehmen.

Eine weitere Lehre der vergangenen Jahre ist sicherlich, dass Kinder- und Jugendarbeit ein sehr geeignetes Feld ist, auf das gerade junge Bürgerstiftungen ihre begrenzten Mittel konzentrieren können – mit der Kinder- und Jugendarbeit können sich viele Bürger identifizieren, so dass die Stiftung durch gute, innovative und öffentlichkeitswirksame Projekte in diesem Feld ein positives Image aufbauen kann.

Darüber hinaus hat sich auch die operative Art der Arbeit bewährt, mit der die meisten deutschen Bürgerstiftungen – zumindest anfangs – ihre Projekte durchführen. Operative Projekte, also Projekte, die von der Stiftung selbst konzipiert und durchgeführt werden, erlauben es, proaktiv zu wirken und schnell ein eigenes Profil zu gewinnen. Allerdings schaffen operative Projekte Probleme eigener Art: Sie sind sehr viel arbeits- und personalintensiver als eine Fördertätigkeit und sie binden Ressourcen langfristig, da die Stiftung sich aus ihren eigenen Projekten oft nicht einfach wieder zurückziehen kann. Demgegenüber kann eine Förderstiftung von Förderzyklus zu Förderzyklus neue Projekte unterstützen und damit auch flexibler auf neue Herausforderungen reagieren. Darüber hinaus kann eine Fördertätigkeit mehr in die Breite wirken, da die Stiftung nicht wenige Großprojekte in eigener Regie betreibt, sondern vielen Initiativen mit kleineren Beträgen helfen kann. Als Fazit lässt sich festhalten, dass man neuen Stiftungen durchaus zu einer operativen Arbeitsweise raten kann, um erst mal in Schwung zu kommen. Auf Dauer allerdings scheint es sinnvoller zu sein, von einer operativen zu einer fördernden Tätigkeit überzugehen. Neben den genanten Gründen spricht noch ein weiteres Argument für diesen Strategiewechsel: Als operative Stiftungen sind Bürgerstiftungen zumindest nach ihrer Projektarbeit kaum zu unterscheiden von den vor Ort bereits aktiven Vereinen, Verbänden und Initiativen – aus Sicht des gemeinnützigen Sektors fischen sie daher im selben Teich und erscheinen als Konkurrenten um die knappen Mittel. Sehr viel fruchtbarer wäre es, wenn sich die Bürgerstiftungen langfristig auf die wichtige Funktion einer *Sparkasse* des gemeinnützigen Sektors konzentrieren würden. Das heißt nicht, dass sie nicht selbst eigene Projekte initiieren sollten, wenn ein Problem nicht anders gelöst werden kann, aber ihre Hauptfunktion liegt längerfristig in der finanziellen Unterstützung anderer.

Eine weitere Frage, die den Bürgerstiftungssektor bewegt, ist die Frage nach der erfolgversprechendsten Gründungsstrategie: top-down, also die Gründung durch einen Großstifter, oder bottom-up, wo eine Gruppe von Stiftern die Initiative ergreift. Hier lässt sich bislang angesichts der noch kurzen Geschichte kaum Abschließendes sagen. Typischerweise haben top-down Stiftungen den leichteren Start, da ihnen anfangs mehr Kapital zur Verfügung steht als den bottom-up Stiftungen, die oft mit kaum mehr als den erforderlichen € 50.000 gegründet werden. Andererseits ist zu vermuten, dass die bottom-up Stiftungen längerfristig das größere Potenzial haben: Wenn etwa wie in Fürstenfeldbruck 146 Erststifter die Stiftung aus der Taufe heben, so verfügt die Stiftung von Beginn an über so viele Botschafter und persönliche Netzwerke, dass ein erheblicher Schneeballeffekt zu erwarten ist.

Die Erfahrungen aus den USA zeigen schließlich, dass diejenigen Stiftungen langfristig Erfolg haben, die sich auf ihre Kernkompetenzen besinnen. Völlig zurecht verstehen sich alle deutschen Bürgerstiftungen als

Organisationen, in denen sich die Bürger mit ihren Ideen, ihrer Zeit und ihrem Geld engagieren können. Langfristig ist jedoch abzusehen, dass diese drei Ziele in einen Konflikt geraten werden, sobald eine Bürgerstiftung ein gewisses Standing erreicht hat: Will sie Stifter werben, wird sie Ehrenamtliche – zumindest in bestimmten Bereichen – nicht mehr einsetzen können; versteht sie sich als Ideenbörse vieler Bürger, wird sie Probleme mit Stiftern haben, die ihr Geld ihren eigenen Ideen gemäß einsetzen wollen; legt sie den Schwerpunkt auf die Zeitstifter, werden die Geld-Stifter unter Umständen ausbleiben. Noch hat man den Eindruck, dass die deutschen Bürgerstiftungen gerade erst ihre Nische, ihren Platz in der Zivilgesellschaft suchen. Es ist zu hoffen, dass diese Suche längerfristig zu der Entscheidung führt, sich auf die Dienstleistungen für Stifter zu konzentrieren. Dadurch würden sich die Bürgerstiftungen keinesfalls – wie zum Teil befürchtet – aus der Zivilgesellschaft ausgrenzen. Im Gegenteil, sie würden ihr damit am nützlichsten sein.

III. Fazit

III.1 Bürgerstiftungen und bürgerschaftliches Engagement

Die Bürgerstiftungen füllen eine Marktlücke in der deutschen Zivilgesellschaft. Als Gemeinschaftsstiftungen mit lokalem Bezug sind sie eine moderne zivilgesellschaftliche Alternative zu den Stadt- und Kirchenverwaltungen, die früher die wichtige Funktion wahrgenommen haben, die Vermächtnisse von Bürgern zum Wohl der lokalen Gemeinschaft zu verwalten. Fragt man nach ihrer Bedeutung für die Stimulierung bürgerschaftlichen Engagements, muss man vor allem drei Charakteristika hervorheben.

Stiften als Akt bürgerschaftlichen Engagements war traditionell den reicheren Gruppen der Bevölkerung vorbehalten. Die Bürgerstiftungen jedoch haben diese Form bürgerschaftlichen Engagements für neue Bevölkerungsgruppen erschlossen und das Stiften damit quasi demokratisiert. Indem Bürgerstiftungen die Ressourcen vieler bündeln, eröffnen sie auch Bürgern mit kleineren Einkommen die Möglichkeit, sich als Stifter für das Gemeinwohl vor Ort zu engagieren. Damit haben die Bürgerstiftungen eine neue, wichtige Facette in die Formenvielfalt bürgerschaftlichen Engagements eingeführt.

Eine zweite Funktion, die die Bürgerstiftungen für das bürgerschaftliche Engagement übernehmen, besteht darin, dass sie Ressourcen mobilisieren, die sie dem gemeinnützigen Sektor vor Ort zur Verfügung stellen. Die gemeinnützigen Organisationen in einer Stadt erhalten damit einen neuen Partner, der wie sie Teil der Zivilgesellschaft ist, so dass die Abhängigkeit des Dritten Sektor von staatlichen Finanzmitteln durch eine nachhaltige Unterstützung ersetzt wird.

Drittens schließlich genießen die Bürgerstiftungen aufgrund ihres Statuts als Stiftung eine besonders unabhängige Position, da ihre Existenz durch das Stiftungskapital langfristig gesichert ist. Anders als viele nonprofit Organisationen, die kontinuierlich von Finanzzuschüssen abhängig sind, müssen Bürgerstiftungen nicht auf politische oder wirtschaftliche Zwänge Rücksicht nehmen. Genau diese Unabhängigkeit versetzt sie in die Lage, Brücken zwischen verschiedenen Gruppen und Sektoren zu bauen und zwischen unterschiedlichen Akteuren zu vermitteln. Gerade angesichts der Tatsache, dass sich der Staat zunehmend als aktivierender Staat begreift und die Unternehmen als *corporate citizens* Verantwortung wahrnehmen, braucht es eine unabhängige Plattform, die als Katalysator gemeinsamer Vorhaben dient. Die deutschen Bürgerstiftungen haben bereits in vielen Fällen bewiesen, dass sie in der Lage sind, diese Plattform zu stellen und viele Akteure an einen gemeinsamen Tisch zu bringen.

Auch wenn sich daher die meisten deutschen Bürgerstiftungen noch in der Aufbauphase befinden, ist daher abzusehen, dass Bürgerstiftungen sich längerfristig als zentrale Akteure der lokalen Zivilgesellschaft etablieren werden.

III.2   Informationen und Hilfestellungen

Beratung:
Um dem steigenden Bedarf an professioneller Beratung Rechnung zu tragen, haben sich die *Bertelsmann Stiftung*, der *Bundesverband Deutscher Stiftungen*, die *Klaus Tschira Stiftung* und die *Körber-Stiftung* im Dezember 2001 zusammengeschlossen und mit der *Initiative Bürgerstiftungen* eine gemeinsame Anlaufstelle für Fragen zum Thema Bürgerstiftungen gegründet.

Die Initiative unterhält in Berlin eine Geschäftsstelle, deren Mitarbeiter Bürgerstiftungen und Initiativkreise zu allen Fragen der Gründung und des Managements von Bürgerstiftungen beraten.[1]

Literatur:

Die Initiative Bürgerstiftungen hat im Frühjahr 2002 einen *Materialienordner* veröffentlicht, der als Loseblattsammlung konzipiert ist und ständig erweitert wird. In komprimierter Form enthält der Materialienordner praxisorientierte und aktuelle Informationen rund um das Thema Bürgerstiftungen. Der Ordner wird Bürgerstiftungen und Initiativen kostenlos zur Verfügung gestellt.[2]

Das Standardwerk zu allen Aspekten der Gründung, Arbeit und Organisation von Bürgerstiftungen ist das von der *Bertelsmann Stiftung* im Jahr 2000 herausgegebene *Handbuch Bürgerstiftungen*. Das Handbuch bündelt internationale Erfahrungen mit dieser Stiftungsform und konzentriert sich auf die Bedingungen und Perspektiven, die sich Bürgerstiftungen in Deutschland bieten.[3]

Einen guten Überblick über die Entwicklung von Bürgerstiftungen in Deutschland gibt schließlich der vom Bundesverband *Deutscher Stiftungen* herausgegebene Band *Bürgerstiftungen in Deutschland*, der 2002 in einer Neuauflage erschienen ist. Der Band enthält Kurzportraits der deutschen

---

1 Initiative Bürgerstiftungen, Breitenbachplatz 21, 14195 Berlin, Tel. 030.897 452 40/Fax. 030.897 452 44 (info@buergerstiftungen.de).
Internet-Seiten zum Thema Bürgerstiftungen:
Auf der Internet-Seite www.buergerstiftungen.de stellt die Initiative Bürgerstiftungen ein breites Angebot an Informationen, Nachrichten, Kontaktadressen, Musterformularen und praktischen Tipps online zur Verfügung. Auf der Website findet man darüber hinaus auch Kurzdarstellungen aller deutschen Bürgerstiftungen sowie die Adressen der Initiativkreise, die die Gründung einer Bürgerstiftung in ihrer Stadt vorbereiten.
Auch die von dem Verein *Aktive Bürgerschaft* betriebene Webseite www.buergerstiftungen.info hält ein umfangreiches Informationsangebot zu Praxis und Theorie von Bürgerstiftungen vor.
2 Initiative Bürgerstiftungen, Hrsg. Materialien. Loseblattsammlung, Bezug über die *Initiative Bürgerstiftungen*.
3 Vgl. Bertelsmann Stiftung 2000.

Bürgerstiftungen sowie die Protokolle des Arbeitskreises Bürgerstiftungen im Bundesverband.[4]

---

4   Vgl. Bundesverband Deutscher Stiftungen 2002.

Nichtregierungsorganisationen in der deutschen Außenpolitik

Lutz Schrader

Vorbemerkungen

Nichtregierungsorganisationen (NGOs) verfügen im Vergleich zu nationalen Regierungen, Transnationalen Konzernen (TNC) und großen Medienunternehmen über eine zwei- bis dreimal höhere Glaubwürdigkeit. Dies ergab eine durch die PR-Agentur Strategy One (Tochter der Edelman Public Relations Worldwide) im Winter 2000 veröffentlichte Umfrage unter 500 Meinungsführern in den USA, Großbritannien, Frankreich, Deutschland und Australien. In diesen Umfragen wurde NGOs vor allen anderen für Meinungsbildung und globales Regieren (*Global Governance*) relevanten Institutionen/Akteuren bescheinigt, „*to do what is right*", „*to represent values I believe in*", und eine deutlich glaubwürdigere Informationsquelle zu sein (z. B. bei Themen wie Arbeitgeber- und Menschenrechten, genetisch veränderten Nahrungsmitteln sowie Umwelt- und Gesundheitsthemen). NGOs hätten zudem – so die Aussage von 63 Prozent der Befragten – in der vergangenen Dekade signifikant an Einfluß gewonnen. Die Wirksamkeit von NGOs wie Greenpeace und Amnesty International bei dem Bemühen, „die Welt zu einem besseren Ort zu machen", wird mit 80 bzw. 78 Prozent sogar um ein Mehrfaches höher eingeschätzt als das der amerikanischen Regierung (11 Prozent).

Nach der Einschätzung von Steve Lombardo, Präsident von Strategy One, haben NGOs sehr schnell das „Vertrauensvakuum" besetzt, dass durch die „Abwärtsspirale in der Wahrnehmung von Regierung, Medien und Unternehmen" entstanden ist.[1] Aus dieser Sachlage ergebe sich – so Richard Edelman, Präsident von Edelman PR Worldwide – ein Zwang

---

1 http://www.edelman.com/edelman_newsroom/releases/4652.htm, 22.05.2001.

für Wirtschafts- und Staatsführer, „anzuerkennen, dass NGOs bedeutende Mitspieler auf dem globalen Marktplatz bleiben werden. [...] Angesichts des wachsenden Mißtrauens der Öffentlichkeit gegenüber dem Staat aufgrund von Vorfällen wie BSE/Rinderwahnsinn und der Skepsis in Bezug auf Motive von Unternehmen müssen NGOs eine kritische Rolle in der Global Governance spielen". Als Schlussfolgerung wird Regierungen und TNC eine Zusammenarbeit mit ihren ehemaligen „Kritikern" zum Zwecke „gegenseitig vorteilhafter Ergebnisse" nahegelegt (s. Anm. 1).

Die Umfrage weist für die Bundesrepublik mit 38 Prozent zwar die höchste Zustimmungsrate für die Regierung aus (z. B. Frankreich: 17 Prozent, Großbritannien: 21 Prozent). Dennoch reicht diese hohe Quote nicht an die Akzeptanz von Greenpeace (59 Prozent) und Amnesty International (72 Prozent) heran. Noch größer ist ihr Vorsprung gegenüber Transnationalen Unternehmen wie der Deutschen Telekom (30 Prozent) und der Ford Motor Company (22 Prozent). In den anderen o.g. westlichen Industrieländern liegt die Glaubwürdigkeits- und Akzeptanzquote von NGOs ähnlich hoch wie in Deutschland. Die Bundesrepublik erreicht allerdings einen Spitzenwert in Bezug auf den Kenntnisstand zu NGOs und ihren Aktivitäten. Mehr als die Hälfte der Befragten gaben an, *„to be very or extremely familiar with NGOs"*. Insofern bestehen auf den ersten Blick in der Bundesrepublik gute Voraussetzungen für eine engere Kooperation zwischen zivilgesellschaftlichen Organisationen und staatlichen Stellen.

Staat und Verwaltung verfügen aufgrund einer (noch) relativ hohen Akzeptanz in der Bevölkerung über eine gute Ausgangsposition, um sich selbstbewußt in die Kooperation mit den noch ungewohnten Partnern und Konkurrenten begeben zu können.

Der vergleichsweise hohe Informationsstand zu NGOs bei Meinungsführern und Eliten könnte überdies eine engere Abstimmung und Zusammenarbeit zwischen Staat/Verwaltung einerseits und Nichtregierungsorganisationen andererseits begünstigen.

Dies um so mehr, als angesichts abnehmender Problemlösungsfähigkeit und öffentlicher Akzeptanz von Staat/Verwaltung (und Unternehmen) offenbar die Einsicht wächst, dass aktuelle und künftige Herausforderungen nur mit und nicht gegen NGOs zu bewältigen sind.

Doch ist das Bild weniger idyllisch, als dies die Umfragezahlen auszuweisen scheinen. In den Medien hat die Berichterstattung über NGO-Aktivitäten insgesamt zwar zugenommen, aber sie ist dem Gegenstand noch immer nicht angemessen. In staatlichen Einrichtungen scheinen sich eher die Vorbehalte gegenüber zivilgesellschaftlichen Organisationen und Initiativen zu verstärken. Ein Beispiel und Indikator dafür sind die Schwierigkeiten der Abstimmung und Kooperation zwischen (deutschen) staatlichen bzw. militärischen Stellen und NGOs im Kosovo. Schließlich hat auch in die entwicklungspolitische, umweltpolitische und friedenswissenschaftliche NGO-Forschung der Bundesrepublik nach der Euphorie der „ersten Jahre" eine kritischere Bewertung der Leistungsfähigkeit und Legitimation von NGOs Einzug gehalten. Neben größerer Distanz und Differenziertheit, die unbedingt zu begrüßen ist, scheint dabei auch ein gewisses „NGO-*bashing*" in Mode gekommen zu sein.

Im Rahmen einer kurzen Skizze können nicht alle relevanten Aspekte des Themas angesprochen werden. Eine Schärfung des NGO-Begriffs erscheint angesichts der zu diesem Punkt immer wieder anzutreffenden Missverständnisse jedoch unbedingt angebracht (I). Davon ausgehend soll ein knapper Überblick über die Entwicklung des NGO-Handelns in der inter-/transnationalen Politik im Laufe der 1990er Jahre gegeben werden (II). Nach einer pointierten Bewertung der NGO-Szene in der Bundesrepublik (III) werden mögliche Vorteile und Gewinne einer engeren Abstimmung und Arbeitsteilung zwischen offizieller Außenpolitik und zivilgesellschaftlichen Aktivitäten diskutiert (IV). Abschließend werden einige allgemeinere Überlegungen und Vorschläge zur Qualifizierung des Zusammenwirkens von Regierungsstellen und NGOs erörtert (V) sowie beispielhaft ein konkretes Konzept vorgestellt, das sich mit dem Aufbau einer gemeinsamen Infrastruktur für zivilgesellschaftliches und staatliches Handeln auf dem Gebiet der Prävention und Bearbeitung gewaltträchtiger Konflikte beschäftigt (VI).

I. NGOs sind genuin politische Akteure

In Abgrenzung von einer inklusiven (z. T. auch polemisch verwendeten) Definition, die unter Nichtregierungsorganisationen alle Vereine, Initiativen und Verbände faßt, die *nicht* staatlich sind, wird im Kontext der folgenden Überlegungen nur dann von Nichtregierungsorganisationen (NGOs) gesprochen, wenn es sich um genuin politische Akteure handelt. „Politisch" meint dabei den Anspruch und das Engagement von NGOs, mit staatlichen und anderen Akteuren um die Art und Weise der „autoritativen Zuweisung von Werten in einer Gesellschaft" (David Easton 1979: 50) zu konkurrieren. Dabei soll nicht unterschlagen werden, dass Verbände schon lange vor den NGOs im Prozeß der politischen Willensbildung involviert waren. Doch haben beide eine klar unterscheidbare Tradition, Funktion und Kultur. Verbände beschränken sich in ihrem Selbstverständnis auf politische Vorfeldarbeit (z. B. Lobbying). Diesem Unterschied trägt auch die sozialwissenschaftliche Korporatismus-Forschung Rechnung. Diese Herangehensweise richtet sich gegen die Verbeliebigung des NGO-Begriffs durch seine Öffnung gegenüber sämtlichen gesellschaftlichen Zusammenschlüssen.

Nichtregierungs- bzw. zivilgesellschaftliche Organisationen sind also freiwillige, parteipolitisch unabhängige, nicht nach wirtschaftlichem Gewinn strebende, nicht an Interessen der Mitglieder oder einer Zielgruppe im Sinne von berufsständischen oder *special interests* (Sport, Hobbys etc.) orientierte Zusammenschlüsse, die weder im Sinne einer ethnischen, nationalen oder religiösen Orientierung noch in ihrem geschlechtsspezifischen Selbstverständnis exklusiv sind und deren inhaltlicher Bezug sich in erster Linie auf die Bearbeitung von Problemen wie Umweltgefährdung, Entwicklung, Menschenrechte, soziale Gerechtigkeit, Sicherheit/Frieden und die Geschlechterfrage richtet (Wahl 1996: 38). Ihre innere Struktur reicht von der basisdemokratisch organisierten Bürgerinitiative über die klassische Vereins- und Verbandsstruktur bis hin zu von Wirtschaftsunternehmen entlehnten Organisationsmustern. NGOs bestehen meist nur aus einer begrenzten Zahl von aktiven Mitgliedern. Dieser Kern stützt sich auf eine unterschiedlich große „Basis" von Aktivisten (Freiwilligen) und beitragzahlenden Mitgliedern.

II. NGOs sind zu Mitgestaltern der inter-/transnationalen Politik geworden

Begünstigt durch das Ende des Ost-West-Konflikts und die durch das Aufkommen der neuen Medien (Fax, PC, Internet usw.) erweiterten Informations- und Kommunikationsmöglichkeiten erschlossen sich NGOs seit Anfang der 1990er Jahre qualitativ erweiterte Partizipations- und Beeinflussungsmöglichkeiten auf dem Gebiet der inter-/transnationalen Politik. Wie sehr sich die internationale Politik veränderte, wurde insbesondere während des mit dem Weltgipfel 1992 in Rio de Janeiro begonnenen Zyklus von Weltkonferenzen der UNO sichtbar. Das war kein Zufall, wurden hier doch Themen wie Umwelt, Entwicklung, Menschenrechte und Gender verhandelt, die u. a. durch den Druck der neuen sozialen Bewegungen und NGOs auf die internationale Agenda gelangt waren. Deshalb war es nur folgerichtig, dass Vertreter dieser Organisationen zu den Konferenzorten reisten, um auf den Verlauf und das Ergebnis der Verhandlungen in ihrem Sinne Einfluß zu nehmen.

Nichtregierungsorganisationen sind inzwischen zu wichtigen Mitspielern in der internationalen Arena geworden. Indem sie auch auf der inter-/transnationalen Ebene gegenüber den Staaten und zwischenstaatlichen Organisationen „Kontroll- und Korrektivfunktionen" wahrnehmen und immer wieder die internationale Öffentlichkeit informieren und mobilisieren, leisten sie einen „produktiven Beitrag zur politischen Steuerung" der globalen Angelegenheiten (Messner/Nuscheler 1997: 349). Was in Rio de Janeiro bei den Verhandlungen über ein globales Klimaabkommen noch mehr aus der konkreten Situation entstanden war und Regierungs- und NGO-Vertreter wohl gleichermaßen überraschte, ist inzwischen bei allen Rückschlägen und Widerständen zu einer beinahe alltäglichen Erscheinung in der internationalen Politik geworden. Damals hatten NGOs den Verlauf der Verhandlungen maßgeblich beeinflußt, waren bis in die zentralen Abstimmungsgremien der Konferenz vorgedrungen und hatten letztlich durch die Information der Öffentlichkeit, die Mitarbeit in offiziellen Länderdelegationen und ihre Kommunikations- und Lobbyarbeit auf der Konferenz entscheidend zum Zustandekommen des Abkommens beigetragen (Mathews 1997: 55). Heute besitzen NGO-

Vertreter Konsultativstatus bei den meisten internationalen Organisationen, gehören immer häufiger offiziellen Länderdelegationen an und haben zunehmend auch direkten Zugang zu den Verhandlungsgremien internationaler Konferenzen.

Als innovative Kooperationsforen für die Bearbeitung regionaler und globaler Probleme haben sich transnationale *public private policy*-Netzwerke wie jenes der *World Commission on Dams (WCD)* oder das der *Roll back Malaria*-Kampagne erwiesen (vgl. Reinicke 1998). Von diesen trilateralen Netzwerken, an denen sowohl Regierungen und internationale Organisationen als auch Unternehmen und NGOs beteiligt sind, versprechen sich die beteiligten Nichtregierungsorganisationen eine stärkere Annäherung der verschiedenen Interessen und Sichtweisen bei der Problemdefinition, eine größere Verbindlichkeit der getroffenen Vereinbarungen sowie wirksamere Einfluss- und Kontrollmöglichkeiten und eine unmittelbarere Einbindung der jeweils betroffenen Länder bzw. Bevölkerungsgruppen in die Entscheidungsfindung und Implementierung.[2]

Seit Anfang der 1990er Jahre hat sich das Tätigkeitsfeld von NGOs stetig ausgeweitet. Das Engagement zivilgesellschaftlicher Organisationen, das sich zunächst auf sogenannte weiche Themen (*soft isssues*) wie Menschenrechte, Entwicklung und Umwelt konzentrierte, hat sich inzwischen auch auf die sogenannte *high politics* (Wirtschafts- und Finanzpolitik sowie Außen- und Sicherheitspolitik) ausgedehnt.

Weit über 10 Prozent der weltweit geleisteten *öffentlichen Entwicklungshilfe* werden heute über NGOs abgewickelt. Diese Summe überschreitet bereits die Gesamtleistung des UN-Systems (ohne Bretton-Woods-Institutionen) in diesem Bereich erheblich. Rund 40 Prozent der öffentlichen Entwicklungshilfe der USA werden über NGOs in die Empfängerländern kanalisiert (vgl. Donini 1996: 88).

---

2   Das BMZ war z. B. eine der ersten bilateralen Entwicklungsagenturen, die finanzielle Mittel für die Arbeit der World Commission on Dams (WCD) bereitgestellt hat. Die GTZ und die KfW haben einen Bericht für die WCD erstellt, in dem die Wirksamkeit von Entwicklungsfinanzierungen für Dammbauprojekte analysiert wurde. Deutsche Unternehmen wie z. B. Siemens und deutsche NGOs wie WEED trugen zur erfolgreichen Arbeit der WCB bei (Reinicke 2001: 11).

In der *globalen Umwelt- und Klimapolitik* sind NGOs und sogenannte *epistemic communities* auf Grund des von ihnen organisierten öffentlichen Drucks und ihrer fachlichen Expertise zu unumgänglichen Partnern der Regierungen und internationalen Organisationen geworden. Ohne sie wären das Problembewußtsein, die völkerrechtliche Vertragslage und die öffentliche Aufmerksamkeit zu Umweltthemen wohl kaum erreicht worden.

Auf dem Gebiet der *Menschenrechte* kommt Nichtregierungsorganisationen und ihren transnationalen Netzwerken eine besonders herausgehobene Rolle bei der Aufdeckung, Verfolgung und Überwindung von Menschenrechtsverletzungen zu. Sie haben maßgeblich dazu beigetragen, dass die Achtung der Menschenrechte zu einem zentralen politischen Bewertungsmaßstab geworden ist. Selbst große Staaten können ihre Kritik und ihre Kampagnen nicht mehr ignorieren.

Um die Akzeptanzkrise der neoliberalen Globalisierung wirksamer zu managen, haben sich seit Mitte der 1990er Jahre die für die *internationalen Wirtschafts- und Finanzordnung* entscheidenden Institutionen (G 7, WTO, IWF) schrittweise gegenüber der NGOs-Community geöffnet. Dabei wurde auf die Erfahrungen der seit den 1970er Jahren bestehenden entwicklungspolitischen Kooperation zwischen der Weltbank und zivilgesellschaftlichen Gruppen zurückgegriffen.[3]

Mit der sprunghaften Zunahme von innerstaatlichen Kriegen nach dem Ende des Kalten Krieges verstärkte sich auch das Engagement zivilgesellschaftlicher Akteure bei der *Prävention und Bearbeitung gewaltträchtiger Konflikte*. Im Zuge der Anpassung der Politik von Staaten und internationalen Organisationen an die neuen Aufgaben ist das Zusammenwirken mit NGOs zu einer festen Größe geworden. In Konfliktregionen ohne funktionierende politische Ordnung übernehmen NGOs mitunter sogar Staats- und Verwaltungsfunktionen.

Status- und Partizipationsgewinne von NGOs stehen gleichwohl in scharfem Kontrast zu den erreichten Veränderungen. Dies gilt für die geringen Fortschritte bei der Verwirklichung der auf den UNO-Weltkonferenzen verabschiedeten Aktionsprogramme ebenso wie für die unver-

---

3 Heute sind NGOs in ca. ein Drittel der Weltbank-Projekte involviert (vgl. Wahl 2001b).

änderte Diskrepanz zwischen den für militärische und zivile Konfliktbearbeitung bereitgestellten Mitteln. Insgesamt ist der von der Mehrzahl der NGOs nach dem Ende des Kalten Krieges angestrebte Politikwechsel ausgeblieben. Innerhalb der NGO-Szene herrscht weithin Enttäuschung angesichts des geringen Wirkungsgrades der eigenen Anstrengungen und der Schwierigkeiten, eine grundlegende entwicklungs-, umwelt-, wirtschafts-, friedenspolitische Umsteuerung zu erreichen. Nach entsprechenden Berichten der UNO und anderer Einrichtungen hat sich die Situation in den relevanten Bereichen (Reichtumsverteilung und Armut, Umweltbelastung, Menschenrechte, Friedenssicherung und Abrüstung usw.) seit Anfang der 1990er Jahre – ungeachtet mancher partieller Fortschritte – eher noch verschlechtert (vgl. z. B. UNDP 2000, UNCTAD 1999).

Der Stimmungsumschwung innerhalb der transnationalen NGO-Community wurde zum ersten Mal anläßlich der Auswertungskonferenz der UNCED im Juni 1997 – also fünf Jahre nach Rio – offenkundig. Die Neubewertung blieb nicht ohne Folgen. Die ausgehenden 1990er Jahre brachten eine unübersehbare (Re-)Politisierung und Radikalisierung der NGO-Bewegung. Eine Zäsur in diesem Prozeß bildeten die Protestaktionen anläßlich des WTO-Gipfels im November/Dezember 1999 in Seattle. Der Stimmungswechsel ist sowohl Ausdruck der Unzufriedenheit auf der Graswurzel-Ebene (hauptsächlich in den Ländern des Südens) angesichts der Verschlechterung der sozio-ökonomischen, ökologischen und der Menschenrechtssituation als auch ein Indikator für die Veränderung des Kräfteverhältnisses innerhalb der NGO-Szene selbst. Nicht unwesentlich hat dazu die Aktivierung (neuer) sozialer Bewegungen in Ländern und Regionen des Südens (z. B. Bewegung der Landlosen in Brasilien oder die Bauernbewegung gegen die Patentierung von Saatgut in Indien) beigetragen. Eine Begleiterscheinung ist die Aufwertung südlicher NGOs und Netzwerke (z. B. Third World Network, Focus on the Global South, Jubilee South) innerhalb der globalen zivilgesellschaftlichen Community. Wie die Seattle-Mobilisierung in den USA und die ATTAC-Bewegung in Frankreich zeigen,[4] führt auch in den westlichen

---

4   ATTAC: Vereinigung für die Besteuerung von Kapitaltransaktionen zugunsten der BürgerInnen.

Industrieländern die Unzufriedenheit mit den Auswirkungen der Globalisierung zur Entstehung neuer Aktions- und Bewegungsformen. Dazu gehört die Annäherung zwischen NGOs, neuen sozialen Bewegungen und Gewerkschaften.

Beide Tendenzen innerhalb der NGO-Bewegung — einerseits gemäßigte Organisationen, die vor allem aus dem Kreis der Hilfswerke kommen, und andererseits explizit politische Gruppen mit weitergehenden Zielen — werden bei wechselnder Gewichtung fortbestehen. „Zwischen beiden Strömungen gibt es eine Rivalität um politische Hegemonie, wobei mal die eine, mal die andere Strömung dominiert, mitunter auch ein und dieselbe Organisation ihre Position verändert" (Wahl 2001b: 5). Dabei gestaltet sich das Kräfteverhältnis zwischen beiden Strömungen jeweils von Politikfeld zu Politikfeld unterschiedlich. Abzuwarten bleibt, wie sich die veränderte Konstellation auf das NGO-Handeln in der inter-/transnationalen Politik auswirken wird. Denkbar ist sowohl eine gezielte Ausdifferenzierung zwischen „konstruktiven" und „radikalen" Kräften (u. a. auch unter dem Druck gouvernementaler bzw. intergouvernementaler Akteure) als auch ein stärker arbeitsteiliges Vorgehen zwischen beiden Strömungen, das sich zudem auf die erhöhte Dynamik reaktivierter (neuer) sozialer Bewegungen stützen könnte.

Ungeachtet konjunktureller Schwankungen bleibt der Anspruch zivilgesellschaftlicher Organisationen auf Autonomie und Eigengesetzlichkeit gegenüber gouvernementalen und intergouvernementalen Akteuren auf absehbare Zeit bestehen. Widersprüchlichkeit und Dynamik des nationalen und globalen Wandels führen seitens zivilgesellschaftlicher Akteure im Verhältnis zu Staat und Privatwirtschaft immer wieder zu abweichenden Interessenlagen und konkurrierenden Entwürfen. Hier liegt die Ursache für eine unablässige, in der Regel zyklisch verlaufende Erneuerung zivilgesellschaftlicher Selbstbehauptung und Selbstorganisation. Folglich sind einer dauerhaften Harmonisierung und Institutionalisierung des Verhältnisses zwischen Staat und Zivilgesellschaft prinzipielle Grenzen gesetzt. Das strukturelle Spannungs- und Konkurrenzverhältnis schließt eine dauerhafte systematische Indienstnahme/Kooption von zivilgesellschaftlicher Organisationen durch staatliche Stellen aus. Das Verhältnis kann dann produktiv sein, wenn die Autonomie *beider* Seiten gewahrt bleibt.

III. Die NGO-Szene in Deutschland ist vergleichsweise unterentwickelt

Namentlich im Vergleich zu den anglo-amerikanischen Ländern verfügt die Bundesrepublik Deutschland über eine insgesamt unterentwickelte zivilgesellschaftliche (Selbst-)Organisation und Kultur. Die inter-/transnationale NGO-Szene wird nach wie vor von US-amerikanischen Organisationen dominiert. Dieser Rückstand könnte sich über kurz oder lang für die Bundesrepublik als Wettbewerbsnachteil erweisen. Sowohl die nationale Innovationsfähigkeit eines Staates als auch seine Handlungs- und Problemlösungsfähigkeit auf inter-/transnationaler Ebene werden in der Zukunft noch stärker von der Vitalität seiner Zivil-/Bürgergesellschaft abhängen. Zwar gehören die deutschen Sektionen von Greenpeace, Amnesty, Ärzte ohne Grenzen, World Wide Fund for Nature, Peace Brigades International u. a. jeweils zu den größten Teilorganisationen dieser transnational organisierten Netzwerke, doch gibt es wenige Nichtregierungsorganisationen, die sich in Deutschland von der Graswurzel-Ebene aus entwickelt und inter-/transnationale Handlungsfähigkeit erworben haben. Die Schwäche der deutschen NGO-Community hat ihre Ursache in der besonderen (stark staatszentrierten) Geschichte und politischen Kultur der Bundesrepublik, wodurch nicht zuletzt auch die Haltung der politischen, wirtschaftlichen und Medieneliten gegenüber zivilgesellschaftlichen Gruppen geprägt wird.

Bislang fehlen vergleichende Studien zu Gemeinsamkeiten und Besonderheiten zivilgesellschaftlicher Struktur und Kultur in den westlichen Industrieländern. Deshalb können an dieser Stelle nur einige hypothetische Überlegungen zu wichtigen Charakteristika der deutschen NGO-Landschaft angestellt werden:

Charakteristisch für die bundesdeutsche NGO-Szene ist die Differenzierung in eine Mehrheit konsens- und reformorientierter Organisationen und ein kleineres Segment ausgesprochen regierungs- und wirtschaftskritischer Gruppen, die sich in der Tradition der neuen sozialen Bewegung(en) sehen.

Unter den zivilgesellschaftlichen Gruppen in der Bundesrepublik spielen die zu den beiden Kirchen sowie zu den großen karitativen und

Wohlfahrtsverbänden gehörenden Organisationen eine große Rolle. Sie sind in ihrer Finanzierung in hohem Maße von staatlichen Zuschüssen abhängig. Ihr überwiegendes Selbstverständnis als Dienstleister beeinflußt die gesamte NGO-*Community*.

Die deutsche NGO-Szene ist aber auch ein Auffangbecken linker Gruppen und Aktivisten, die nach dem Niedergang der neuen sozialen Bewegungen und der politischen Linken im vereinten Deutschland nach einem neuen Tätigkeitsfeld gesucht haben. Auch jüngere Leute finden auf der Suche nach einem Ort für linkes Engagement in zivilgesellschaftlichen Gruppen eine politische Heimat.

Im Unterschied zur anglo-amerikanischen Szene zeichnen sich nicht wenige deutsche NGOs, darunter auch kleinere linke Gruppen, durch eine große analytische und konzeptionelle Kompetenz aus. US-amerikanische und britische Gruppen sind dagegen stärker praxis- bzw. politikorientiert. Für die kostenaufwendige wissenschaftlich-konzeptionelle Arbeit sind die finanziellen Förderbedingungen besonders schwierig.

Unter den deutschen NGOs gibt es aber auch nicht wenige stark idealistisch eingestellte Gruppen. Diese von einer bestimmten kritischen NGO-Forschung als „Sandalistas" bezeichneten Aktivisten lassen sich mehr von moralischen Überzeugungen als von professionellen Voraussetzungen und Erfordernissen ihres Engagements leiten. Ihre Aktivitäten reichen von konkreten Hilfeleistungen bis zu Formen radikalen Protests.

Ein Aufschließen der deutschen Gruppen gegenüber den anglo-amerikanischen NGOs wird kurzfristig nicht zu bewerkstelligen sein. Voraussetzung dafür ist ein grundsätzlicher Wandel der politischen Kultur in der Bundesrepublik. Die von der rot-grünen Regierung medienwirksam geförderte Idee der Bürgergesellschaft und die Reform des Stiftungsgesetzes sprechen für eine vorsichtige Wende in der Haltung tonangebender politischer Eliten gegenüber zivil- bzw. bürgergesellschaftlichen Akteuren und Organisationsformen. Die Bemühungen werden allerdings nur zu nachhaltigen Effekten führen, wenn die Bundesregierung und die etablierten politischen Akteure der Entwicklung einer eigenständigen zivilgesellschaftlichen Kultur und Selbstorganisation Raum geben und der Versuchung widerstehen, die dort entstehenden sozialen Energien etwa im Sinne einer neoliberalen Entlastung des Staates (und der Wirtschaft) zu instrumentalisieren.

Voraussetzung dafür sind kreative Lösungen für die schrittweise Entspannung des chronischen Finanzierungsproblems. Bis heute dominiert in der Bundesrepublik eine ausgesprochen staatszentrierte Alimentierung des NGO-Sektors. Eine Ausnahme bildet lediglich die zivilgesellschaftlich gestützte Umwelt- und Klimapolitik, die auf die Mittel der Bundesumweltstiftung zurückgreifen kann. Inspiriert durch dieses Vorbild gibt es auch in anderen Politikbereichen Bemühungen, durch die Errichtung von (Bundes-)Stiftungen eine von Regierungsinteressen und politischen Mehrheiten unabhängigere Finanzierung zustande zu bringen. Auch gegenüber internationalen Partnern ist ein eigenständiges Agieren deutscher/europäischer NGOs nur dann glaubhaft, wenn sich diese auf unabhängige Finanzquellen stützen können. Nicht zuletzt sind naturgemäß oft langfristig angelegtes NGO-Projekte auf eine stabile Finanzierung angewiesen, die sich nicht primär nach dem festgelegten Rhythmus von Staatshaushalten und Legislaturperioden richten kann.

IV. Die deutsche Außenpolitik kann durch das Zusammenwirken mit NGOs viel gewinnen

Die deutsche Außenpolitik verfügt bis heute über keine schlüssige Vorstellung, geschweige denn eine „langfristig angelegte Strategie" für „den Umgang mit globalen politischen Prozessen". Die „Anstrengungen in diesem Bereich von deutscher Seite sind Resultate zwar wichtiger, jedoch unkoordinierter Einzelentscheidungen" (Reinicke u. a. 2001: 11). Dies schließt die Gestaltung des Verhältnisses zu zivilgesellschaftlichen (und privatwirtschaftlichen Akteuren) ein. Es gibt jedoch bereits eine Reihe von konzeptionellen Ansätzen und von Institutionen,[5] „die die Wichtigkeit der Global Public Policy Agenda bereits erkannt haben und in diesem Bereich aktiv geworden sind, so etwa der Arbeitsstab Globale

---

5 Schritte in diese Richtung sind der von Deutschland in die Millennium-Versammlung der Vereinten Nationen eingebrachte Resolutionsentwurf „Toward Global Partnerships" (Reinicke u. a. 2001: 11) sowie das aus der ersten Botschafterkonferenz des Auswärtigen Amtes am 4.–6. September 2000 hervorgegangene Reformpapier.

Fragen im AA, die Enquete-Kommission Globalisierung, das Referat globale Strukturpolitik im BMZ sowie die Bemühungen im Bereich öffentlich-private Partnerschaften bei GTZ, DIE, BMZ und KfW" (ebd.: 10/11).

Im Dialog und in gemeinsamen Projekten mit zivilgesellschaftlichen Vertretern wächst auf der staatlichen Seite die Einsicht, dass es nicht ausreicht, die neuen Politikansätze und Akteure gleichsam in die überkommenen (außenpolitischen) Institutionen, Verfahren und Konzepte zu implantieren. Der tiefgreifende Umbau der außenpolitischen Infrastruktur und die Veränderung der außenpolitischen Kultur bis hin zur Neubestimmung des Leitbilds des Diplomaten tun not. Nur durch Offenheit und Kooperationsbereitschaft gegenüber anderen Akteuren wird es der (national-)staatlichen Außenpolitik möglich sein, Handlungs- und Problemlösungsfähigkeit zurückzugewinnen. Dabei ist die Frage noch längst nicht schlüssig beantwortet, wie internationales Regieren im Zeitalter der Globalisierung vernünftigerweise erfolgen kann (z. B. Zürn 2001).

Zu einer solchen konzeptionellen und politischen Neuausrichtung gehört auch eine seriöse sozialwissenschaftlich basierte Aufklärung der neuen Akteure. Zur Zeit genügt die NGO-Forschung in der Bundesrepublik jedenfalls nicht den Anforderungen. Auch hier ist der Vorsprung der USA beträchtlich. Derartige Forschungen könnten größere Klarheit über die Möglichkeiten und die Grenzen von NGOs erbringen und so einer Verklärung ebenso vorbeugen wie der Unterschätzung als bloßer „Teil des erweiterten Staates" (Brand 2000: 87ff.).

Selbst für eine pragmatische staatliche Außenpolitik liegen die Vorteile eines kooperativen Verhältnisses zu NGOs auf der Hand. Derartige Schritte sind insbesondere geeignet, die Kosten und die Reichweite der eigenen Politik zu optimieren. Durch eine engere Abstimmung, Arbeitsteilung oder Zusammenarbeit mit zivilgesellschaftlichen Akteuren ist es Regierungsstellen u. a. möglich:

- die spezifische Expertise und Problemlösungskompetenz von NGOs zu nutzen,
- gesellschaftliche Probleme, Krisen und Konflikte im eigenen und anderen Ländern rechtzeitig zu erkennen,
- die eigene Position gegenüber internationalen Partnern und Konkurrenten zu stärken,

- ihre Politik auf der internationalen Ebene glaubwürdiger zu legitimieren sowie
- sozialen Protest gegen politische Entscheidungen der eigenen Regierung, internationaler Organisationen oder Bündnisse zu neutralisieren (vgl. Wahl 2001a).

NGOs können im Gegenzug insbesondere mit der Verbesserung ihrer finanziellen Mittelausstattung, der Erweiterung ihres Handlungsspielraums und öffentlichem Akzeptanzgewinn rechnen. Im Einzelnen ergeben sich aus einem engeren Zusammenwirken mit staatlichen Akteuren folgende Vorteile:
- wirksamere Akquisition von Finanzressourcen und Aufwertung auf dem umworbenen Spenden- und Zuschussmarkt,
- verbesserter Zugang zu Informationen und Erwerb von „Herrschaftswissen",
- Mitbestimmung der politischen Agenda und Einflussgewinn auf Positionen und Entscheidungen der Regierung,
- Ausnutzung von Positions- und Interessenunterschieden zwischen den Akteuren des korporatistischen Staates für Kooperationsbeziehungen bzw. Gegenallianzen sowie
- Aufwertung in der Öffentlichkeit und gegenüber anderen staatlichen und nichtstaatlichen Akteuren (vgl. Walk/Brunnengräber 2000).

Die Durchsetzungsfähigkeit von NGOs gegenüber Regierungen ist dann besonders hoch, wenn sie sich nicht auf den Dialog bzw. die Zusammenarbeit einengen lassen, sondern ihre Aktivitäten sowohl durch eine aktive Öffentlichkeits- und Medienarbeit als auch durch ein kreatives Zusammengehen mit sozialen Bewegungen abstützen. „Gleichzeitig ist die Kooperation zwischen so ungleichen Akteuren wie Regierungen und NGOs für letztere auch mit Risiken verbunden. Dazu gehören Kooption, Instrumentalisierung und die Absorption von gerade bei NGOs meist extrem knappen Ressourcen. Dies alles kann zum Verlust von Autonomie und zur Unfähigkeit führen, die Interessen, für die man angetreten war, noch wirkungsvoll zu vertreten" (Wahl 2001a).

V. Politische Autonomie und finanzielle Unabhängigkeit von NGOs sind Voraussetzung für eine produktive Kooperation

Wegen ihrer Prägnanz werden nachfolgend im Wesentlichen die Vorschläge von Peter Wahl, Vorstandsmitglied von WEED (Weltwirtschaft, Ökologie und Entwicklung e.V.), wiedergegeben, die dieser auf der Sitzung der Enquete Kommission „Globalisierung der Weltwirtschaft" am 22. Januar 2001 in einem Vortrag zum Thema „Nichtregierungsorganisationen (NGOs) als Akteure im Prozess der Globalisierung" unterbreitet hat (vgl. Wahl 2001a):

NGOs sollten von staatlicher Seite grundsätzlich in gleicher Weise behandelt werden wie wirtschaftliche und andere Interessengruppen.

Eine Institutionalisierung des Dialogs macht nur Sinn, wenn dieser offen und flexibel angelegt ist. Herkömmliche Kommissionen und Beiräte bergen die Gefahr, die bürokratische Rationalität der staatlichen Seite auf die Dialog- und Kooperationsformen zu übertragen.

Der oft von staatlicher Seite artikulierte Wunsch, nur mit einem Partner zu tun zu haben, geht an den Realitäten der Zivilgesellschaft vorbei. Staatliche Stellen müssen bereit sein, die Diversität und Heterogenität von NGOs zu akzeptieren und ihrer Selbstorganisationsfähigkeit Raum zu geben.

Die formalen Voraussetzungen für Dialog und Abstimmung sollten auf ein Minimum beschränkt bleiben, wobei die staatliche Seite den Großteil der Aufgaben zu übernehmen hätte (Einladungen, Protokolle, Informationsfluss).

Wichtig ist, dass für NGOs der Zugang zu Informationen staatlicher Einrichtungen und internationaler Organisationen rechtlich abgesichert und ein Recht auf die Einspeisung von Informationen und Vorschlägen in offizielle Kommunikationskanäle gewährt wird.

Die Bundesregierung sollte sich dafür einsetzen, innerhalb der Bundesrepublik und bei internationalen Organisationen Anhörungs-, Petitions- und Beschwerdemöglichkeiten für NGOs zu schaffen. Dazu bedarf es entsprechender unabhängiger Gremien.

Die Bundesregierung sollte Mittel bereitstellen, um die Teilnahme von NGOs aus dem eigenen Land und möglichst auch aus Entwicklungsländern (eventuell über das BMZ) per Kofinanzierung zu fördern, oder sich für die Bildung entsprechender Fonds bei internationalen Organisationen einzusetzen. Die Verteilung der Mittel sollte, um politische Abhängigkeiten zu vermeiden, staatsfern (z. B. Stiftungsmodell) und unter Beteiligung der NGOs erfolgen.

VI. Auf den einzelnen Politikfeldern werden sehr differenzierte Vorstellungen für den Ausbau von Dialog und Zusammenarbeit entwickelt

Im Rahmen des Gutachtens ist es nicht möglich, den erreichten Stand und die Konzepte für die Weiterentwicklung von Dialog und Zusammenarbeit zwischen der offiziellen deutschen Außenpolitik und der jeweiligen NGO-Szene auf allen relevanten Politikfeldern vorzustellen. Um die Differenziertheit entsprechender Konzepte zu verdeutlichen, scheint die Beschränkung auf ein Gebiet sinnvoll. Die Wahl fiel auf den Bereich der *Prävention und Bearbeitung gewaltträchtiger Konflikte*, weil hier der Überblick des Autors am besten ist.

Für den Bereich der Prävention und Bearbeitung gewaltträchtiger Konflikt schlägt ein Konzeptpapier renommierter deutscher Friedens- und Konfliktforscher vor, bis zum Jahr 2005 in der Bundesrepublik eine staatlich-zivilgesellschaftliche Infrastruktur für zivile Konfliktbearbeitung aufzubauen (vgl. Debiel u. a. 1999). Nach dem *Policy Paper* der Stiftung Entwicklung und Frieden (SEF) sollen (1) Frühwarn- und Präventionseinheiten bei den wichtigsten Ministerien, beim Bundeskanzleramt und beim Bundestag geschaffen, (2) der bereits bestehende Zivile Friedensdienst stärker gefördert sowie (3) zivile Friedensfachkräfte und Experten für (zwischen-)staatliche und zivilgesellschaftliche Aktivitäten zur Konfliktprävention mit substantieller staatlicher Unterstützung ausgebildet werden:

(1) Ausbau und Effektivierung der Konfliktprävention

Die Autoren schlagen vor, auf der Ebene der Planungsstäbe bzw. Grundsatzreferate der im Bundessicherheitsrat vertretenen Ämter und Ministerien (Auswärtiges Amt, Bundesministerium für wirtschaftliche Zusammenarbeit, Verteidigungsministerium Wirtschaftsministerium, Justizministerium und Kanzleramt) kleine Frühwarn- und Präventionseinheiten (je 5-10 Stellen) einzurichten. Deren Aufgabe wäre es, „im Binnen- wie Außenverhältnis krisenrelevante Informationen anzufordern, auszuwerten und zu beurteilen, die Entwicklung von Handlungsoptionen anzustoßen und die interministerielle Abstimmung zu erleichtern" (ebd.: 6). Dem Bundestag wird vorgeschlagen, zur besseren Information der Abgeordneten „eine kleine Arbeitseinheit einzurichten oder sich direkt am Aufbau einer regierungsunabhängigen 'Dienstleistungsstelle Frühwarnung und Dialog' zu beteiligen" (ebd.).[6] Schließlich sollten sich insbesondere größere NGOs stärker in der Gewaltprävention und Krisenintervention engagieren. Um gegenseitige Lernprozesse zwischen Wissenschaft, staatlicher Verwaltung, internationalen Organisationen, Stiftungen, Wirtschaft, NGOs und Medien zu befördern, wird die Fortsetzung und der Ausbau der Praxis von sogenannten Dialogforen befürwortet, in denen jeweils zu einem Konflikt bzw. einer Krisenregion kompetente Experten, Entscheidungsträger und Praktiker regelmäßig zusammenkommen, um ihre Informationen, Erfahrungen und Politikvorstellungen auszutauschen und gemeinsame Handlungsorientierungen zu entwickeln (vgl. ebd.: 7). Diese Form wird mit großem Erfolg bereits durch die in Bonn ansässige Stiftung Entwicklung und Frieden (SEF) praktiziert.

---

6   Nach den Vorstellungen der Autoren des Policy Papers sollte eine solche Dienstleistungsstelle Frühwarnung und Dialog sechs Aufgaben wahrnehmen: Anlaufadresse für Informationen, Bündelung von Informationen und Analysen, Organisation von Dialogprozessen, Speicherung von Informationen, Kontaktanbahnung mit internationalen Partnern sowie Alarm- und Signalfunktion.

(2) Förderung des Zivilen Friedensdienstes[7]

An erster Stelle der Vorschläge zu diesem Schwerpunkt steht der Grundsatz, dass Zivile Friedensdienste aus den westlichen Staaten einheimische Friedenskräfte in den Krisenregionen dabei unterstützen, lokale und regionale Friedensallianzen ins Leben zu rufen und nicht an deren Stelle tätig zu werden.[8] In den Ländern des Südens können diese Aufgabe erfahrene Entwicklungsfachkräfte nach einer Fortbildung übernehmen. Zugleich sollte aber Berücksichtigung finden, dass die Friedens- und Konfliktarbeit einen eigenständigen Beitrag leisten kann und muß. Sie darf nicht vollständig in den staatlichen und zivilgesellschaftlichen entwicklungspolitischen Rahmen integriert werden. Deshalb empfiehlt sich eine enge Abstimmung und Kooperation zwischen den Gruppen und Einrichtungen der Entwicklungs-, Friedens- und Menschenrechtsarbeit (z. B. Arbeitsgemeinschaft Entwicklungshilfe, Dienste in Übersee, Eirene, Weltfriedensdienst, Christliche Fachkräfte International, Deutscher Entwicklungsdienst (DED), Forum Ziviler Friedensdienst (forumZFD) und Aktionsgemeinschaft Dienst für den Frieden (AGFD). Nach dem Vorschlag der Autoren des *Policy Papers* sollten die verschiedenen Träger ihre Ausbildungsprogramme in enger Abstimmung entwickeln. Einen geeigneten Rahmen dafür bildet das Konsortium Ziviler Friedensdienst, dem das forumZFD, die AGDF und die Arbeitsgemeinschaft der Dienste (AgdD) angehören. Der Deutsche Entwicklungsdienst ist Mitglied der AgdD (ebd.: 10).

(3) Verbesserung der Ausbildung und Aufbau von Expertenpools

Die völlig ungenügende Zahl ausreichend qualifizierten Personals auf dem Gebiet der Friedens- und Konfliktarbeit veranlaßt die Autoren des

---

7 Neben dem Zivilen Friedensdienst gibt es andere wichtige Initiativen wie z. B. unabhängige Projekte von NGOs, kirchlichen Trägern sowie Aktivitäten von Stiftungen. Auch diese bedürfen einer substantiellen Förderung.
8 Unter Friedensallianzen sind Zusammenschlüsse bzw. Netzwerke gesellschaftlicher wie politischer Kräfte zu verstehen, „die ein aktives Interesse an Krisenprävention und zivilen Formen der Konfliktaustragung haben" (Debiel u. a. 1999: 11).

Policy Papers, von der Bundesregierung die Unterstützung von geeigneten Qualifizierungsmaßmöglichkeiten zu fordern. Bedarf besteht insbesondere in vier Bereichen: der Ausbildung von Wahlbeobachtern, der Vorbereitung von Teilnehmern an Missionen in Konfliktgebieten sowie der Schulung von Menschenrechtsbeobachtern und Experten für die Demokratieförderung. Durch Formen gemeinsamer Ausbildung von staatlichen und zivilgesellschaftlichen Fachkräften könnte zudem die gegenseitige Sensibilität für die Chancen und Vorteile eines kooperativen Vorgehens bei der Konfliktbearbeitung gestärkt werden. Parallel dazu sollte schrittweise eine Dienstleistungsstelle eingerichtet werden, die eine ausreichende Koordination zwischen den verschiedenen Ausbildungsangeboten gewährleistet und einen Expertenpool aufbaut. Eine solche Dienstleistungsstelle hätte vier Funktionen zu erfüllen: Die Abstimmung zwischen den Ausbildungsträgern, die Identifizierung und Weiterentwicklung von Ausbildungsstandards durch Evaluierung, die Weiterbildung und Vermittlung von Trainern, die Unterstützung der ausgebildeten Fachkräfte durch Supervisionsprogramme sowie die Einrichtung einer Datenbank, in der möglichst alle verfügbaren qualifizierten Fachkräfte im gesamten Tätigkeitsspektrum von der Entwicklungs- bis zur Menschenrechtsarbeit erfaßt sind (vgl. ebd.: 13/14).

Lokales Engagement mit globaler Wirkung:
Making Space for Peace – Freiwilligenarbeit bei „*Peace Brigades International*"

Sebastian Rötters

Anfang der 1980er Jahre durchlebte Guatemala eines der grausamsten Kapitel seiner jüngeren Geschichte. In einem Krieg gegen die Guerilla der URNG (*Unidad Revolucionaria Nacional Guatemalteca* – Revolutionäre Nationale Einheit Guatemalas) griff die Regierung zur „Taktik der verbrannten Erde", bei der die Armee hunderte Dörfer dem Erdboden gleich machte, tausende von Zivilisten ermordete oder verschwinden ließ. Hunderttausende flohen ins Ausland oder irrten im Land umher. In dieser Situation – konkret im Jahre 1984 – gelang es einer Gruppe von Guatemalteken, sich trotz schärfster Repression mit dem Ziel zu organisieren, nach ihren verschwundenen Familienangehörigen und Freunden zu suchen. Sie baten die katholische Kirche um Unterstützung, doch sah sich diese nicht in der Lage, ihnen die nötigen Räumlichkeiten für ihre Treffen zur Verfügung zu stellen. Da bot ihnen eine Initiative von Ausländern an, die Versammlungen in ihrem Haus abzuhalten. In der Folge fanden dort regelmäßig Treffen statt und kurz darauf wurde die Organisation der Angehörigen von Verschwundenen GAM (*Grupo de Apoyo Mutuo* – Gruppe zur gegenseitigen Unterstützung) gegründet, die bis heute existiert. Seit einigen Jahren ist sie sogar als politische Partei im guatemaltekischen Parlament vertreten. Bei der internationalen Initiative, die diesen Zusammenschluss ermöglichte, handelte es sich um die ersten Freiwilligen der 1981 gegründeten Organisation *Peace Brigades International (PBI)*. Sie waren 1983 nach Guatemala gekommen, um eine Art internationaler zivilgesellschaftlicher Präsenz aufzubauen und jene lokalen Gruppen moralisch zu unterstützen, die sich für die Verteidigung der Menschenrechte in Guatemala einsetzten. Gleichzeitig wollten sie die von ihnen erprobten und praktizierten Methoden gewaltfreier Konfliktbearbeitung weiter geben.

Die Arbeit der GAM begann vielversprechend. Bereits nach zwei Monaten wurde der Organisation eine Audienz bei General Mejía Victores, dem damaligen Präsidenten des Landes gewährt. Er drückte ihnen – ebenso wie die Medien – sein Mitgefühl aus. Auch versprach er, die Fälle der Verschwundenen zu prüfen. Die in der Folge wachsende Stärke der Organisation – hervorgerufen auch durch das zunehmende internationale Interesse – machte die GAM immer mehr zu einer Bedrohung für Regierung und Sicherheitskräfte. Aussagen von GAM-Mitgliedern gegenüber internationalen Parlamentarier-Delegationen sorgten dafür, dass weitere wirtschaftliche Hilfen für die Regierung in Gefahr gerieten.

Ab Dezember 1984 erhielt die GAM erste Drohungen. Der Schock folgte im 31. März 1984, als das GAM-Mitglied Hector Gómez tot aufgefunden wurde. Er hatte am Vortag an einer Versammlung im PBI-Haus teilgenommen. Man fand ihn mit auf dem Rücken gefesselten Händen, seine Zunge fehlte und sein Körper wies eindeutige Folterspuren auf. Dieser brutale Einschüchterungsversuch zeigte Wirkung. Zu den Treffen der GAM erschienen nun nur noch zwischen 60 und 80 Menschen, während es vorher Hunderte gewesen waren. Zwei Wochen später wurde die GAM durch weitere Morde in ihren Grundfesten erschüttert. María Godoy de Cuevas – eine Mitbegründerin und Sekretärin der Gruppe – wurde zusammen mit ihrem Bruder und ihrem zweijährigen Sohn umgebracht. Man fand die Leichen in ihrem Wagen in einer Schlucht. Nach offizieller Darstellung war es ein Autounfall, doch berichteten westliche Diplomaten, dass die drei schon vor dem Absturz ermordet worden seien. Bei der Beerdigung stellten Trauernde fest, dass das Baby keine Fingernägel mehr hatte. Sowohl die GAM als auch PBI waren geschockt, paralysiert. Es hatte sich gezeigt, dass zwar das Büro einigermaßen sicher war, die *GAM*-Aktivisten an anderen Orten jedoch weiterhin extrem gefährdet blieben. Mussten all die Mühen als gescheitert angesehen werden? Würde es weitere Morde geben?

Die *PBI*-Freiwilligen mussten sich eingestehen, dass die bis dahin gezeigte internationale Präsenz von nur sehr begrenzter Reichweite war. Es musste etwas Anderes versucht werden. Man beschloss, die führenden Mitglieder der GAM rund um die Uhr überall hin zu begleiten. Dies war eine gewaltige logistische und personelle Herausforderung. Des Weiteren war zum damaligen Zeitpunkt völlig unklar, ob die Strategie gegenüber derart skrupellosen Mördern Wirkung zeigen würde. Aus heutiger Sicht aber war es der Beginn der schützenden Begleitung von bedrohten Menschenrechtlern.

In den Jahren seit 1983/84 begleiteten allein in Guatemala mehr als 500 *PBI*-Freiwillige lokale Menschenrechtsaktivisten und trugen damit nicht wenig zum Erstarken der guatemaltekischen Zivilgesellschaft bei. Sie bewahrten eine Vielzahl von Aktivisten vor Attentaten und anderen Übergriffen und garantierten damit den von ihnen begleiteten Gruppen und Organisationen den unverzichtbaren Freiraum für Dialog und auf Veränderung gerichtete Aktivitäten. Amilcar Mendez, einem guatemaltekischen Menschenrechtler, war es als einem der ersten gelungen, paramilitärische Selbstverteidigungsgruppen dazu zu bringen, ihre Waffen niederzulegen. Rückblickend sagte er über die Anwesenheit der internationalen Freiwilligen: „Ohne die Begleitung von *PBI* hätte ich nicht überlebt". Nach dem Friedensabkommen von 1996 wurde *PBI* vom guatemaltekischen Parlament für seinen konstruktiven Beitrag zum Friedensprozess und sein Engagement in den dunkelsten Stunden der Geschichte Guatemalas gewürdigt.

Die Methode der *schützenden Begleitung* entstand quasi aus einer Notsituation heraus. Bis heute wurde und wird sie von *PBI* in verschiedenen politischen Konflikten auf mehreren Kontinenten erfolgreich eingesetzt. Inzwischen bildet sie eindeutig den Schwerpunkt der Arbeit der Internationalen Friedensbrigaden. Allein in Kolumbien wurden 2002 bedrohte Menschenrechtler von vierzig internationalen Freiwilligen als sogenannte *Unarmed Bodyguards* begleitet. Ähnliche Zahlen könnten in naher Zukunft auch in Indonesien und Mexiko erreicht werden, wo *PBI* derzeit ebenfalls tätig ist.

In diesem Beitrag soll zunächst der Arbeitsansatz der unbewaffneten Präsenz und Begleitung von *PBI* erläutert werden. Dabei geht es hauptsächlich um die Frage, unter welchen Umständen internationale Begleitung erfolgreich sein kann und was *erfolgreich* in diesem Zusammenhang bedeutet. Danach wird die Organisationsstruktur von *PBI* – unter besonderer Berücksichtigung des Engagements von Freiwilligen – vorgestellt. Im letzten Teil werden die vielfältigen Möglichkeiten, aber auch die Probleme aufgezeigt, die mit den verschiedenen Formen des Freiwillligenengagements verbunden sind. Welche Möglichkeiten der Beteiligung gibt es? Welche Chancen und Probleme ergeben sich für Freiwillige und die Organisation? Ist diese nicht ungefährliche Arbeit überhaupt noch ausschließlich von Freiwilligen zu leisten? Wie hat sich die Motivation der Freiwilligen, an einen Auslandseinsatz mit *PBI* teilzunehmen, in den letzten zwei Jahrzehnten verändert? Steht primär ein politisches Engagement im Vordergrund oder welche Perspektiven eröffnet ein solcher Freiwilligeneinsatz beispielsweise auch für den beruflichen Werdegang oder den eigenen Lebensentwurf?

I. Das Modell der Unarmed Bodyguards: Wie funktioniert schützende Begleitung?

Peace Brigades International entsendet internationale Freiwillige in Konfliktregionen, in denen Menschen aufgrund ihrer politischen Arbeit oder aufgrund ihres Eintretens für die Rechte anderer befürchten müssen, selbst verfolgt oder umgebracht zu werden. Aktuell laufen drei Langzeitprojekte in Kolumbien, Indonesien und Mexiko. Außerdem kehrte *PBI* 2002 nach Guatemala zurück. Für die Vorbereitung und Durchführung dieser Projekte *schützender Begleitung* sind vor allem drei Punkte wichtig:

Vor Beginn eines jeden Projekts wird eine gründliche Analyse der Lage vor Ort vorgenommen, die während seiner Durchführung ständig fortgeschrieben wird. Wenn nationale Menschenrechtsorganisationen mit der Bitte um Begleitarbeit an *PBI* herantreten, wird eine sechswöchige bis dreimonatige *Erkundungs-Mission* in das jeweilige Land entsandt, um in der Konfliktregion selbst die Durchführbarkeit des *PBI*-Projektes zu untersuchen. Die Ursachen und die Geschichte des Konfliktes, eine Analyse der Gewaltakteure, ihr tatsächliches Bedrohungspotenzial, die Risiken und Verletzlichkeiten der Bedrohten stehen dabei im Vordergrund. Nicht immer kam man in der Vergangenheit zu dem Ergebnis, dass Begleitung durch internationale Freiwillige den Schutz für die betroffenen Personen signifikant erhöhen würde. In manchen Fällen musste man sogar annehmen, dass die Anwesenheit internationaler Begleiter die Bedrohungssituation eher noch zugespitzt hätte. In der Regel funktioniert diese Arbeit dann, wenn die betreffenden Regierungen, die die Übergriffe auf Menschenrechtler oder soziale Organisationen durch Polizei, Militär oder mit diesen verbundene paramilitärische Einheiten dulden oder bewusst durchführen lassen, ein Interesse an intakten Beziehungen zu den für sie wichtigen Staaten haben. Es wird also vorausgesetzt, dass die jeweilige Regierung der ihr obliegenden Verpflichtung nachkommen kann, den durch nationale Gesetzgebung und international verbindliche Abkommen garantierten Schutz der Bevölkerung zu gewährleisten. So hätte beispielsweise ein Übergriff auf einen US-amerikanischen Freiwilligen in Kolumbien vermutlich schwerwiegende internationale diplomatische Folgen, die nicht im Interesse der kolumbianischen Regierung sein können. Die politischen Kosten wären zu hoch. Sind gute diplomatische Beziehungen zu anderen, insbesondere demokratischen Staaten, für die betreffende Regierung hingegen irrelevant oder handelt es sich bei den potenziellen Angreifern um Akteure, für die internationale Beziehungen keine Rolle spielen, so wird internationale Begleitung nicht ein Mehr an Sicherheit für gefährdete Menschenrechtsaktivisten bringen können.

Da es sich bei den Projekten von *PBI* in der Regel um Langzeitprojekte handelt, muss immer mit einer – mitunter auch sehr kurzfristigen – Veränderung der Bedrohungssituation gerechnet und darauf reagiert werden. Deshalb ist eine ständig erneuerte Abwägung der Wirksamkeit und Reichweite der internationalen Begleitung notwendig. Dies geschieht durch eine ständige Konflikt- und Risiko-Analyse, die stets gemeinsam mit den Begleiteten vorgenommen wird. Wenn die Mitglieder eines Projektteams beispielsweise der Meinung sind, dass selbst ihre Begleitung aufgrund der immensen Bedrohungssituation nicht mehr ausreicht, um die betreffende Person oder Organisation zu schützen, müssen andere Wege gefunden werden. In einigen konkreten Fällen haben sich die betroffenen Personen im Interesse eines wirksameren Schutzes entschieden, kurzfristig ins Ausland oder zumindest in eine andere Region des jeweiligen Landes zu gehen. Auch hier kann die Begleitung durch *PBI* hilfreich sein, etwa wenn ein Menschenrechtsaktivist zum Flughafen oder bis ins Exil begleitet werden muss und dort in ein Schutzprogramm einer anderen Organisation wechseln kann. In Kolumbien sind die Freiwilligen von *PBI* mit speziellen Ausweisen ausgestattet, um bei

Bedarf ihre Begleitung auch im Transit-Bereich und bis zum Flugzeug fortsetzen zu können. Hier ist die Zusammenarbeit mit anderen Menschenrechtsorganisationen wie *Amnesty International* oder zwischenstaatlichen Institutionen von Bedeutung, mit denen z. B. im Falle von Kolumbien spezielle Abkommen zum Schutz von Menschenrechtsverteidigern bestehen.

Ein starkes Unterstützernetzwerk weltweit vermag die politischen Kosten eines möglichen Übergriffs zu erhöhen und verbessert die Chancen, bei einem tatsächlichen Übergriff schnell und wirkungsvoll Druck auf die Verantwortlichen bzw. die Behörden des jeweiligen Landes auszuüben. *PBI* hat im Laufe der Jahre ein international vernetztes Frühwarn- und Reaktionssystem namens „Red de Apoyo" (RdA) aufgebaut. Wie funktioniert dieses Alarmnetz? Jeden Monat erhalten die an dem internationalen Netzwerk beteiligten Persönlichkeiten des öffentlichen Lebens Informationen über die von *PBI* beobachteten Fälle der am meisten gefährdeten Personen und Organisationen in den betreffenden Konfliktgebieten. In der Bundesrepublik besteht dieses Netzwerk u. a. aus Kirchenvertretern, MitarbeiterInnen von Regierungseinrichtungen und multilateralen Institutionen sowie fraktionsübergreifend aus 25 Mitgliedern des Deutschen Bundestages. Werden die Bedrohungen massiver, wird das Alarmnetz präventiv ausgelöst, um einen wirksamen Schutz für die Aktivisten zu organisieren. Hierfür erforderlich ist eine ständige Lobbyarbeit gegenüber wichtigen multilateralen Institutionen wie der UNO und der EU in New York, Brüssel oder Genf. Hierzu gehört z. B. die Zuarbeit für Menschenrechtsausschüsse, UN-Sonderberichterstatter oder internationale Missionen im Einsatzland.

Es ist wichtig festzuhalten, dass internationale Begleitung keinesfalls einen vollständigen oder gar absoluten Schutz bieten, sondern lediglich die politischen Kosten für eventuelle Angreifer erhöhen und den Freiraum der bedrohten Person um ein nicht genau spezifizierbares Maß vergrößern kann. Inwieweit potenzielle Aggressoren wirklich wegen der internationalen Begleitung von einem Angriff absehen, lässt sich nur schwer nachweisen. Dennoch kann gesagt werden, dass internationale Begleitung höchst effektiv ist: So wurden bislang weder Freiwillige von *PBI* ermordet, noch erfolgte jemals ein tödlicher Angriff auf Personen, die in Begleitung von *PBI*-Aktivisten waren. Dies ist nach zwanzig Jahren sicher eine erfreuliche Bilanz, die sich sehen lassen kann. Sie beruht jedoch ganz klar darauf, dass die Grenzen und Möglichkeiten der internationalen Präsenz und schützenden Begleitung erkannt werden.[1] Messen lässt sich der Erfolg also nur schwer. Erfolg bedeutet hier, dass *nichts* passiert. Das gilt im Übrigen auch für die Freiwilligen selbst. Seit 1983 waren in den einzelnen Projekten annähernd 1.000 Freiwillige im Einsatz (vgl. Mahony u.a. 2002).

II. Was soll erreicht werden?

Die Wirksamkeit der schützenden Begleitung ist an die Lokalität in den Konfliktgebieten gebunden und setzt auf der unteren bis mittleren Ebene der Gesellschaften an: Sie zielt auf politische Veränderung durch die Stärkung von Schlüsselpersonen der jeweiligen Zivilgesellschaften ab. *PBI* ist sich im Klaren darüber, dass eine wirksame Begleitung nur fokussiert auf einige wenige Personen (z. B. bedrohte Menschenrechtsverteidiger) oder Gemeinschaften (z. B. intern Vertriebene, Friedensdörfer) und Regionen (z. B. neutrale Zonen) erfolgen kann. Die Arbeit im Rahmen des *PBI*-Kolumbien-Projektes zeigt, dass mit rund 40 Freiwilligen in vier Teams wichtige Handlungsräume aufrecht erhalten werden können. In Kolumbien profitieren rund 90 MitarbeiterInnen von 13 NGOs sowie jeweils einige tausend Menschen in verschiedenen Rücksiedlungen und Gemeinden von der schützenden Präsenz von *PBI*-Aktivisten. Eine flächendeckende Arbeit würde die personellen wie finanziellen Kapazitäten von *PBI* um ein Vielfaches übersteigen. Vielmehr soll die Anwesenheit einiger Freiwilliger die Sorge der internationalen Gemeinschaft repräsentieren. Es kann dabei aber nicht darum gehen, etwa durch eine massive physische Intervention als eine zivile Dritte Partei eine wirksame Konfliktbearbeitung oder gar Frieden zu erzwingen. Letztlich kann die Lösung der politischen Konflikte nur von den Betei-

---

1   Ausführlichere Informationen zur Theorie der internationalen Begleitung finden sich bei Mahony/Eguren (2002). Dem trägt PBI u.a. dadurch Rechnung, dass PBI generell zum Schutz von Menschenrechtsaktivisten arbeitet, u. a. durch Lobbyarbeit, Trainings und Beratung internationaler Institutionen.

ligten selbst ausgehen. Zu bedenken gilt es auch, dass häufig die strukturellen Ursachen und die Möglichkeiten ihrer Überwindung zu einem beträchtlichen Teil auf internationaler Ebene zu suchen sind, weshalb eine politische Lösung die internationalen Aspekte mit einschließen muss und nicht allein im lokalen Kontext gefunden werden kann.

III. Die Arbeitsweise von *PBI* in den Projekten

PBI arbeitet nach bestimmten Prinzipien, die sich in den Konfliktgebieten als sehr hilfreich und wirksam erwiesen haben.

A) Gewaltfreiheit und Legalität
PBI setzt sich in allen Projekten für gewaltfreie Konfliktlösungsmethoden ein. Das schließt ein, dass sowohl die *PBI*-Freiwilligen als auch die begleiteten Personen sich klar zum Prinzip der Gewaltfreiheit bekennen und unbewaffnet sind. In den einzelnen Projektländern arbeitet *PBI* strikt auf der Grundlage der gültigen Gesetze. Nach Landesgesetzen illegale Handlungen werden vermieden. Dies dient auch dem Schutz der Teams vor willkürlichen Ausweisungen.

B) Internationalität und Unabhängigkeit
PBI legt als globale Organisation sehr großen Wert auf eine internationale Zusammensetzung der einzelnen Teams. Dadurch soll die oben bereits beschriebene Besorgnis der internationalen Gemeinschaft in Bezug auf den jeweiligen gewaltsamen Konflikt besser zum Ausdruck gebracht werden. Ebenfalls wird großen Wert auf die finanzielle, religiöse und philosophische Unabhängigkeit gelegt.

C) Unparteilichkeit und Nichteinmischung
PBI sieht sich nicht als Vertreter einer Konfliktpartei. Die Begleitung soll lediglich dazu beitragen, dass sämtliche Konfliktparteien in der Lage sind, ihre Forderungen zu artikulieren, ohne Opfer von Repressionen zu werden. Auch sieht es *PBI* nicht als seine Aufgabe an, Einfluss auf die inhaltliche Arbeit der begleiteten Organisationen zu nehmen. Den rechtlichen Rahmen für die Arbeit von *PBI* bildet das internationale

humanitäre Recht und Völkerrecht. Insofern ist *PBI* also durchaus parteilich; die Organisation bezieht einen klaren Menschenrechtsstandpunkt. Die Staaten sollen dazu gedrängt werden, die von ihnen unterzeichneten internationalen Abkommen und Konventionen sowie nationalen Verpflichtungen zur Achtung der Menschenrechte einzuhalten im Interesse des Schutzes ihrer Bevölkerung. Wenn sie dieser Aufgabe nicht oder nur ungenügend nachkommen, übernimmt *PBI* zeitweise die Rolle des Garanten und setzt sich zugleich gegenüber der jeweiligen Regierung dafür ein, ihren Verpflichtungen effektiv nachzukommen.

D) Konsensentscheidungen
Bei *PBI* werden sowohl in den Projektteams als auch in den einzelnen Ländergruppen Entscheidungen grundsätzlich im Konsens getroffen. Strenge Hierarchien, die neue Freiwillige zu reinen Befehlsempfängern degradieren könnten, gibt es bei *PBI* nicht. Jeder Freiwillige kann, ja muss so von Anfang an Verantwortung übernehmen. Allerdings ergibt sich daraus auch das Problem, dass die Entscheidungsfindung manchmal ein sehr langwieriger Prozess ist.

IV. Möglichkeiten der Mitarbeit für Freiwillige in *PBI*-Projekten

Grundsätzlich besteht die Möglichkeit, entweder als Freiwillige/r für mindestens ein Jahr in einem Projekt in einem Konfliktgebiet zu arbeiten oder aber die Inlandsarbeit der Ländergruppen zu unterstützen. Nicht wenige Freiwillige gehen kurz nachdem sie *PBI* kennen gelernt haben, für ein Jahr in ein Projekt. Andere haben schon vorher bei einer anderen NGO mit gearbeitet oder sich im sozialen und politischen Bereich engagiert. Für viele ist *PBI* deshalb so interessant, weil die Arbeit im Ausland als sehr reizvoll empfunden wird und im Gegensatz zu anderen Stellen beispielsweise bei Entwicklungsdiensten keine bestimmte berufliche Qualifikation voraussetzt. Zwar ist es wichtig, dass die Interessenten teamfähig und belastbar sind, über Kenntnisse der Landessprache verfügen und fähig sind, politische Situationen zu analysieren. Diese Fähigkeiten können aber Menschen aus den verschiedensten Berufsfeldern und Studienrichtungen mitbringen. Von der Politikwissenschaftlerin bis zum Maschinenbauer, vom Balletttänzer bis zur Medizinerin haben bis heute Menschen aus den unterschiedlichsten Bereichen als *Unarmed Bodyguards* gearbeitet. Dasselbe gilt für die Altersstruktur der Freiwilligen. Zwar ist die Mehrzahl der Freiwilligen zwischen 25 und 35 Jahren alt, aber es haben auch schon Senioren als Freiwillige im Ausland gearbeitet. Ältere Freiwillige sind für *PBI* sogar sehr wichtig, weil sie aufgrund ihrer Lebenserfahrung einen stabilisierenden Faktor in den Teams bilden können und auch von den politischen Vertretern im Land häufig eher respektiert werden.

Die spezielle Vorbereitung auf einen Einsatz besteht zum größten Teil aus dem Studium umfangreicher Texte (Distance-Learning-Materialien) zur Landessituation, Konfliktanalyse auf regionaler, nationaler und internationaler Ebene, zu Methoden der gewaltfreien Konfliktbearbeitung, zu rechtlichen und politischen Fragen, zu Möglichkeiten der persönlichen Vorbereitung, zu psychosozialer Gesundheit und zum Umgang mit schwierigen Situationen.

Vor der Ausreise ins Projektland müssen potentielle Freiwillige eine Reihe weiterer Vorbereitungsschritte absolvieren. Dazu gehören Referenz-Gutachten nahestehender Personen, die über die Reife und Eignung der Kandidaten urteilen, ein Gespräch mit ehemaligen Freiwilligen, ein Informationsseminar zu Aufgaben und Mandat von *PBI* und ein zehntägiges Auswahl-Training. Dieses wird von ehemaligen Freiwilligen und Trainern durchgeführt. Vor Ort findet in den ersten Wochen zudem eine Einarbeitung durch erfahrene Freiwillige innerhalb des Teams statt. Die Einarbeitungsphase kann sich über mehrere Monate ziehen.

In der Regel dauert die Vorbereitungszeit vor der Ausreise ein halbes Jahr, so dass Menschen, die an einem Freiwilligeneinsatz im Ausland interessiert sind, insgesamt mindestens eineinhalb Jahre Zeit einplanen sollten. Rechnet man dann noch die Zeit dazu, die Freiwillige nach ihrer Zeit mit Vortragsreisen in Deutschland verbringen, kommt man schnell auf zwei Jahre, in denen sie den überwiegenden Teil ihrer Zeit für *PBI* aufwenden.

Im Bereich der Personalvorbereitung und -entsendung sowie der Projektbegleitung hat in den letzten Jahren eine erhebliche Professionalisierung stattgefunden. In den 1980er Jahren mussten sich Freiwillige, die

z. T. nur für vier bis sechs Wochen in einem Projekt arbeiteten, noch selbst versichern und den Flug aus eigener Tasche bezahlen bzw. durch den Aufbau eines persönlichen Unterstützerkreises finanzieren. Auch die Ländergruppen konnten sich noch nicht auf Büros und bezahlte Kräfte stützen. Alles wurde ehrenamtlich und quasi von zu Hause aus erledigt. Heute wird der Flug bezahlt, die Freiwilligen sind für die Zeit ihres Aufenthaltes allesamt kranken- und unfallversichert. Sie erhalten Unterkunft, Verpflegung und ein Taschengeld. Die nötige Infrastruktur wird zur Verfügung gestellt. So verfügt das *PBI*-Team in Kolumbien beispielsweise über ein Schnellboot und über Satellitentelefone, um im Bedarfsfall mobil zu sein und schneller reagieren zu können. Auch die Logistik der Projekte hat sich weiterentwickelt. Mittlerweile verfügt jedes Projekt über ein eigenes Projektbüro außerhalb des Konfliktgebietes. Bei *PBI* sind allein achtzehn Personen zur Unterstützung des Kolumbien-Projektes außerhalb der Konfliktregion angestellt.

Die Mindestdauer für Auslandeinsätze beträgt inzwischen in allen Projekten zwölf Monate, wobei es auch Freiwillige gibt, die als Friedensfachkräfte im Rahmen des *Zivilen Friedensdienstes* (ZFD) zwei Jahre absolvieren. Die Anforderungen und die Ausbildung für die Projekte werden nach und nach angeglichen, um so in etwa gleiche Standards für alle Projekte zu erreichen. Solche Standards – vor allem im Hinblick auf die soziale Absicherung – erweitern den Kreis der interessierten Personen erheblich.

V. Die Arbeit von Peace Brigades International in den Ländergruppen

Das Alarm- und Unterstützungsnetzwerk von *PBI* existiert auf Grund der kontinuierlichen Arbeit der so genannten Ländergruppen. Diese kümmern sich außerdem um zahlreiche weitere Aufgaben, die für die schützende Begleitung von Menschenrechts-Aktivisten unverzichtbar sind.

Die Tätigkeit der Ländergruppen, bestehend aus der Anwerbung, Vorbereitung und Ausbildung neuer Freiwilliger, der Fundraising-, Öffentlichkeits- und Lobbyarbeit, ist häufig nicht spektakulär. Nichtsdestotrotz ist sie essentieller Bestandteil der Arbeit und bietet vor allem denjenigen die Möglichkeit aktiver Mitarbeit, für die ein Auslandseinsatz nicht in Frage kommt. Bei *PBI* gibt es mittlerweile achtzehn Ländergruppen, davon zwölf in Westeuropa, zwei in Nordamerika sowie in Australien, Neuseeland, Indien und Tunesien. Weltweit gibt es viele Menschen, die großes Interesse gezeigt haben, weitere Ländergruppen aufzubauen. Die jeweiligen Ländergruppen arbeiten basisdemokratisch und fällen all ihre Entscheidungen im Konsens.

Entscheidungen, welche die gesamte internationale Organisation betreffen, werden ebenfalls im Konsens gefällt, was immer wieder Geduld und eine gewisse Disziplin erfordert. International einen Konsens zu einem Thema zu finden, stellt häufig eine große Herausforderung dar – sowohl aufgrund logistischer Schwierigkeiten als auch wegen kultureller und ideeller Unterschiede.

VI. Die *PBI*-Arbeit in Deutschland

Neben einigen anderen Ländergruppen unterhält auch die deutsche Sektion ein Büro, welches helfen soll, die Arbeit der vielen Freiwilligen zu koordinieren. Es dient gleichzeitig als eine Art erste Anlaufstelle für Interessierte. Die deutsche Ländergruppe war eine der ersten, die sich zu dem Schritt entschloss, ein Büro zu eröffnen und einen hauptamtlichen Koordinator einzustellen. Der Sitz des Büros und des eingetragenen gemeinnützigen Vereins ist seit einigen Jahren Hamburg. Außerdem gibt es seit drei Jahren eine weitere bezahlte Kraft für den Bereich Fundraising und Öffentlichkeitsarbeit. Damit soll der wachsenden Bedeutung dieses Bereichs Rechnung getragen werden. Auch in diesem Fall besteht ein Großteil der Tätigkeit in der Koordination und Unterstützung der Ehrenamtlichen in ihrer Arbeit. Viele Aktive sind ehemalige Projektfreiwillige, die auch nach der Zeit im Ausland über Jahre mit *PBI* verbunden bleiben. Des Weiteren gibt es – wie bereits erwähnt – viele, für die aus familiären, beruflichen, gesundheitlichen, sprachlichen oder anderen Gründen ein Auslandseinsatz nicht in Frage kommt, die aber trotzdem für *PBI* aktiv werden wollen.

Die ehrenamtlichen Aktivisten der deutschen Sektion sind quer über die Republik verteilt. Es gibt einige regionale Gruppen, beispielsweise in Berlin, Hamburg, Frankfurt/Darmstadt, Freiburg und Köln sowie eine Vielzahl regionaler Ansprechpartner. Im Falle der Hamburger Gruppe kann man feststellen, dass die Nähe zum Koordinationsbüro die Suche neuer Aktivisten offenbar erleichtert, da Menschen, die sich in Hamburg für die Arbeit von *PBI* interessieren, leichter eine Mitwirkungsmöglichkeit gegeben werden kann. Für viele neue Interessierte ist es schwierig, aktiv zu werden, wenn in ihrer Nähe kein regionaler Ansprechpartner existiert. Auch sind die Kapazitäten der ehrenamtlichen Freiwilligen begrenzt. Die Einbeziehung neuer Leute ist so nicht immer einfach und stellt die Organisation vor beträchtliche Herausforderungen.

Zugleich ist *PBI* auch nach zwanzig Jahren noch im Wachstum begriffen und für jeden Neuen eine spannende Erfahrung, weil hier noch mitbestimmt und in einem hohen Maße mitgestaltet werden kann.

VII. Lobbyarbeit und Fundraising

Der Bereich *Advocacy/Lobbying* umfasst sowohl die Suche nach möglichen Unterstützern für einzelne Freiwillige oder Projekte als auch für die gesamte Organisation. Bei den dafür notwendigen Terminen im Auswärtigen Amt, im Bundesministerium für wirtschaftliche Zusammenarbeit und Entwicklung (BMZ), bei Europa-, Bundestags- oder Landtagsabgeordneten ist die Erfahrung der ehemaligen Freiwilligen oder langjährig aktiven Mitgliedern sehr wichtig. Daher wird diese Arbeit im Regelfall von diesen wahrgenommen. Hier spielen auch die jeweiligen Projekt-AG eine Rolle, die speziell zu einem Konfliktgebiet arbeiten. Sie sind es auch, die *PBI* in den so genannten Menschenrechts-Koordinationen vertreten, die gemeinsam mit anderen Organisationen gebildet werden, so etwa im Forum Menschenrechte oder der Deutschen Menschenrechts-Koordination Mexiko. Außerdem ist es für *PBI* aber auch wichtig, auf möglichst vielen Konferenzen und Seminaren präsent zu sein, um die Arbeit einem breiteren Publikum bekannt zu machen. Je nachdem, wo diese Treffen stattfinden, wird diese Aufgabe von den regionalen Aktivisten übernommen.

Mit den größer gewordenen Projekten gewann der Bereich *Fundraising* immer mehr an Gewicht. Fundraising, oder zu deutsch auch Mittelbeschaffung, bedeutet allgemein, dass Ressourcen für ein gemeinnütziges nicht kommerzielles Anliegen beschafft werden. Auch der deutsche Zweig trug damit der Notwendigkeit Rechnung, dass die Projekte, wie sie *PBI* in Krisen- und Konfliktgebieten zum Teil über viele Jahre hinweg durchführt, auf eine kontinuierliche finanzielle Förderung angewiesen sind. Zudem steht *PBI* in der Pflicht, den Freiwilligen in den Projekten angemessene Arbeitsbedingungen zu gewährleisten. Sie haben einen Anspruch darauf, dass diese Arbeit, die nicht ohne Risiken ist, auf einem hohen Ausrüstungsstandard stattfinden kann. Ohne entsprechende Ressourcen ist auch der Schutz der Freiwilligen nicht zu gewährleisten.

So hat *PBI* allein 2001 für seine Projekte 1,8 Mio. US-Dollar aufgewendet, 2002 waren es rund 2,5 Mio. US-Dollar. Der deutsche Zweig unterstützt die Projekte finanziell und vermittelt auch Direktverträge zwischen Gebern und Projekten. Außerdem muss natürlich auch die Inlandsarbeit finanziert werden. Dafür müssen jährlich rund 150.000 Euro aufgebracht werden. Die Suche nach Förderern und ihre Betreuung ist eine der wichtigsten Aufgaben der Ländergruppe.

Wer aber sind die Förderer von *PBI*? Zunächst gibt es eine Vielzahl kleiner Förderer, ohne die die Arbeit des deutschen Zweiges gar nicht möglich wäre. Sie finanzieren rund ein Drittel der Arbeit. Hinzu kommen Zuschüsse durch private Träger, vor allem der Kirchen und einiger Stiftungen. Seit 2000 erhält *PBI* auch erstmals Zuwendungen von der Europäischen Union und der Bundesregierung, vor allem vom Auswärtigen Amt und dem BMZ. Eine permanente Herausforderung ist nach wie vor, dass *PBI* keinerlei Grundförderung oder institutionelle Förderung erhält, sondern Zuwendungen jährlich neu beantragt werden müssen.

VIII. Öffentlichkeitsarbeit und Freiwilligensuche

In den letzten Jahren sind im Bereich Öffentlichkeitsarbeit einige interessante Projekte umgesetzt worden. Es ist gelungen, einen Kinospot zu drehen, der in Programmkinos laufen soll, um Freiwillige für *PBI* zu interessieren, der Internetauftritt ist mit Hilfe eines Redaktionssystems runderneuert worden und zum Anlass des zwanzigsten *PBI*-Geburtstages 2001 wurde eine Fotoausstellung erstellt, die nun bundesweit gezeigt werden kann. Die Fundraisingstelle half dabei, die nötigen Finanzmittel für derart aufwendige Aktionen aufzubringen und unterstützte deren Umsetzung.

Das Internet ist dabei von zunehmender Wichtigkeit. Allerdings gestaltet es sich zur Zeit sehr schwierig, eine feste Redaktion für die Website aufzubauen. In diesem Bereich mangelt es an qualifizierten Bürgern, die bereit wären, einen Teil ihrer Zeit in diese Arbeit zu investieren. Innerhalb der deutschen Sektion sind aus diesem Grunde bereits Überlegungen angestellt worden, wie die Suche nach weiteren Aktiven erfolgversprechender gestaltet werden könnte, d. h. auf welche Weise und in welchen Medien man gezielt beispielsweise Internetredakteure ansprechen könnte.

Des Weiteren gibt die deutsche Sektion gemeinsam mit der Schweizer Ländergruppe vierteljährlich einen Rundbrief heraus, der größtenteils von Freiwilligen erstellt wird. Leider ist die Zusammenarbeit einzelner Ländergruppen bei *PBI* noch nicht so ausgeprägt, so dass in vielen Bereichen die Arbeit doppelt gemacht wird. Bei der Gestaltung des Rundbriefes gibt es mittlerweile ein eingespieltes Team, dennoch kann es immer wieder zu Verzögerungen kommen, wenn Freiwillige zunächst ihren beruflichen Pflichten nachkommen müssen und daher den zugesagten Artikel o. ä. erst später fertigstellen können. Dabei tritt ein Problem relativ direkt zu Tage, welches auch in anderen Bereichen vorkommt. Viele Arbeiten hängen von einigen wenigen Personen ab. Fallen diese aus, hängt häufig ein kompletter Arbeitsbereich „in der Luft". Die Folgen können dann in der Regel nur mit großem Arbeitsaufwand durch andere Freiwillige aufgefangen werden.

Manche Projekte werden hauptsächlich dank des hohen persönlichen Einsatzes einzelner Personen umgesetzt. Im Oktober 2002 erschien die deutsche Übersetzung des Buches *"Unarmed Bodyguards"* von Luis Enrique Eguren und Liam Mahony über die Arbeit von *Peace Brigades International*. Dem Erscheinen gingen jahrelange Vorarbeiten voraus. Es mussten Geldgeber, Verlag und Übersetzer für das 400 Seiten starke Buch gefunden werden. Der überwiegende Teil dieser Arbeit wurde von zwei Aktiven geschultert.

Zum 20. Geburtstag von *PBI* und dem 40. Geburtstag von *amnesty international* gelang es Ende 2001, eine Geburtstagsfeier in der Freiburger Innenstadt zu organisieren. Dabei fuhr eine „Geburtstags"-Straßenbahn durch die Stadt. Es wurde eine Tombola organisiert und der Tag ausgiebig dazu genutzt, *PBI* bekannter zu machen. Auch wenn im Endeffekt viele Personen beteiligt waren, kann man sagen, dass diese Feier ohne die federführende Arbeit einiger Freiwilliger nicht zustande gekommen wäre. Kreativität und persönlicher Einsatz sind also unersetzbare Bestandteile erfolgreicher *PBI*-Arbeit.

Weiterhin wichtig für die Steigerung des Bekanntheitsgrades sind Vortragsreisen zurückgekehrter Freiwilliger. Diese Rundreisen werden von Ehrenamtlichen in den Monaten vor der Rückkehr organisiert und führen die Freiwilligen dann häufig quer durch den deutschsprachigen Raum. Solche Vorträge sind häufig nicht nur der erste Berührungspunkt für neue Freiwillige mit *PBI*. Die Organisation bietet auch eine gute Möglichkeit, Interessierte in die Arbeit einzubinden. Diese sozusagen „alte" Form der Öffentlichkeitsarbeit ist nach wie vor sehr wichtig, bietet sie doch die Möglichkeit, mit ehemaligen Freiwilligen direkt in Kontakt zu kommen. Zugleich gewinnen die „neueren" Formen wie Internet, Kinospots und ähnliches zunehmend an Bedeutung, da dadurch ein größerer Kreis potenzieller Interessenten erreicht werden kann. Angesichts der umfangreicheren und anspruchsvolleren Projekte und des damit verbundenen höheren Bedarfs an Freiwilligen müssen auch größere Bevölkerungsteile erreicht werden. Der Bekanntheitsgrad von *PBI* ist leider noch immer recht gering.

IX. Chancen, Trends und Probleme

Trotz der in den letzten Jahren sehr erfolgreichen und engagierten Arbeit der Mitglieder der deutschen Sektion sind aber auch einige Probleme zu konstatieren. Ein Manko ist sicherlich für den gesamten NGO-Bereich zutreffend: Zuviel Arbeit wird auf zu wenige Schultern verteilt. Die Weitergabe des Wissens gestaltet sich daher schwierig, wenn Aktive ausscheiden. Nicht immer stehen Nachfolger für die zu leistenden Aufgaben bereit. Bei einigen ist das sogenannte „Burnout"-Syndrom zu befürchten, d. h. dass sie die chronische Überbelastung irgendwann zur Aufgabe zwingt. Da all dem jedoch eine stetig gewachsene Aufgabenlast gegenüber steht, müssen sowohl mehr Ehrenamtliche gefunden werden, als auch mehr Aufgaben von Ehrenamtlichen auf hauptamtliche Mitarbeiter/innen umgeschultert werden. Exemplarisch kann dieses Umsteuern am Kolumbien-Projekt verdeutlicht werden. Wie schon erwähnt, arbeiten mittlerweile achtzehn Teilzeit- oder Vollzeit-Mitarbeiter/innen außerhalb des Projektlandes, damit dieses Projekt mit all den damit verbundenen Aufgaben aufrecht erhalten werden kann. Dazu kommt noch eine Vielzahl ehrenamtlicher Mitarbeiter/innen.

Auch in Zeiten von Internet und Email ist der persönliche Kontakt – vor allem bei einem freiwilligen Engagement – noch immer unersetzlich. Aufgrund der sehr dezentralen Struktur von *PBI* ist es schwierig, diesen Kontakt herzustellen. Zwar kann man Vieles per Email und Telefon absprechen, dies ändert jedoch nichts daran, dass sich insbesondere Freiwillige ohne weitere Mitstreiter in ihrer Region häufig allein gelassen fühlen. Bei neu dazu gekommenen Freiwilligen ist bereits die Einbindung in die bestehenden Strukturen nicht leicht. Es ist – dies zeigt die Erfahrung der letzten Jahre – bedeutend leichter, neue Freiwillige für Regionen zu gewinnen, in denen bereits Menschen für *PBI* aktiv sind. Diese übernehmen eine Art „Ankerfunktion". Die Frage, wie die „weißen Flecken auf der Landkarte" beseitigt werden könnten, bereitet nach wie vor einiges Kopfzerbrechen.

Die Möglichkeiten des Internets haben die Arbeit dennoch vielfach vereinfacht. Die Kommunikation ist schneller möglich und der Internetauftritt bringt täglich eine Vielzahl von neuen Anfragen. Vor allem die Praktikumsanfragen sind signifikant gestiegen. Immer häufiger fragen

Studierende nach, ob sie ein mehrmonatiges Praktikum bei *PBI* machen können. Auch kommen die Anfragen zunehmend von Menschen ohne direkten NGO-Hintergrund. Viele dieser Praktika haben dazu geführt, dass zum einen neue Projekte angeschoben werden konnten und zum anderen die Praktikanten danach nicht selten weiterhin ehrenamtlich für *PBI* gearbeitet haben. Praktikanten und neue Freiwillige können bei *PBI* aufgrund der flachen Hierarchien recht schnell eigene kreative Ideen in die Tat umsetzen und müssen nicht nur die Handlanger für die festen Mitarbeiter spielen. Praktikanten, die nur Kaffee kochen, gibt es bei *PBI* nicht.

PBI hat zudem ein weiteres Problemfeld erkannt. Während die Vorbereitung der Freiwilligen wie oben erwähnt zunehmend standardisiert wird, um alle Freiwilligen gleich gut ausgebildet und abgesichert in die Projekte zu schicken, ist erst in den letzten Jahren die Wichtigkeit der Nachbereitung erkannt worden. Freiwillige, die aus dem Ausland zurückkehren, stehen vor einer Vielzahl von Problemen. Die Wiedereingewöhnung fällt häufig sehr schwer. Viele fühlen sich allein und haben den dringenden Bedarf, über ihre Erlebnisse – vor allem wenn sie Zeugen direkter Gewalt geworden sind – zu reden. Dazu kommt, dass Freiwillige in der Regel zunächst arbeitslos sind und sich um eine Wohnung und einen Job kümmern müssen. Hier hilft es ungemein, wenn Freiwillige zunächst eine bereits organisierte Vortragsreise absolvieren. In einigen Fällen gelang es *PBI*, zurückkehrenden Freiwilligen eine befristete Teilzeitstelle anzubieten, um diesen die Rückkehr zu erleichtern. Dies wurde möglich durch einen *PBI*-Rückkehrer-Fonds, in den Freiwillige des Zivilen Friedensdienstes einen Teil ihres Unterhaltsgeldes spenden. Außer Frage steht dabei, dass auch *PBI* immens von einer solchen Stelle profitieren kann, da Rückkehrer einen besonders guten Einblick in die internationale Arbeit haben und vor allem in punkto Lobby- und Öffentlichkeitsarbeit wichtige Aufgaben übernehmen können.

X. Perspektiven für Freiwillige

Welche Perspektiven bietet die Freiwilligenarbeit bei *PBI*? Diese Frage, ebenso wie einige andere, wurde unlängst im Rahmen einer Personalstudie ehemaligen Projektfreiwilligen gestellt. Die Antworten hätten zumindest teilweise auch von Inlandsfreiwilligen gegeben worden sein. Dabei wollte *PBI* herausfinden, was Freiwillige zu einem Auslandseinsatz motiviert und was sie tatsächlich an Positivem daraus mitgenommen haben. Die Antworten waren erstaunlich vielfältig:

Durch die Freiwilligenarbeit sahen viele vor allen Dingen die Fähigkeit zur Teamarbeit und zum Konsens verbessert. Des Weiteren wurden Fähigkeiten wie Konfliktanalyse und friedliche Konfliktlösung, politische Analyse und Grundsätze der Menschenrechte bzw. des Völkerrechts erlernt. Die Arbeit führte zu besserer Menschenkenntnis, ermöglichte einen intensiven und einzigartigen Einblick in ein Land und seine Kultur und umfangreichere Sprachkenntnisse. Sie gab Gelegenheit zum Kennenlernen von mutigen und würdevollen Menschen, ermöglichte lang anhaltende Freundschaften zu Teammitgliedern aus aller Welt und verbesserte das Verständnis für wirtschaftliche, politische und soziale Zusammenhänge.

In Bezug auf die Auswirkungen aufs Berufsleben zeigte sich, dass viele der Menschenrechtsarbeit treu blieben und der Einsatz mögliche Arbeitsfelder und -formen konkretisierte. Viele wichtige Fähigkeiten für die Berufswelt im Allgemeinen, aber auch für spezielle Fachgebiete wurden im Rahmen der Freiwilligenarbeit erworben. Für einen Freiwilligeneinsatz mit *PBI* gilt also immer noch: Er ist als eine wertvolle und prägende Lebenserfahrung persönlich bereichernd. Und mittlerweile macht er sich auch gar nicht so schlecht im Lebenslauf.

Attac als lokale, nationale und transnationale Freiwillgenorganisation

Kaisa Eskola

Es war das Internationale Jahr der Freiwilligenarbeit der Vereinten Nationen (*International Year of Volunteers*) 2001, als Attac in Deutschland seinen kometenhaften Aufstieg erlebte. Im gleichen Jahr zur „Bewegung des Jahres" (*Der Stern*) erkoren, ist Attac zweifellos zur größten und profiliertesten Gruppierung innerhalb der sogenannten globalisierungskritischen Bewegung geworden.[1] Erst im Juni 1998 in Frankreich gegründet, ist Attac heute bereits in über fünfzig Ländern und auf allen Kontinenten präsent. Über 70.000 Menschen weltweit glauben, dass „eine andere Welt" möglich ist, und engagieren sich auf diverse Art und Weise dafür, dass dieses Ziel irgendwann in der Zukunft auch erreicht wird. Zum Ziel braucht es noch eine Weile, aber viele begnügen sich auch mit den Zwischenetappen, die man bereits verbuchen kann. Vor einigen Jahren wussten vielleicht ein Handvoll Nationalökonomen, was die Tobinsteuer ist. Heute lassen schon einige Staaten (darunter z. B. Kanada, Finnland und Deutschland) die Durchführbarkeit solch einer Steuer für Devisentransaktionen überprüfen. Früher gab es Demonstrationen und Gegengipfel; heute gibt es Demonstrationen und Paralleltreffen, auf denen sich zivilgesellschaftliche Akteure aus aller Welt begegnen, um konstruktive Alternativen für die gegenwärtige Form der Globalisierung zu entwickeln.

Erfolg und Entwicklung von Attac wären kaum denkbar ohne den hohen persönlichen Einsatz vieler einzelner Personen. Die Non-Profit-Arbeit, die sie geleistet haben, unterscheidet sich zwar in vieler Hinsicht von den „traditionellen" ehrenamtlichen Arbeitsformen wie soziale und ökumenische Tätigkeiten (Arbeit mit Jugendlichen, Alten, Arbeit im Sportverband usw.). Im Endeffekt aber handelt es sich dabei um das

---

1 Zum Streit über die Bezeichnungen „Globalisierungskritische" bzw. „Anti-Globalisierungsbewegung" siehe das Vorwort in Eskola/Kolb 2002: 199f.

Gleiche: zivilgesellschaftliches, freiwilliges und gemeinnütziges Engagement zwischen Markt und Staat.

In diesem Beitrag geht es um die Analyse von Attac als lokaler, nationaler und transnationaler Freiwilligenorganisation, die sich auf frühere Texte von mir und meine eigenen Erfahrungen bei *Attac Finnland* und *Attac Deutschland* von 2001 bis 2003 stützt. Dabei versuche ich, das ehrenamtliche Engagement bei Attac auf allen Ebenen mit konkreten Beispielen zu belegen. Dies geschicht im Hauptteil eher deskriptiv und erst am Ende folgt die eigentliche Analyse.

Im ersten Abschnitt will ich kurz die Entstehung von Attac in Frankreich und die bisherige Entwicklung der internationalen Attac-Bewegung darstellen. Im zweiten Abschnitt versuche ich die Frage „Was ist Attac?" zu beantworten, und beleuchte dann im dritten Abschnitt die transnationale Struktur und Vernetzung von Attac sowie die Formen der transnationalen Kooperation. Im vierten Abschnitt gehe ich auf die interne Tätigkeit und Struktur von Attac Deutschland ein, wobei der Schwerpunkt auf der Arbeit vor Ort liegt. Im fünften und letzten Abschnitt vergleiche ich die Freiwilligenorganisation Attac mit (früheren) sozialen Bewegungen und mit „klassischen" ehrenamtlichen Organisationsformen. Zum Schluss erwäge ich Chancen und Probleme der Beegung und skizziere Trends und Herausforderungen in der Zukunft.

I. Entstehung von Attac in Frankreich und international

„Warum nicht eine weltweite regierungsunabhängige Organisation namens Aktion für eine Tobin-Steuer als Bürgerhilfe *(Action pour une taxe Tobin d'aide aux citoyens – Attac)* ins Leben rufen? Im Verein mit den Gewerkschaften und den zahlreichen Organisationen, die kulturelle, soziale oder ökonomische Ziele verfolgen, könnte sie gegenüber Regierungen als gigantische Pressure-group der Zivilgesellschaft auftreten, mit dem Ziel endlich wirksam eine weltweite Solidaritätssteuer durchzusetzen" (Ramonet 1997: 1).

Die Initialzündung von Attac in Frankreich ging von diesen Worten des Chefredakteurs der französischen linksliberalen Monatszeitung *Le*

Monde diplomatique aus. Vor dem Hintergrund der Finanzkrise in Asien (1997) forderte Ignacio Ramonet in seinem Leitartikel, die „Märkte zu entwaffnen" und regte die Gründung einer weltweiten NGO mit dem Namen *Attac* an. Die Flut von Leserbriefen und viele Anrufe motivierten die Redaktion der Zeitung, Ramonets Idee weiter zu entwickeln, und im März 1998 wurde eine Arbeitsgruppe zu diesem Zweck gebildet, der Autoren der Zeitung, Wirtschaftswissenschaftler, Juristen, Politologen und Gewerkschaftsaktivisten angehörten. Diese entwarf innerhalb von sechs Wochen einen Vorschlag über die Ziele und das Statut von Attac, die bei der konstitutiven Versammlung am 3. Juni 1998 verabschiedet wurden (vgl. Attac 2000: 13 ff., Grefe u. a. 2002: 103 ff.).[2]

Nach seinem dynamischen Start erlebte Attac eine ebenso rasante Entwicklung in Frankreich: Ein Jahr nach der Gründung war die Mitgliederzahl auf 10.000 gestiegen, und heute hat *Attac Frankreich* rund 30.000 Mitglieder, die in 556 Organisationen (als nicht-individuelle Mitglieder ebenfalls Teil von Attac) und 230 Ortsgruppen organisiert sind (vgl. Cassen 2003).[3]

Die internationale Ausweitung von Attac war von Anfang an im Interesse der französischen InitiatorInnen.[4] Es war allen bewusst, dass das ehrgeizige Ziel, die internationalen Finanzmärkte zu bändigen, niemals ohne internationale Kooperation erreicht werden kann (vgl. Attac

---

2   Mehr zur Gründung und Mitgliedschaft von Attac Frankreich s. Ancelovici 2002: 439–442.
3   S. ausführlicher zu Faktoren, die den enormen Aufstieg von Attac in Frankreich ermöglichten in Eskola/Kolb 2002.
4   Zunächst möchte ich aber kleine Korrekturen zu den hier verwendeten Begriffen anstellen. Es ist die Rede von der Attac-Bewegung, obwohl Attac weder international noch national die Kriterien einer „sozialen Bewegung" (z. B. Rucht 1994) erfüllt. Mit den Begriffen der Bewegungsforschung wäre es am treffendsten, Attac als eine transnationale Bewegungsorganisation (vgl. Smith/ Pagnucco/Chatfieldt 1997: 59ff. und Rucht 1996: 30ff.) innerhalb der breiteren und heterogeneren globalisierungskritischen Bewegung einzuordnen. In den meisten Zusammenhängen wird Attac allerdings als Bewegung bezeichnet – eine Bewegung innerhalb der Bewegung. Die Bezeichnung Attac-Bewegung bezieht sich hier nur auf die internationale Attac-Bewegung und die einzelnen Länder-Attacs werden im folgenden als *Attac-Sektionen* oder als *Attac Deutschland/Frankreich* etc. genannt. Im Abschnitt 4, der *Attac Deutschland* behandelt, heißt es konsequenterweise nur Attac.

Frankreich 2002). Die internationale Attac-Bewegung wurde somit keine sechs Monate nach der Mutterorganisation am 11. und 12. Dezember 1998 in Paris ins Leben gerufen. VertreterInnen aus afrikanischen, asiatischen, europäischen und lateinamerikanischen Ländern waren der Einladung von Attac Frankreich folgend nach Paris gereist, wo sie eine gemeinsame Erklärung unter dem Titel *„Charta zur demokratischen Kontrolle der Finanzmärkte und ihrer Institutionen"* verabschiedeten.[5] Im Jahr 2003 ist Attac weltweit mit rund 70.000 Mitgliedern in 54 Ländern und auf allen Kontinenten präsent und in einigen Ländern (z. B. in Frankreich, Deutschland, Schweden) zum größten Akteur der sogenannten globalisierungskritischen Bewegung geworden (vgl. Cassen 2003).

II. Was ist Attac?[6]

Attac hat kein einheitliches Leitbild und hat bislang auch darauf verzichtet, ein solches zu formulieren. Die Attac-Sektionen in verschiedenen Ländern unterscheiden sich in ihren Themen, Arbeitsweisen und Organisationsstrukturen voneinander, aber es gibt gewisse Merkmale, die allen gemeinsam sind. Zusammengenommen lassen sie die zarten Konturen des Leitbildes von Attac erahnen.

II.1 Attac basiert auf dem ideologischen Pluralismus

Die Attac-Slogans wie „Eine andere Welt ist möglich" und „Die Welt ist keine Ware", die auf dem Treffen der internationalen Zivilgesellschaft und in den bunten Demonstrationszügen weltweit zu sehen sind, verbinden Menschen und Organisationen, die einen sehr unterschiedlichen theoretischen, religiösen und weltanschaulichen Hintergrund haben. Sowohl überzeugte Christen und Umweltschützer als auch Anti-Kapitalisten in allen Altersgruppen finden sich unter Attac. Gemeinsam ist allen

---

5   http://www.attac.org/fra/inte/doc/plateformcdc.htm vom 22.09.2003.
6   Die folgenden Ausführungen basieren im wesentlichen auf einem früheren Text, den ich zusammen mit Felix Kolb verfaßt habe. Vgl. auch daher Eskola/ Kolb 2002: 207–209.

einerseits die Ablehnung der gegenwärtigen Form der neoliberal dominierten Globalisierung, die sie für primär an den Gewinninteressen der Vermögenden und der Konzerne orientiert halten. Andererseits stimmen sie in einer Reihe von konkreten Reformvorschlägen zur politischen Regulierung des Globalisierungsprozesses – wie der Schließung von Steueroasen, der Entschuldung von Entwicklungsländern und der Einführung einer Devisenumsatzsteuer (Tobinsteuer) – überein. Diese Forderungen sind für einige aber lediglich erste Schritte in einem viel weitergehenden politischen Programm, während sie für andere bereits das eigentliche Ziel sind. Das Aufrechterhalten des ideologischen Pluralismus und der Offenheit sind lebenswichtig für Attac. Denn nur so ist es möglich, dass unter einem Dach so viele unterschiedliche Menschen und Organisationen zusammenarbeiten. Jedoch ist dies nicht mit ideologischer Beliebigkeit zu verwechseln. Zwei Grenzpfähle werden gesetzt, denn „für Rassismus, Antisemitismus, Fremdenfeindlichkeit, Chauvinismus und verwandte Ideologien gibt es bei Attac keinen Platz".[7] Dieses Selbstverständnis von *Attac Deutschland* kann für Attac im Allgemeinen gelten. Ausgeschlossen sind ferner Menschen, die Gewalt als politisches Mittel akzeptieren, denn Attac handelt gewaltfrei.

II.2 Attac widmet sich der gesamten Themenpalette der Globalisierungskritik

Attac war von Anfang an weder in Frankreich noch woanders eine *one-issue*-Bewegung, wie sie Ignacio Ramonet in seinem Artikel ursprünglich skizziert hatte. Die Tobinsteuer ist immer im Zusammenhang mit anderen Themen verstanden worden.[8] Die Einnahmen aus der Steuer sollen nach Vorstellung von Attac für Entwicklungsprojekte und die Bekämpfung von Armut eingesetzt werden. Viele Fragen der ökonomischen Globalisierung sind Gegenstand von Attac-Initiativen: neben der Regulierung der Finanzmärkte u. a. eine faire, sozial und ökologisch verträgliche Gestaltung des Welthandels und eine Veränderung der Nord-Süd-Beziehungen. Attac versteht sich sowohl auf internationaler

---

7 So Peter Wahl in Grefe 2002: 137.
8 Zum Konzept der Tobinsteuer vgl. Patomäki 2000.

als auch auf nationaler Ebene als *ein Teil* der globalisierungskritischen Bewegung. Innerhalb dieser Bewegung gibt es bereits andere Organisationen, die seit langem wichtige Themen wie Menschenrechte, Umwelt oder Migration erfolgreich bearbeiten. Bei Attac-Themen liegt die Konzentration jedoch auf den ökonomischen und international wirksamen Dimensionen der Globalisierung. Seit dem 11. September 2001 und nach dem Ausbruch der Kriege in Afghanistan und im Irak hat sich Attac in den meisten Ländern als Teil der Friedensbewegung positioniert und ergänzt nun die pazifistischen, juristischen, religiösen und emotionalen Argumente der klassischen Friedensbewegung um ökonomomische Analysen (vgl. Staud 2003).

Zu den wichtigsten konkreten Forderungen von Attac gehören die Schuldenstreichung für sogenannten Entwicklungsländer, die Schließung der weltweit über 60 Steueroasen, der Stopp weiterer Liberalisierungen der Weltwirtschaft und natürlich die Einführung der Tobinsteuer. Weitere Themen in der gesamten Forderungspalette sind die Einführung von Umwelt- und Sozialstandards im weltweiten Handel, die Begrenzung der Macht multinationaler Konzerne und die demokratische Reform internationaler Institutionen wie des Internationalen Währungsfonds, der Weltbank und der Welthandelsorganisation sowie die demokratische Reform der öffentlichen Dienstleistungen (vgl. Attac-Erklärung 2002).

II.3 Attac als basisorientierte Volksbildungsbewegung mit Aktionscharakter

Bernard Cassen, der Präsident von *Attac Frankreich*, hat die Essenz von Attac am treffendsten ausgedrückt, indem er Attac als eine „Volksbildungsbewegung mit Aktionscharakter" bezeichnete (Cassen 2003). Die Aufarbeitung und leicht verständliche Vermittlung von komplizierten und wenig bekannten ökonomischen Zusammenhängen, eine Art „ökonomische Alphabetisierungskampagne" (Grefe u. a. 2002: 105ff.), bildet in der Tat einen der Schwerpunkte der Attac-Arbeit. Die WissenschaftlerInnen und Intellektuellen bei Attac entwickeln Lösungen und Alternativen für den vor-herrschenden Kurs der Politik und bieten für interessierte Menschen ein kritisches Forum. Das von Antonio Gramsci stammende Konzept des „kollektiven Intellektuellen" (Gramsci 1971:

3ff.) findet in vielen Attac-Sektionen eine große Resonanz. Andererseits gehört auch die Mobilisierung und Organisation von Protesten anlässlich von Treffen internationaler Institutionen zu den zentralen Aktionsformen von Attac. Die bevorzugten Aktionsformen unterscheiden sich je nach Land bzw. Ort: In den Ländern mit Parlamentsgruppen hat die Lobbyarbeit konsequenterweise einen größeren Stellenwert – allerdings eher im Sinne des „konfrontativen Dialogs"[9] – während in den gänzlich außerparlamentarisch repräsentierten Attac-Sektionen das Erreichen der öffentlichen Aufmerksamkeit auch durch spektakuläre Aktionen und zivilen Ungehorsam im Vordergrund steht. Diese breite Palette der Aktionsformen ist bezeichnend für Attac. Publikationen, Vorträge, Workshops und Konferenzen entsprechen dem Volksbildungselement. Straßentheater, Demonstrationen und Aktionen des zivilen Ungehorsams belegen die Aktionsorientierung der Bewegung. Für alle Aktionsformen von Attac gilt, dass sie gewaltfrei sind.

III. Die Struktur

Im Unterschied zu transnationalen NGOs wie *Greenpeace* oder *Amnesty International* hat Attac weder eine Zentrale noch andere hierarchische Strukturen auf internationaler Ebene ausgebildet. Den einzelnen Attac-Sektionen ist sowohl die Wahl ihrer Strukturen als auch ihrer Aktionsformen und thematischen Schwerpunkte freigestellt. Der Ausbreitungsprozess durch persönliche Netzwerke und Diffusion via Medien hat allerdings dafür gesorgt, dass sich eine erhebliche Konvergenz von Themen und Forderungen entwickelt hat. Unterschiede gibt es vor allem bei der internen Struktur. Die Rechtsform (Verein bzw. Nicht-Verein) sowie die Art der Entscheidungsfindung sind von Land zu Land unterschiedlich gelöst. Einige Sektionen arbeiten nur auf der Basis indivi-

---

9   Der konfrontative Dialog, ein von Gramsci (1971) inspirierter Ansatz, findet in einem Umfeld zwischen der „systemkritischen Bewegung" und dem Machtinhaber statt. In der Schnittstelle dieser beiden Blöcke kann es zu Änderungen kommen. Es geht also darum, solche Themen zu finden, die den konfrontativen Dialog ermöglichen.

dueller Mitgliedschaft (z. B. Spanien, Kanada/Quebec, Finnland), während sich in anderen Ländern die Mitgliedschaft aus einer Mischung von Organisationen und Einzelmitgliedern (z. B. Frankreich, Japan, Brasilien, Ungarn) zusammensetzt.[10] Der Beitritt von landesweiten Parteien wurde bisher von allen Attac-Sektionen ausgeschlossen. Sogar innerhalb einiger Parlamente, z. B. im Europäischen Parlament, in Finnland und in Frankreich, wurden Attac-Gruppen gegründet. Diese sind relativ lose Zusammenschlüsse von sympathisierenden Abgeordneten, die als Sprachrohr für die außenparlamentarischen Attac-Forderungen, z. B. zur Tobinsteuer, fungieren. In Frankreich sind viele Kommunen Attac beigetreten; im Februar 2003 hat die Stadt Göttingen als erste deutsche Kommune erklärt, die Ziele von Attac zu unterstützen.[11]

Trotz des Fehlens einer internationaler Zentrale gibt es einen regen internationalen Informationsaustausch zwischen den einzelnen Sektionen. Zur Vernetzung und Koordination wurde die Stelle eines hauptamtlichen internationalen Koordinators in Paris geschaffen. Der Aufbau von neuen Sektionen wird wiederum durch vier ehrenamtlich arbeitende internationale Gruppen unterstützt und begleitet. Attac hat sich von Anfang an stark auf die Möglichkeiten der neuen Informationstechnologien gestützt. Internationaler Informationsaustausch findet hauptsächlich über verschiedene internationale und regionale eMail-Listen statt, in welche sich Interessierte auf der internationalen Attac-Seite (www.attac.org) eintragen können. Der Internationale Rundbrief von Attac, der unter dem Titel „Sand im Getriebe" wöchentlich erscheint, wird in mehrere Sprachen übersetzt. Seit dem Genua-Sozialforum im Sommer 2001 gibt es außerdem eine internationale Internet-Stelle (www.attac.info), die von den aktiven Mitgliedern selbst verwaltet wird und sich als Teil der alternativen Medienlandschaft versteht.

„Cooditrad" ist ein 1999 entstandenes Netzwerk von rund 700 ehrenamtlichen ÜbersetzerInnen, die Attac im laufenden Betrieb (z. B. mit wöchentlich erscheinenden Rundbriefen) und bei der Berichterstat-

---

10 Eine Übersicht zu *Attac International*, der u. a. die Zahl der Mitglieder und die Höhe der Mitgliedsbeiträge zu entnehmen ist, kann bei Sven Giegold (giegold@attac.de) angefordert werden.
11 Siehe z. B. *taz* und *Göttinger Tageblatt* vom 10.02. 2003 und die Pressemeldung von Attac vom 9.2.2003 (http://www.attac.de/presse/index.php)

tung über Veranstaltungen unterstützen. Durch die Einrichtung eines freiwilligen und weltumspannenden ÜbersetzerInnennetzwerkes können die Sprachbarrieren innerhalb der internationalen Attac-Bewegung zum guten Teil bewältigt werden. Interessierte „Sprachvirtuosen" können an dem Netzwerk teilnehmen, indem sie ihre Muttersprache/n und die Sprache/n, aus der bzw. in die sie übersetzen wollen, an das internationale Sekretariat der Cooditrad in Paris, welches die Arbeit koordiniert, adressieren. Die freiwilligen ÜbersetzerInnen können Texte nach ihren Interessen aussuchen und dann nach ihrem eigenen Rhythmus übersetzen. Das ist globale Freiwilligenarbeit von zu Hause aus mit dem eigenen Computer!

Die internationale Zusammenarbeit außerhalb des elektronischen Netzwerkes findet vor allem auf regionaler Ebene statt. In Europa sorgen zweimonatliche Treffen von Delegierten aus den europäischen Attac-Ländern für eine zwar relativ unverbindliche, aber vergleichsweise intensive Form der Koordinierung und Kooperation. Mindestens einmal im Jahr gibt es ein internationales Attac-Treffen, das in den letzten drei Jahren jeweils im Rahmen des Weltsozialforums in Porto Alegre stattfand. Auf den Treffen diskutieren Delegierte aus verschiedenen Länder-Attacs neue Themen, internationale Kampagnen, neue Strukturen und tauschen Erfahrungen aus.[12]

Eine Attac-Kampagne, die in mehreren Ländern gleichzeitig läuft, hat immer auch eine transnationale Dimension. In allen europäischen Ländern läuft beispielsweise die GATS-Kampagne. Die transnationalen Attac-Kampagnen werden von regelmäßigen dezentralen Aktionstagen begleitet: Die Aktionen finden in den jeweiligen Ländern unter dem gleichen Motto statt. So wurden z. B. am WTO-Aktionstag während der vierten WTO-Ministerkonferenz in Qatar (November 2001) Attac-Aktionen gegen eine neue Welthandelsrunde in insgesamt dreißig europäischen Ländern durchgeführt. Solche dezentrale Aktionen haben den Vorteil, dass sie sich mit relativ wenig Aufwand und an die jeweiligen lokalen Kontexte angepasst realisieren lassen. Das Bewusstsein, dass an mehreren Orten zeitgleich Aktionen für das gleiche Ziel stattfinden, stärkt das Zusammengehörigkeitsgefühl der Menschen innerhalb der gesamten Be-

---

12   Vgl. zur Bedeutung von Porto Alegre z. B. Wahl 2003, Teivainen 2002.

wegung und das Gefühl unter den Ortsaktiven, ein wichtiger Teil der Aktivitäten zu sein.

Neben den dezentralen Aktionstagen gibt es ab und an auch transnationale Aktionen, zu denen aus mehreren Attac-Sektionen heraus mobilisiert wird. Beispielsweise beteiligten sich mehrere tausend Attac-Aktivisten aus allen europäischen Attac-Sektionen an den Aktionen während des G8-Gipfels in Evian im Juni 2003.

IV. Attac in Deutschland

„Das Netzwerk zur demokratischen Kontrolle der internationalen Finanzmärkte" wurde im Januar 2000 gegründet und im November gleichen Jahres in *Attac Deutschland* umbenannt. Nach anderthalb Jahren „Stillleben" entdeckten im Sommer 2001 die deutschen Medien die globalisierungskritische Bewegung. Durch die umfassende Berichterstattung über die Protestereignisse in Göteborg und Genua wurde Attac bald zur „Zentrale der Globalisierungskritiker" (*taz* 2001: 1). Die öffentliche Aufmerksamkeit führte zu einer steilen Anstieg der Mitgliederzahl. Anfang Juli 2001 hatte *Attac Deutschland* noch weniger als 400 Mitglieder, zum Jahreswechsel überschritt die Mitgliederzahl die 4.000er-Grenze, und Anfang 2003 war *Attac Deutschland* bereits zu einem breiten Bündnis aus ca. 12.000 Einzelpersonen und 150 Organisationen geworden.

Die Initiative zur Gründung ging von mehreren NGOs aus. Nur folgerichtig hatte *Attac Deutschland* am Anfang weitgehend den Charakter eines NGO-Netzwerkes.[13] Durch die Gründung von zahlreichen Ortsgruppen nach Sommer 2001 und durch die steigende Mitgliederzahl wurde der Organisationscharakter des Netzwerkes allmählich gestärkt (vgl. Grefe u. a. 2002). Trotzdem hat Attac in Deutschland bis heute keinen Vereinsstatus errungen. Die Trägerschaft für das gesamte Attac-Netzwerk wird von dem kleinen gemeinnützigen Verein *Share e.V.* wahrgenommen. Die Einnahmen von Attac, die über *Share e.V.* laufen, kommen zu 75 Prozent aus Mitgliedsbeiträgen, Spenden und aus dem Verkauf

---

13 Darunter *Pax Christi*, *Kairos Europa* und *Missio*, *VENRO*, der *BUND*, ila, die Jusos, *Stiftung Umverteilen*, *German Watch*, *WEED*, *Share* und lokale Initiativen.

von Büchern und Materialien, was Attac nicht zuletzt eine große politische Unabhängigkeit verschafft. Hinzu kommen Zuschüsse aus verschiedenen Stiftungen, wobei sich Attac hauptsächlich an politische und kirchliche Stiftungen mit entwicklungspolitischem Hintergrund wendet.[14]

IV.1 Wie organisiert sich Attac Deutschland?

Die Mitgliedervollversammlung – *Ratschlag* genannt – ist das höchste Entscheidungsgremium, das zweimal im Jahr zusammentritt. Im Ratschlag werden die grundlegenden Beschlüsse im Konsens gefasst und wichtige inhaltliche Debatten geführt. Im *Koordinierungskreis* sitzen neunzehn VertreterInnen aus Mitgliedsorganisationen, Ortsgruppen, Arbeitsgemeinschaften und dem Büro. Der „Ko-Kreis" trifft sich monatlich. Er hat die Aufgabe, das bundesweite Attac-Netzwerk zu koordinieren, Entscheidungen zu treffen und die laufenden Arbeiten zu erledigen. Zwischen den Ratschlägen ist der *Attac-Rat* das höchste Gremium. Er ist im Mai 2002 auf dem Ratschlag in Frankfurt am Main gegründet worden. Ihm gehören neben den Mitgliedern des Koordinierungskreises 24 VertreterInnen aus Ortsgruppen, zwölf Mitgliedsorganisationen und die VertreterInnen der sonst nicht vertretenen bundesweiten Arbeitszusammenhänge (Büro, bundesweiten AG) an. Der Attac-Rat wurde gegründet, um die Attac-interne Kommunikation zwischen den verschiedenen Strukturen zu stärken. Damit besteht zugleich ein Forum, in dem Diskussionen über die mittel- und langfristige Strategie geführt werden können. Der Rat und der Koordinierungskreis werden vom Ratschlag einmal im Jahr neu gewählt.

In den bundesweiten Arbeitsgruppen und in den Kampagnen-Gruppen treffen sich regelmäßig Attac-Aktive, die sich aus Interesse oder aus beruflichen Gründen intensiv mit dem jeweiligen Thema beschäftigen.[15] Die AGs diskutieren Strategien und neue Entwicklungen, erarbeiten Materialien, planen Aktionen und verfassen Erklärungen. Die Arbeits-

---

14 Zu den Finanzen von Attac Deutschland http://www.attac.de/interna/finanzen.php vom 10.02.2003.
15 Siehe zu den bundesweit agierenden Arbeitsgruppen http://www.attac.de/ags/ vom 10.02.2003.

gruppen und Kampagnen besitzen bei Attac einen relativ hohen Grad an Eigenständigkeit und können z. B. auch eine eigene Pressearbeit leisten. Die AGs, die berechtigt sind, Attac nach außen zu vertreten, müssen jedoch vom Attac-Rat anerkannt worden sein. Das auf dem Berliner Kongress gegründete *Frauennetzwerk* arbeitet ähnlich wie die Arbeitsgruppen, aber themenübergreifend. Es versucht, Frauen- und Genderperspektiven in alle Bereiche von Attac hinein zu tragen. Die *bundesweite Aktionsgruppe* plant, organisiert und realisiert spektakuläre, provokative und konfrontative – aber immer gewaltfreie – bundesweite und internationale Aktionen. Der *Wissenschaftliche Beirat* von Attac Deutschland wurde im April 2002 auf Initiative von WissenschaftlerInnen gegründet. Ihr Anliegen ist es, die globalisierungskritische Bewegung mit Expertise zu unterstützen. Derzeit gehören dem Rat 36 WissenschaftlerInnen aus verschiedenen Forschungsrichtungen an.[16] Eine Expertengruppe hat sich z. B. mit dem Zusammenhang zwischen ökonomischen Prozessen der Globalisierung und politischer Destabilisierung, Gewalt, Krieg und Terrorismus befasst.[17]

Das *Attac-Büro* wurde im Januar 2001 in Verden eingerichtet, um die technische und administrative Arbeit des damals noch jungen Netzwerkes zu erledigen. Anfangs bildeten zwei haupt- und vier ehrenamtliche AktivistInnen von Share e.V. das Büroteam. Infolge der Flut neuer Mitglieder – ca. 150 pro Woche nach dem *Coming out* im Sommer 2001 – war das Büroteam bald überlastet. Deshalb arbeiteten nun zusätzlich noch mehrere PraktikantInnen und HelferInnen im Verdener Ökozentrum mit. Im Dezember 2002 zog das Büro nach Frankfurt um, wo seitdem elf hauptamtliche Mitarbeiterinnen und Mitarbeiter tätig sind. Neun von ihnen werden aus Spenden und Mitgliedsbeiträge finanziert. Für zwei weitere Stellen kommt das Geld aus Arbeitsmarktprogrammen. Das Büroteam soll laut Sabine Leidig, der neuen Geschäftsführerin von Attac Deutschland „einen Rahmen zur Verfügung stellen, in dem das ehren-

---

16 Siehe zur Teilnehmerliste http://www.attac.de/interna/mitglied.php. vom 10.02.2003.
17 Im Frühjahr 2003 erschien ein Attac-Reader „Kritik der Globalisierungskrieger – Texte zur Chronik eines angekündigten Krieges", in dem einige Ergebnisse zu wiederfinden sind.

amtliche Engagement sich optimal entfalten kann" (Attac-Pressemitteilung vom 19.12.2002).

IV.2 Die nationale und transnationale Struktur bedarf der guten Vernetzung

Die Kommunikation zwischen den verschiedenen Attac-Gremien, Ortsgruppen und bundesweiten AGs läuft hauptsächlich über diverse *Mailinglisten*, in die sich alle Interessierten eintragen können.[18] Die internationalen Attac-Mailinglisten („Presseliste" und „Aktionsliste") sowie der gemeinsame *elektronische Rundbrief* von Attac Schweiz, Österreich und Deutschland, „Sand im Getriebe", können auf der deutschen Internet-Seite abonniert werden. Die Redaktion des Briefes setzt sich aus wechselnden Teams von deutschen und österreichischen Aktiven zusammen. Ihr unerlässliches Werkzeug ist das Internet, ohne das die geographisch dezentrale Redaktionsarbeit kaum machbar wäre.

Die Internetseiten von Attac Deutschland dienen als wichtigste Informationsquelle und Anlaufstelle für Mitglieder und Interessierte überhaupt. Täglich besuchen ca. 1.500 Menschen die Seite www.attac.de. Eine Bewegung, die mehr Transparenz und Demokratie für politische Entscheidungen in den nationalen und globalen Institutionen fordert, muss diese Prinzipien auch in ihrer eigenen Arbeit und ihren Strukturen verwirklichen. Außer Mailinglisten, die zum Teil archiviert sind, findet man auf den Attac-Internetseiten u.a. Links und Infos zu Ortsgruppen, zu Attac-Themen und Kampagnen sowie zu den Protokollen und Finanzberichten des Koordinierungskreises und des Attac-Rats. Dort können außerdem Materialien bestellt, Vorträge und Logos heruntergeladen, Beitrittsformulare ausgefüllt und Spenden an Attac überwiesen werden.

---

18   Eine Listenübersicht findet sich unter http://www.attac.de/mailing.php. vom 10.02.2003.

IV.3 Global denken, lokal handeln – Attac-Gruppen vor Ort[19]

„Eine Bewegung lebt erst mit aktiven Gruppen, die vor Ort das Thema in die Diskussion bringen und mit vielfältigen Aktionen auf sich aufmerksam machen. [...] Öffentliche Aktionen und das Sichtbarmachen von kritischem Potential sind dringend notwendig. Überlassen wir die Gegenwart und Zukunft unserer Welt nicht den Analysten und Konzernchefs!"

In Deutschland gibt es heute 150 Ortsgruppen, 40 Gründungsinitiativen und 14 Hochschulgruppen. Die Initiative zur Gruppengründung liegt gewöhnlich bei einigen aktiven Menschen, die einander bereits kennen und durch Erfahrungen oder persönliche Bekanntschaften Kontakt mit Attac gehabt haben oder zu Attac über die Medien bzw. das Internet gestoßen sind. Sobald sich jemand als AnsprechpartnerIn für einen Ort/Stadt erklärt hat, gilt dies als Gründungsinitiative: Sein Name wird auf die Gruppenseite ins Internet gestellt und wenn sich genug Leute zusammengefunden haben, wird der nächste Schritt in Angriff genommen und eine Gruppe gegründet. Das Bundesbüro hat ein Extra-Heftchen zur Gruppengründung herausgegeben. Beim Büro können die InitiatorInnen um Tipps und allerlei Hilfe nachsuchen und Materialien bestellen, die den Ortsgruppen beim Werben für die „Marke Attac" (Lucke 2002: 22ff.) behilflich sein können. Zu allen Kampagnen gibt es umfangreiche Hintergrundinformationen und Broschüren; außerdem können Druckpapier mit Attac-Logos sowie T-Shirts und Bücher für den Verkauf an Infoständen bestellt werden.

Das Büro hat zweifellos eine wichtige Geburtshilfe beim Aufbau des lokalen Attac-Netzwerkes geleistet, und es ist kaum Zufall, dass die Gruppengründungen oft dem gleichen Muster folgen: Zur Startveranstaltung werden ein oder mehrere ReferentInnen eingeladen, die über eines der Attac-Schwerpunktthemen referieren. Oder es wird eine Podiumsdiskussion mit bekannten örtlichen Gesichtern organisiert. Anschließend finden Diskussionen oder Workshops statt, die nicht selten als feste Arbeitsgruppe weiter existieren. Es werden neue Kontakte geknüpft, eMail-

---

[19] Dieser Abschnitt basiert auf meinen eigenen Erfahrungen und auf die Attac-Informationen wie z. B. „Der Alltag in Attac-Gruppen von A-W".

adressen aufgelistet und die nächsten Termine abgesprochen. Wenn diese erste Bewährungsprobe, die oft einem hohen persönlichen Einsatz aller Beteiligten erfordert, erfolgreich überstanden ist, hat die Gruppe schon eine gemeinsame Geschichte hinter sich, was ihr Zusammengehörigkeitsgefühl enorm stärkt. So kann die Gestaltung des Gruppenalltags beginnen.

Die Ortsgruppen verfügen über viel Autonomie, sowohl was ihren finanziellen und organisatorischen als auch ihren thematischen Gestaltungsspielraum betrifft. Die „Basis" erhält 30 Prozent von den Mitgliedsbeiträgen, die in ihrem Landkreis angefallen sind. Außerdem gibt es einen Zuschusstopf für Aktivitäten der Attac-Gruppen, in den vier Prozent (2002 waren es fünf Prozent) aller Attac-Beiträge fließen. Alle Ortsgruppen können dort Geld für besondere Aktionen beantragen, womit die Aktivitäten vor Ort – das Prinzip einer Basisbewegung – unterstützt wird.

Es gibt keine festgelegte Organisationsform, die alle Lokalgruppen zu übernehmen haben. Trotzdem haben sich in vielen Städten ähnliche Strukturen etabliert. Ein bis zweimal im Monat tagt das Plenum, zu dem alle Interessierten und Aktiven zusammen kommen. Dort werden aktuelle inhaltliche und organisatorische Fragen diskutiert, z. B. lokale oder bundesweite Aktionen, Strategien vor Ort oder Berichte aus den bundesweiten und lokalen Arbeitsgruppen. Im Plenum, das oft als höchstes Entscheidungsgremium gilt, werden die Entscheidungen grundsätzlich im Konsens getroffen, was meistens ohne Probleme geschieht. Andernfalls gibt es Abstimmungsregeln, die sich von Gruppe zu Gruppe unterscheiden. Entstehen innerhalb einer Gruppe unlösbare Konflikte, kann es nötig werden, einen Vermittler – etwa ein Mitglied der bundesweiten MediationsAG – hinzu zu ziehen, um ein Auseinanderfallen der Gruppe wegen persönlicher Auseinandersetzungen zu verhindern. Solche dramatischen Konflikte treten selten auf, aber die Möglichkeit besteht immer.

Wie auf der Bundesebene gibt es in vielen Ortsgruppen einen Koordinierungskreis – eine gewählte oder informelle Gruppe derjenigen, die bereit sind, sich stärker auf organisatorische Aufgaben einzulassen als die anderen Ortsaktiven. Die Aktiven im Koordinierungskreis leisten i. d. R. die meiste Arbeit: Sie bereiten u. a. das Plenum vor, kümmern sich um die Finanzen, kommunizieren mit den Ortsmitgliedern, mit den anderen Attac-Gruppen, leisten Pressearbeit und vertreten die Gruppe nach außen.

Je nach der Zahl und Interessen der Aktiven formieren sich Arbeitsgruppen zu verschiedenen Attac-Themen. Wenn Attac sich als „Volksbildungsbewegung mit Aktionscharakter" definiert, versteht es sich, dass in den lokalen AGs dieser Vorsatz am besten umgesetzt werden kann. Die AGs treffen sich meistens – ähnlich wie auf der Bundesebene – parallel und unabhängig von einander. Dort werden Texte und Bücher gelesen, Vorträge gehalten und Veranstaltungen bzw. Aktionen geplant, die mit der ganzen Gruppe durchgeführt werden. Alle Ortsgruppen und oft auch die einzelnen AGs haben eine eigene Mailingliste, um den Informationsaustausch zwischen den AG- und Plenarsitzungen aufrechtzuerhalten. Eigenständig oder mit Hilfe des Webmasters des Bundesbüros haben viele Ortsgruppen eigene Internet-Seiten eingerichtet. Auf den Seiten bekommt man gewöhnlich Auskunft über Termine und aktuelle Projekte, über AG und AnsprechspartnerInnen. Für Personen ohne Internet-Zugang gibt es Internet-Patenschaften; sie werden von einem „Paten" telefonisch oder sonstwie auf dem Laufenden gehalten.

Die Kommunikation zwischen den Ortsgruppen läuft ebenfalls hauptsächlich über die Gruppen-Emailliste. Auf dieser Liste stehen aus jeder Attac-Gruppe einige Aktive, die relevante Informationen „filtern" und an die ganze Gruppe weiterleiten. Relevant sind beispielsweise Ankündigungen der bundesweiten „Weiterbildungsseminare", die es regelmäßig sowohl zu inhaltlichen als auch zu praktischen Themen wie Pressearbeit, Internet, Aktionstraining, Mediation oder Moderation gibt. Über die Gruppenliste werden Erfahrungen ausgetauscht und neue Ideen vorgestellt, wovon insbesondere „junge Gruppen" profitieren können. Neben der Emailliste bieten natürlich alle bundesweiten Veranstaltungen (z. B. bundesweite AGs, Seminare, Ratschläge) einen wichtigen Raum für Kommunikation zwischen den Gruppenmitgliedern. Solche „face to face"-Treffen sind auch im Zeitalter des Internets wichtig. Davon ist niemand ausgeschlossen (z. B. diejenigen ohne Internet-Zugang bzw. inhaltliches Interesse), und es gibt in der Regel mehr Zeit für einen intensiveren Austausch.

V. Analyse

V.1 Wie unterscheidet sich Attac von früheren neuen sozialen Bewegungen?

Organisatorisch gesehen ist Attac ein Phänomen *sui generis* innerhalb der bisherigen deutschen Bewegungslandschaft. Eine derart breite und gleichzeitige Mitgliedschaft von Einzelpersonen, NGOs und Verbänden aus ganz unterschiedlichen Bewegungsmilieus – wie etwa *BUND*, *ver.di* und *Kairos* – gab es in Deutschland vor Attac nicht dem Ausmaß. Die Vielfalt von politischen Vorstellungen und Zielen wird mit Hilfe konkreter Forderungen und mit der Strategie des „kleinsten gemeinsamen Nenners" unter dem Dach von Attac versammelt.

Es gibt aber auch viele Übereinstimmungen zwischen Attac und früheren sozialen Bewegungen. Hier ist zunächst auf die offenen Strukturen und das Konsensprinzip sowohl auf der internationalen als auch auf der lokalen Ebene hinzuweisen. Die dezentralen, netzwerkförmigen Strukturen bleiben allerdings nicht ohne jegliche zentrale Koordination: Es gibt das Attac-Bundesbüro, den Koordinierungskreis und auf der grenzüberschreitenden Ebene eine internationale Koordinationsstelle, deren Dienste auch die lokalen Gruppen in Anspruch nehmen können. Die lokalen Gruppen sind sozusagen die Konsumenten der Dienste und die Könige der Bewegung. Das für die neuen sozialen Bewegungen typische Basisprinzip gilt auch bei Attac. Ob die Lokalgruppen sich an den verschiedenen bundesweiten Kampagnen beteiligen, die zentralen Dienste benutzen oder lieber andere Attac-Themen bevorzugen, bleibt ganz in ihrer Kompetenz und Entscheidung.

Neu bei Attac ist seine ausgeprägte Transnationalität. Die Ökologiebewegung, Frauenbewegung und Anti-Atombewegung waren sicherlich international, aber weniger transnational. Es gab schon immer transnationalen Austausch von Ideen und Aktionsformen via Medien und Menschen. Gemeinsame transnationale Aktionen der Bewegungen sind dahingegen eine neue Erscheinung. Wenn es früher transnationale Ereignisse gegeben hat, dann wurden diese zentral von professionellen NGOs organisiert. Ein Beispiel dafür sind etwa Greenpeace-Aktionen, die zwar oft von den Mitgliedern verschiedener Ländersektionen durchgeführt wurden bzw. werden, aber immer zentral geplant sind (vgl. Greenpeace 1996). Attac hat schon mehrere transnationale Aktionen hinter sich. Dazu gehören u. a. gemeinsam mit anderen Globalisierungskritikern durchgeführte zentrale Aktionen in Form von Massendemonstrationen mit medienwirksamen Aktionen oder zentral bzw. dezentral organisierte und gleichzeitig an zahlreichen Orten veranstaltete Protestveranstaltungen, Kampagnen und andere Aktivitäten. Die durchaus gut organisierte Kommunikation zwischen den Länder-Attacs via Internet und Email haben den Koordinationsaufwand gemeinsamer Aktionen deutlich gesenkt.

Das mittlerweile angestellte Büroteam, der wissenschaftliche Beirat und spezialisierte Mitglieds-NGOs zeigen Professionalisierungstendenzen. Ihr Hauptanliegen ist es, das Netzwerk zu unterstützen, während die Mitglieder bzw. der Ratschlag die wichtigen Entscheidungen treffen. Durch die Diversität der Forschungseinrichtungen und Themengebiete der Mitglieds-NGOs bleibt das produzierte Wissen vielfältig und pluralistisch. Es wird in höherem Maße für die Aktivitäten von Attac genutzt als für die Durchsetzung einzelner Interessen von Mitglieds-NGOs.

In seiner thematischen Offenheit unterscheidet sich Attac von den früheren (neuen) sozialen Bewegungen und NGOs. Neben den konkreten Kernforderungen (Globalisierungskritik) zeigt sich Attac bewusst offen für neue Themen, so weit diese die ökonomischen Aspekte der Globalisierung berühren. Das Feld ist sehr weit, zumal es in der heutigen durchkapitalisierten Welt kaum möglich ist, einen Lebensbereich zu finden, der nicht von den Auswirkungen der (Welt-)Wirtschaft betroffen ist. Die Gefahr eines „thematischen Supermarkts" (Attac-Selbstverständnis) wird zwar erkannt, aber dennoch soll kein Thema von vornherein ausgeschlossen werden, wenn sich Menschen innerhalb von Attac dafür interessieren und engagieren wollen. Die Ortsgruppen können über die Mitwirkung an den bundesweiten Kampagnen autonom entscheiden. Die Vielzahl der Kampagnen ermöglicht jeweils die Entscheidung nach den Interessen vor Ort. Eine solche regionale Konzentration auf bestimmte Themen kann dem ganzen Netzwerk zugute kommen. Gemeinsame Kampagnenmaterialien, dezentrale Aktionstage und zentrale Veranstaltungen (z. B. Sommeruniversität) kompensieren anderseits die lokale Verschiedenheit.

Der von Attac erhobene Anspruch, umsetzbare Alternativen zur gegenwärtigen neoliberal dominierten Globalisierung zu entwickeln, kommt dem Aktionsprofil einschlägig engagierter NGOs nahe. Forderungen wie der Schuldenerlass, die Tobinsteuer oder die Schließung der Steueroasen stützen sich auf kompetente volkswirtschaftliche Berechnungen und harte Fakten. Aber anstatt die Lobbyarbeit nun vom Bundestag nach Brüssel zu verlegen, versucht Attac diese Forderungen durch medienwirksame Aktionen, durch das Wort und durch eine gezielte Bildungsarbeit bekannt zu machen. Die Strategien und Arbeitsweise von Attac gleichen insofern eher denen der neuen sozialen Bewegungen. Die konkreten Forderungen werden aber letztlich auch in erster Linie an das etablierte politische System gerichtet. Dies ist ein wichtiger Unterschied zu den sogenannten neuen sozialen Bewegungen, die das bestehende politische und wirtschaftliche System in stärkerem Maße durch eine postmateriell orientierte Forderungspolitik zu ändern versuch(t)en.

V. 2 Wie unterscheidet sich Attac von anderen Formen der Freiwilligenarbeit?

Es versteht sich, dass die Arbeit bei Attac politischer ist als bei vielen anderen Formen von Freiwilligenarbeit. Die angestrebten Ziele, welche die Motivation der Aktiven erklären, sind verschieden, aber gemeinsam ist allen, dass sie nur in den seltensten Fällen kurzfristig zu erreichen sind. Die Früchte der Arbeit zeigen sich nur langsam, und wenn überhaupt, dann nur nach einer langen Zeit.

Wenn Freiwillige älteren Menschen beim Einkaufen helfen, nachmittags in einem Tierheim arbeiten oder nach Äthiopien fahren, um dort einen Brunnen zu bauen, folgt das „Danke-schön" meist unmittelbar, nachdem die Arbeit erledigt ist. Selbst wenn es sich um eine eher unbefriedigende oder gar schlechte Erfahrung handelt, hat man doch danach etwas Konkretes und Greifbares. Ein gutes Gewissen, das Gefühl, unersetzbar zu sein („Wenn ich es nicht gemacht hätte, hätten sie es schlechter gehabt") hilft, eventuell schlechte Erfahrungen zu überwinden. Ein „Danke-schön" in der langfristigen politischen Arbeit ist dagegen nicht so leicht zu haben. Erfolgserlebnisse müssen deshalb sozusagen auf andere Weise produziert werden. Der Glaube daran, dass sich die Arbeit lohnt, ist wichtig und der Erfolg wird beispielsweise an dem Beitritt neuer Ortsaktiven, einer gelungenen Aktion oder an der Medienaufmerksamkeit gemessen. Attac unterscheidet sich in dieser Hinsicht substanziell von Stadtteilaktivitäten und Bürgerinitiativen, die ihrerseits auch Formen freiwilliger zivilgesellschaftlicher Arbeit repräsentieren. Ihre Arbeit ist gewöhnlich auf konkrete, aktuelle Erscheinungen in der unmittelbaren Umgebung gerichtet. Der ambitionierte Anspruch von Attac, die globalen Probleme mit den lokalen zu verbinden, fehlt ihnen jedoch zumeist.

Vieles von der Arbeit bei Attac spielt sich innerhalb der lokalen Gruppe ab. Die Gruppe wird durch die Ausbildungsarbeit und die Aktionen nach außen gestärkt – oder eben nach innen, in dem Maße, wie die Aktiven ihr Wissen und ihre Kompetenzen verbessern. Das Element der „Hilfe", das gemeinhin stark mit der Freiwilligenarbeit assoziiert wird, ist bei Attac somit in erster Linie Selbsthilfe der Aktiven und eine auf die Veränderung von Politik und Wirtschaft gerichtete „Hilfe" mit weitem Horizont und langem Atem.

V.3 Herausforderungen, Chancen, Trends, Probleme

Ausgehend von einem französischen Verein ist ein weltumpannendes Netzwerk entstanden, das in vielen Arenen der globalen Zivilgesellschaft stark mitwirkt. Es wird sich zeigen, ob die den Bewegungen und Bewegungsorganisationen inne wohnenden Tendenz zur Institutionalisierung und Professionalisierung sich auch bei Attac durchsetzen werden oder ob Attac sein loses Netzwerk aufrecht halten kann. Klarer Konsens war bisher, dass Attac auch weiterhin die Einheit in der Verschiedenheit sucht und keine größeren organisatorischen Schritte unternimmt. Vorschläge, dass Attac in Deutschland eine Partei oder ein Verein werden sollte, gibt es zwar seit seiner Gründung. Aber statt für einen Vorstand hat sich Attac für eine Geschäftsführerin entschieden, die sich um das Büroteam, aber vor allem um die Zufriedenheit ihrer „Kunden" – also um die Aktiven vor Ort – kümmert. Das Management-Konzept dieser Art ist etwas Neues, denn die Kunden sind zugleich in das „Geschäf" involviert – wie in einer politisch aktionslustigen Genossenschaft mit der Ambition zur Ausbildung und Weiterbildung anderer.

Die große Herausforderung von Attac ist es, die Bewegungs- und Basisbetonung einerseits und die Dachfunktion andererseits auf Dauer beizubehalten. In einer politischen Basisbewegung ist es außerordentlich wichtig, dass die Aktiven ihre eigenen Handlungsräume selber feststellen und ausfüllen können, dass ihr unbezahltes Engagement ihren Vorstellungen entspricht und möglichst sogar Spaß macht.

Die Zufriedenheit der Aktiven vor Ort ist dabei keinesfalls eine Selbstverständlichkeit. In den Ortsgruppen liegt die Arbeit allzu oft auf zu wenigen Schultern. Es gibt eine Menge Arbeit, die man leisten kann, jedoch sind die Ressourcen meist begrenzt. Zu viel Verantwortung führt zur Überbelastung und mitunter sogar zum Rückzug aus dem Engagement. Die hohe Fluktuation ist für Attac ein großes Problem. Viele neue Interessierte kommen einmal vorbei und schauen sich ein Plenum oder eine Aktion an, aber es ist schwierig, Menschen für eine längerfristigere Arbeit zu gewinnen. Die innere Zusammengehörigkeit und Dynamik der Gruppe ist wichtig, denn bei Attac arbeitet man selten allein (außer ÜbersetzerInnen und Webmaster). Der unverbindliche Charakter der Arbeit erlaubt jeder Zeit den Rücktritt. Aber je enger die sozialen Bindungen innerhalb der Gruppe sind, desto reibungsloser und produktiver wird die Tätigkeit. Da die Ortsaktiven mit ganz unterschiedlichen Vorstellungen und Arbeitsweisen aus verschiedenen politischen und sozialen Zusammenhängen kommen, sind in den Lokalgruppen Konflikte selten ganz zu vermeiden.

Ein zweites Problem in der ehrenamtlichen Attac-Arbeit ist die Gefahr von Frustration. Durch die ökonomische Analphabetierungskampagne kann zwar neues Wissen errungen werden, aber anderseits führen neue Erkenntnisse über die Makroökonomie und die Finanzmärkte nicht automatisch zu einem weiteren Engagement. Fünf Jahre nach dem Entstehen von Attac wissen zwar mehr Menschen, was eine Steuroase und die Tobinsteuer sind, doch sind seitdem auf diesem Gebiet die konkreten politischen Veränderungen relativ gering gewesen. Auch wenn es vielen bewusst sein mag, dass die grossen Veränderungen Zeit brauchen, sind es doch die konkreten Forderungen, die viele Menschen zu Attac gebracht haben. Viele haben die bloßen Utopien der früheren sozialen Bewegungen satt; sie wollen noch in ihrer eigenen Lebenszeit Zeugen von Ergebnissen und Veränderungen werden. Um so enttäuschter sind sie, wenn dies nicht der Fall ist.

Trotz der Probleme steigt die Zahl der Attac-Mitglieder konstant und neue Gruppengründungen stehen bevor. Für viele Menschen bietet Attac den Rahmen für eine freie außerparlamentarische Auseinandersetzung mit den Themen, über die das politische Establishment schweigt bzw. die sie nicht genug berücksichtigt. In einer Situation, in der viele verschiedene politische und gesellschaftliche Gruppen unter einem Dach handeln, ohne dass eine Denkrichtung Überhand gewinnt, kann das zivilgesellschaftliche politische Engagement nur gestärkt werden. Durch die wachsende Bedeutung der transnationalen Netzwerke gewinnt dieses Engagement eine globale Dimension. Trotz der steigenden Zahl der transnationalen oder regionalen Sozialforen und Parallelgipfel seit den 1980er Jahren findet der Großteil der Proteste und Aktionen von Attac und anderen transnationalen Akteuren immer noch auf nationaler oder lokaler Ebene statt (vgl. Della Porta/Kriesi/Ruch 1999).[20] Dies sind Beispiele für ganz unterschiedliche Aktionsformen, die darauf zielen, eine positive, zivilgesellschaftliche Alternative weltweit bekannt zu machen und eine globale Gegenöffentlichkeit zu begründen. Ob dadurch eine andere Welt möglich wird, bleibt aber abzuwarten.

---

20   Mario Piantas Studie über Paralellgipfel in der Welt zwischen Januar 2001 und Juni 2002 zeigt, dass die Gipfel zu 80% mit den Grossdemonstrationen kombiniert werden. Der Anteil ist im Vergleich zu den früheren Jahren (1988–2001: ca. 50 Prozent) deutlich gestiegen (vgl. Pianti 2002).

Literaturverzeichnis

Ackerman, Bruce/Alstott, Anne (1999): The Stakeholder Society. New Haven/London.

Alemann, Ulrich von (1997): Bedeutung vorparlamentarischer Beteiligungsformen für die kommunale Demokratie. In: Seniorenvertretungen – Verantwortung für das Gemeinwesen. Hrsg. v. BMFSFJ. Stuttgart u. a., S. 37–50.

Ancelovici, Marcos (2002): Organizing against Globalization: The Case of Attac in France. In: Politics & Society, Vol. 30, Nr. 3, S. 439–442.

Anheier, Helmut K. (1997): Der Dritte Sektor in Zahlen – Ein sozio-ökonomisches Portrait. In: Der Dritte Sektor in Deutschland. Organisationen zwischen Staat und Markt im gesellschaftlichen Wandel. Hrsg. v. H. K. Anheier u. a. Berlin, S. 29–74.

Anheier, Helmut K./Priller, Eckhard/Zimmer, Annette (2000): Zur zivilgesellschaftlichen Dimension des Dritten Sektors. In: Die Zukunft der Demokratie. Herausforderungen im Zeitalter der Globalisierung. Hrsg. v. H.-D. Klingemann u. F. Neidhardt. Berlin, S. 71–98.

Arendt, Hannah (1997^9): Vita activa oder Vom tätigen Leben. München/Zürich.

Aristoteles (1959): Politik. Paderborn.

Aristoteles (1966^2): Nikomachische Ethik. Paderborn.

ARNOVA-Abstracts (2002): The Dark Side of Nonprofits. ARNOVA-Abstracts, Vol. 25, No 2.

Attac Frankreich (2002): Mit ATTAC die Zukunft zurückerobern. Manifest 2002. In: Blätter für deutsche und internationale Politik, Jg. 47, H. 3, S. 347–362.

Backhaus-Maul, Holger (1992): Intermediäre Organisationen als Gegenstand sozialwissenschaftlicher Forschung. Theoretische Überlegungen und erste empirische Befunde am Beispiel des Aufbaus von intermediären Organisationen in den neuen Bundesländern. In: Sozialpolitik im Prozeß der deutschen Vereinigung. Hrsg. v. W. Schmähl. Frankfurt, S. 912–132.

Badelt, Christoph (1999): Ehrenamtliche Arbeit im Nonprofit Sektor. In: Handbuch der Nonprofit Organisation. Hrsg. v. Ch. Badelt. Stuttgart, S. 433–462.

BAGSO (Hrsg./2000): BAGSO Portraits. Bonn.

Bayerische Landeszentrale für politische Bildungsarbeit (Hrsg./1995): Die kommunalen Ebenen in Bayern – Kommunal-Ordnungen und Wahlen. München.

Beck, Ulrich (1997): Kinder der Freiheit. Wider das Lamento über den Werteverfall. In: Kinder der Freiheit. Hrsg. v. dems. Frankfurt a. M., S. 333–381.

Beck, Ulrich (1999): Schöne neue Arbeitswelt. Frankfurt a.M./New York.

Beher, Karin/Liebig, Reiner/Rauschenbach, Thomas (1998): Das Ehrenamt in empirischen Studien – ein sekundäranalytischer Vergleich. Stuttgart.

Bellah, Robert N. u. a. (1985): Habits of the Heart. Berkely, California.

Bertelsmann Stiftung (Hrsg./2000): Handbuch Bürgerstiftungen. Ziele, Gründung, Aufbau, Projekte, Gütersloh.

Beyme, Klaus von (2000a): Zivilgesellschaft – Karriere und Leistung eines Modebegriffs. In: Europäische Zivilgesellschaft in Ost und West. Begriff, Geschichte, Chancen. Hrsg. v. M. Hildermeier u. a. Frankfurt a.M., S. 41–56.

Beyme, Klaus von (2000b): Zivilgesellschaft – von der vorbürgerlichen zur nachbürgerlichen Gesellschaft? In: Zivilgesellschaft und Transformation (Systemwechsel, Bd. 5). Hrsg. v. M. Merkel. Opladen.

BMFSFJ (Hrsg./1996): Ältere Menschen im sozialen Ehrenamt. Stuttgart u. a.

BMFSFJ (Hrsg./1997): Freiwilliges Ehrenamt im Alter – Nutzer und Leistungen in Seniorenbüros. Stuttgart, u. a.

BMFSFJ (Hrsg./2001): Dritter Bericht zur Lage der älteren Generation. Berlin.

Bourdieu, Pierre (1976): Entwurf einer Theorie der Praxis. Frankfurt a. M.

Bourdieu, Pierre (Hrsg./1998a): Gegenfeuer – Wortmeldungen im Dienste des Widerstands gegen die neoliberale Invasion. Konstanz.

Bourdieu, Pierre (1998b): Praktische Vernunft. Zur Theorie des Handelns. Frankfurt a. M.

Brand, Ulrich (2000): Nichtregierungsorganisationen, Staat und ökologische Krise. Konturen kritischer NRO-Forschung. Das Beispiel der biologischen Vielfalt. Münster.

Braschos, Franz/Voigt, Rüdiger (Hrsg./1991): Kommunalpolitik in Stadt und Land. Grundlagen – Entwicklungsperspektiven – Praxis. Erfurt/Bonn.

Braun, Sebastian (2002): Begriffsbestimmung, Dimensionen und Differenzierungskriterien von bürgerschaftlichem Engagement. In: Bürgerschaftliches Engagement und Zivilgesellschaft. Hrsg. v. d. Enquete-Kommission Zukunft des Bürgerschaftlichen Engagements. Opladen, S. 55–71.

Bröscher, Petra/Naegele, Gerhard/Rohleder, Christiane (2000): Freie Zeit im Alter als gesellschaftliche Gestaltungsaufgabe. In: APuZ, 35–36, S. 30–38.

Bundesministerium für Familie und Senioren (Hrsg./1994): Familien und Familienpolitik im geeinten Deutschland – Zukunft des Humanvermögens. Fünfter Familienbericht. Bonn.

Bundesverband Deutscher Stiftungen (Hrsg./2002): Bürgerstiftungen in Deutschland, Entstehung. Struktur. Projekte. Netzwerke. Forum Deutscher Stiftungen, Berlin.

Cassen, Bernand (2003): On The Attac. Interview. In: New Left Review, Nr. 19, Jan/Feb 2003.

Coleman, James S. (1995a): Grundlagen der Sozialtheorie. Bd. 1 – Handlungen und Handlungssysteme. München/Wien.

Coleman, James S. (1995b): Grundlagen der Sozialtheorie. Bd. 2 – Körperschaften und die moderne Gesellschaft. München/Wien.

Dahrendorf, Ralf (1995): Über den Bürgerstatus. In: Bürgergesellschaft, Recht und Demokratie. Hrsg. v. B. van den Brink u. a. Frankfurt a. M., S. 29–43.

Debiel, Tobias/Fischer, Martina/Matthies, Volker/Ropers, Norbert (1999): Effektive Konfliktprävention. Herausforderungen für die deutsche Außen- und Entwicklungspolitik. Policy Paper 12, Stiftung Entwicklung und Frieden. Bonn.

Della Porta, D./Kriesi, H./Rucht, D. (Hrsg./1999): Social Movements in a Globalizing World. London.

Ders. (2000): Interaktionsformen. Akteurszentrierter Institutionalismus in der Politikforschung. Opladen.

Deth, Jan W. van u. a. (1999): Social Capital and European Democracy. London/New York.

Dettling, Warnfried (1995): Politik und Lebenswelt. Vom Wohlfahrtsstaat zur Wohlfahrtsgesellschaft. Gütersloh.

Dies. (2000): Politikgestaltung durch das Bundesverfassungsgericht am Beispiel der Familienpolitik. In: ApuZ, B 3–4 (21. Januar), S. 21–31.

Döhner, Hanneli/Mutschler, Roland/Schmoecker, Mary (Hrsg./1996): Kooperation, Koordination und Vernetzung in der Altenarbeit – Neue Ansätze und erste Erfahrungen. Hamburg.

Donini, Antonio (1996): The Bureaucracy and the Free Spirits: Stagnation and Innovation in the Relationship Between the UN and NGOs. In: NGOs, the UN, and Glo-bal Governance. Hrsg. v. T. Weiss u. L. Gordenker. Boulder/London, S. 83–101.

Dörner, Andreas/Vogt, Ludgera (1999): Was heißt Sozialkapital? Begriffsbestimmung und Entstehungsgeschichte. In: Wozu Freiwilligen-Argenturen? Visionen und Leitbilder. Beiträge zu einer Fachtagung. Hrsg. v. d. Stiftung MITARBEIT, Bundesarbeitsgemeinschaft Freiwilligenagenturen. Bonn, S. 21–38.

Dubiel, Helmut (1994): Ungewißheit und Politik. Frankfurt a. M.

Dubiel, Helmut (1997): Jenseits der kapitalistischen Modernisierung. In: Frankfurter Rundschau (23. September).

Easton, David (1979): A Framework of Political Analysis, Chicago/London.

Effinger, Herbert; Pfau-Effinger, Birgit (1999): Freiwilliges Engagement im Sozialwesen. Ausweg aus der Krise der Erwerbsgesellschaft und des Wohl fahrtsstaates? In: Perspektiven gesellschaftlichen Zusammenhalts. Hrsg. v. E. Kistler u. a. Berlin, S. 307–324.

Enquete-Kommission „Zukunft des Bürgerschaftlichen Engagements" (Hrsg./2001): Bürgerschaftliches Engagement – die lebendige Seite des Sozialstaats. Opladen.

Enquete-Kommission „Zukunft des Bürgerschaftlichen Engagements" (Hrsg./2002): Bürgerschaftliches Engagement und Zivilgesellschaft. Opladen.

Erler, Gisela Anna (1996/97): Androgyne Sozialutopien – Vernebelung zu Lasten der Frau. In: Diakonie Jahrbuch 1996/97. Hrsg. v. J. Gohde. Reutlingen, S. 149–166.

Eskola, Kaisa/Kolb, Felix (2002): Attac – Globalisierung ist kein Schicksal. In: Zivilgesellschaft international. Alte und neue NGOs. Hrsg. v. Ch. Frantz u. A. Zimmer. Opladen, S. 199–212.

Esping-Andersen, Gósta (1990): Three Worlds of Welfare Capitalism. Cambridge.

Etzioni, Amitai (1975): Die aktive Gesellschaft. Eine Theorie gesellschaftlicher und politischer Prozesse. Opladen.

Etzioni, Amitai (1997): Die Verantwortungsgesellschaft. Individualismus und Moral in der heutigen Demokratie Frankfurt a. M./New York.

Evers, Adalbert/Olk, Thomas (Hrsg./1995): Wohlfahrtspluralismus. Vom Wohlfahrtsstaat zur Wohlfahrtsgesellschaft Opladen.

Evers, Adalbert/Schulze-Böing, Matthias (2001): Germany – Social enterprises and transitional employment. In: The Emergence of Social Enterprise. Hrsg. v. C. Borzaga u. a. London/New York, S. 120–135.

Frank, Jill (1998): Democracy and Distribution. In: Political Theory, No. 6, S. 784–802.

Frantz, Christiane/Zimmer, Annette (Hrsg./2002): Zivilgesellschaft international. Alte und neue NGOs. Opladen.

Fukuyama, Francis (1996): Trust. The Social Virtues and the Creation of Prosperity. New York u. a.

Galbraith, John Kenneth (1996): The Good Society. The Human Agenda. Boston/New York.

Galler, Heinz Peter (1991): Opportunitätskosten der Entscheidung für Familie und Haushalt. In: Der private Haushalt als Wirtschaftsfaktor. Hrsg. v. S. Gräbe. Frankfurt a. M./New York, S. 118–152.

Garz, Detlef (1996): Lawrence Kohlberg zur Einführung. Hamburg.

Gather, Claudia (1996): Konstruktionen von Geschlechterverhältnissen – Machtstrukturen und Arbeitsteilung bei Paaren im Übergang in den Ruhestand. Berlin.

Gerlach, Irene (1996): Familie und staatliches Handeln. Opladen.

Gerlach, Irene/Nitschke, Peter (Hrsg./2000): Metamorphosen des Leviathan. Staatsaufgaben im Umbruch. Opladen.

Gramsci, Antonio (1971): Selections from the Prison Notebooks of Antonio Gramsci. New York/London.

Greenpeace (Hrsg./1996): Das Greenpeace Buch. München.

Grefe, Christian/Greffrath, Mathias/Schumann, Harald (2002): Attac. Was wollen die Globalisierungskritiker? Berlin.

Habermas, Jürgen (1990): Die Moderne – ein unvollendetes Projekt. Leipzig.

Habermas, Jürgen (1992): Faktizität und Geltung – Beiträge zur Diskurstheorie des Rechts und des demokratischen Rechtsstaates. Frankfurt a. M.

Habermas, Jürgen (1992): Faktizität und Geltung. Beiträge zur Diskurstheorie des Rechts und des demokratischen Rechtsstaats. Frankfurt a. M.

Habermas, Jürgen (19944): Faktizität und Geltung. Beiträge zur Diskurstheorie des Rechts und des demokratischen Rechtsstaats. Frankfurt a. M.

Habermas, Jürgen (1998): Die postnationale Konstellation. Politische Essays. Frankfurt a. M.

Haug, Sonja (1997): Soziales Kapital. Ein kritischer Überblick über den aktuellen Forschungsstand. Working Paper Nr. 15, Arbeitsbereich II. Mannheim.

Holtmann, Everhard (1998): Parteien in der lokalen Politik. In: Kommunalpolitik – Politisches handeln in den Gemeinden. Hrsg. v. H. Wollmann u. R. Roth.. Bonn, S. 208–226.

Honneth, Axel (Hrsg./1995): Kommunitarismus. Eine Debatte über die moralischen Grundlagen moderner Gesellschaften, Frankfurt a. M./New York.

http://www.bundestag.de/gremien/enquete.welt_oe3.htm#1204, 18.05.2001.

http://www.lse.ac.uk/Depts/global/Yearbook/PDF/PDF2002/GCS2002%20Summits.pdf (Yearbook of Global Civil Society 2002).

Initiative Bürgerstiftungen (Hrsg.): Materialien. Loseblattsammlung, o. O. u. o. J., beziehbar über http://www.buergerstiftungen.de/initiative/

Joas, Hans (2001): Ungleichheit in der Bürgergesellschaft. Über einige Dilemmata des Gemeinsinns. In: APuZ, B 25–26, S. 15–23.

Kade, Sylvia. (Hrsg./1994): Individualisierung und Älterwerden. Bad Heilbrunn.

Kant, Immanuel (1989): Kritik der praktischen Vernunft. Grundlegung zur Metaphysik der Sitten. Frankfurt a. M.

Kapur, Basant K. (1995): Communitarian Ethics and Economics. Aldershot.

Kaufmann, Franz-Xaver (1998): Globalisierung und Gesellschaft. In: APuZ, B 18, S. 3–10.

Keck, Otto (1997): Der Beitrag rationaler Theorieansätze zur Analyse von Sicherheitsinstitutionen. In: Kooperation jenseits von Hegemonie und Bedrohung. Sicherheitsinstitutionen in den internationalen Beziehungen. Hrsg. v. H. Haftendorn u. O. Keck. Berlin, S. 35–57.

Kistler, Ernst/Dathe, Dietmar (2004): Zur arbeitsmarktpolitischen Funktion des Dritten Sektors. In: Dritter Sektor, Drittes System (Bürgergesellschaft und Demokratie; Bd. 15). Hrsg. v. Karl Birkhölzer u. a. Opladen.

Kistler, Ernst/Noll, Heinz-Herbert/Priller, Eckhard (Hrsg./1999): Perspektiven gesellschaftlichen Zusammenhalts. Empirische Befunde, Praxiserfahrungen, Meßkonzepte. Berlin.

Klein, Ansgar (2001): Der Diskurs der Zivilgesellschaft. Politische Hintergründe und demokratietheoretische Folgerungen. Opladen.

Klein, Ansgar (2001): Der Diskurs der Zivilgesellschaft. Politische Kontexte und demokratietheoretische Bezüge der neueren Begriffsverwendung. Opladen.

Klie, Thomas/Spiegelberg, Rüdiger (Hrsg./1998): Fürs Alter sorgen – Grundlagen, Methoden, Standards kommunaler Altenplanung. Freiburg i. B.

Kocka, Jürgen (2000a): Zivilgesellschaft als historisches Problem und Versprechen. In: Europäische Zivilgesellschaft in Ost und West. Hrsg. v. M. Hildermeier, J. Kocka u. C. Conrad. Frankfurt a. M., S. 13–40.

Kocka, Jürgen (2000b): Zivilgesellschaft als historisches Projekt – Moderne europäische Geschichtsforschung in vergleichender Absicht. In: Europäische Sozialgeschichte. Festschrift für Wolfgang Schieder. Hrsg. v. Christoph Dipper u. a. Berlin, S. 475–484.

Kocka, Jürgen (2002): Das Bürgertum als Träger der Zivilgesellschaft – Traditionslinien, Entwicklungen, Perspektiven. In: Bürgerschaftliches Engagement und Zivilgesellschaft. Hrsg. v. d. Enquete-Kommission Zukunft des Bürgerschaftlichen Engagements. Opladen, S. 15–22.

Kohlberg, Lawrence (1997²): Die Psychologie der Moralentwicklung. Frankfurt a. M.

Kohli, Martin (1985): Die Institutionalisierung des Lebenslaufs – Historische Befunde und theoretische Argumente. In: KZSS, Jg. 37, S. 1–29.

Kohli, Martin u. a. (1993): Engagement im Ruhestand – Rentner zwischen Erwerb, Ehrenamt und Hobby. Opladen.

Kohli, Martin u. a. (2000): Grunddaten zur Lebenssituation der 40–80jährigen deutschen Bevölkerung – Ergebnisse des Alters-Survey. Berlin.

Kommission für Zukunftsfragen der Freistaaten Bayern und Sachsen (Hrsg./1997): Teil III. Maßnahmen zur Verbesserung der Beschäftigungslage. Erwerbstätigkeit und Arbeitslosigkeit in Deutschland. Entwicklung, Ursachen und Maßnahmen. Bonn.

Künemund, Harald (2000): „Produktive" Tätigkeiten. In: Die zweite Lebenshälfte – Gesellschaftliche Lage und Partizipation im Spiegel des Alters-Survey. Hrsg. v. M. Kohli u. H. Künemund. Opladen, S. 277–317.

Lauth, Hans-Joachim/Merkel, Wolfgang (Hrsg./1997): Zivilgesellschaft im Transformationsprozeß. Mainz.

Laville, Jean-Louis/Nyssens, Marthe (2001): The social enterprise – towards a theoretical socio-economic approach. In: The Emergence of Social Enterprise. Hrsg. v. Carlo Borzaga u. a. London/New York, S. 312–332.

Locke, John (1980): Second Treatise of Government. Essay concerning the true original extend and End of Civil Government. Indianapolis/Cambridge.

Lucke, Albrecht von (2002): Made by Attac – Eine Marke und ihr Marketing. In: Globaler Widerstand. Hrsg. v. Heike Walk u. Nele Boehme. S. 169–174.

Mahony, Liam/Eguren, Luis Enrique (2002): Gewaltfrei stören – Gewalt verhindern. Die Peace Brigades International. Zürich.

Marshall, Thomas H. (1992): Bürgerrechte und soziale Klassen. Zur Soziologie des Wohlfahrtsstaates. Frankfurt a. M./New York.

Mathews, Jessica T. (1997): Power Shift. In: Foreign Affairs, Vol 76, No. 1, (January/February), S. 50–66.

Mayntz, Renate/Scharpf, Fritz W. (1996): Der Ansatz des akteurszentrierten Institutionalismus. In: Gesellschaftliche Selbstregelung und politische Steuerung. Hrsg. v. des. Frankfurt a. M., New York, S. 39–72.

Messner, Dirk/Nuscheler, Franz (1997): Global Governance. Herausforderungen an der Schwelle zum 21. Jahrhundert. In: Frieden machen. Hrsg. v. D. Senghaas. Frankfurt a. M., S. 337–361.

Müller, Siegfried/Rauschenbach, Thomas (Hrsg./1988): Das soziale Ehrenamt. Nützliche Arbeit zum Nulltarif. Weinheim/München.

Münch, Ursula (1990): Familienpolitik in der Bundesrepublik Deutschland. Maßnahmen, Defizite, Organisation familienpolitischer Staatstätigkeit. Freiburg i. Br.

Münchmeier, Richard (1999): Vor neuen Bewährungsproben – Risiken und Chancen der Jugend an der Schwelle eines neuen Jahrhunderts. In: Jugend übernimmt Verantwortung. Verantwortung übernehmen, unternehmerische Initiative entfalten, sich gesellschaftlich engagieren. Hrsg. v. d. Stiftung Brandenburger Tor der Bankgesellschaft Berlin. Berlin, S. 10–21.

Neckel, Sighard (1993): Altenpolitischer Aktivismus – Entstehung und Variation eines Politikmusters. In: Leviathan 4, S. 540–563.
Newton, Kennneth (1999): Social capital and democracy in modern Europe. In: Social Capital and European Democracy. Hrsg. v. Jan W. van Deth u. a. London; New York, S. 3–24.
Nörber, Martin (1999): Bürgerschaftliches Engagement, Ehrenamt, Freiwilligendienst, Freiwillig-soziales Engagement – oder was nun? In: Sozialmagazin, H. 3, S. 18–23.
Obinger, Herbert (2000): Der schweizerische Sozialstaat in den 90er Jahren. Sozialpolitik unter institutionellen Bedingungen der Direktdemokratie. In: Zeitschrift für Politikwissenschaft, 10. Jg., H. 1, S. 43–63.
Offe, Claus (1997): Towards a New Equilibrium of Citizen's Rights and Economic Resources? In: Societal Cohesion and the Globalising Economy. Hrsg. v. d. Organisation for Economic Cooperation and Development. Paris, S. 81–108.
Offe, Claus (1999): „Sozialkapital". Begriffliche Probleme und Wirkungsweise. In: Perspektiven gesellschaftlichen Zusammenhalts. Hrsg. v. E. Kistler u. a. Berlin, S. 113–120.
Offe, Claus/Fuchs, Susanne (2001): Schwund des Sozialkapitals? Der Fall Deutschland. In: Gesellschaft und Gemeinsinn. Hrsg. v. R. D. Putnam. Gütersloh, S. 417–514.
Olson, Mancur (1968): Die Logik des kollektiven Handelns. Tübingen.
Opielka, Michael (1987): Autonomie oder Integration. Alternativprojekte im Sozialstaat oder: Brauchen wir einen 7. Wohlfahrtsverband? In: Selbsthilfe und Wohlfahrtsverbände. Hrsg. v. F. Boll u. T. Olk. Freiburg, S. 90–104.
Pankoke, Eckart (2002): Sinn und Form freien Engagements. Soziales Kapital, politisches Potential und reflexive Kultur im Dritten Sektor. In: Gemeinwohl und Gemeinsinn. Hrsg. v. H. Münkler u. a. Berlin, S. 265–287.
Patomäki, Heikki (2000): Democratising Globalization. Realism and Emancipation of the Tobin Tax. London.
Pianta, Mario (2002): Parallel Summits of Global Civil Society. An Update. Manuskript zitiert nach:
Pies, Ingo/Leschke, Martin (Hrsg./1998): Gary Beckers ökonomischer Imperialismus. Tübingen.
Platon (1988): Phaidon, Politeia. Hamburg.

Priller, Eckhard u. a. (1999): Der Dritte Sektor in Deutschland. Entwicklungen, Potentiale, Erwartungen. In: APuZ, B9/99, S. 12–21.

Priller, Eckhard/Zimmer, Annette (2001b): Wachstum und Wandel des Dritten Sektors in Deutschland. In: Der Dritte Sektor international. Hrsg. v. dens. Berlin, S. 199–228.

Priller, Eckhard/Zimmer, Annette (2001c): Wohin geht der Dritte Sektor? Eine Einführung. In: Der Dritte Sektor international. Hrsg. v. dens. Berlin, S. 9–26.

Priller, Eckhard/Zimmer, Annette (Hrsg./2001a): Der Dritte Sektor international. Mehr Markt – weniger Staat? Berlin.

Putnam, Robert D. (1993): Making Democracy Work. Civic Traditions in Modern Italy. Princeton.

Putnam, Robert D. (1995): Bowling alone: America's declining social capital. In: Journal of Democracy, No. 1, S. 65–78.

Putnam, Robert D. (Hrsg./2001): Gesellschaft und Gemeinsinn. Sozialkapital im internationalen Vergleich. Gütersloh.

Ramonet, Ignacio (1997): Die Märkte entschärfen. In: Le monde diplomatique (dt. Ausgabe), 12. Dezember 1997.

Reinicke, Wolfgang H. (1999): The Other World Wide Web – Global Public Policy Networks. In: Foreign Policy, (Winter), S. 44–57.

Rich, Paul (1999): American Voluntarism, Social Capital, and Political Culture. In: The Annals, No. 565, S. 15–34.

Ristau, Malte/Mackroth, Petra (1993): Latente Macht und neue Produktivität der Älteren. In: APuZ 44, S. 27–38.

Rosenbladt, Bernhard von (2000a): Ergebnisse der Repräsentativerhebung 1999 zu Ehrenamt, Freiwilligenarbeit und bürgerschaftlichem Engagement. Stuttgart/Berlin/Köln.

Rosenbladt, Bernhard von (2000b): Freiwilliges Engagement in Deutschland. Infratest Burke Sozialforschung. München (maschinensch.).

Rosenbladt, Bernhard von/Picot, Sybille (1999): Freiwilligenarbeit, ehrenamtliche Tätigkeit und bürgerschaftliches Engagement. Überblick über die Ergebnisse. Repräsentative Erhebung im Auftrag des Bundesministeriums für Familie, Senioren, Frauen und Jugend. Infratest Burke. München.

Roth, Roland (2003): Die dunklen Seiten der Zivilgesellschaft. In: Forschungsjournal Neue soziale Bewegungen, H. 2, S. 59–20.

Rucht, Dieter (1994): Modernisierung und neue soziale Bewegungen: Deutschland, Frankreich und USA im Vergleich. Frankfurt a. M.

Rucht, Dieter (1996): Multinationale Bewegungsorganisationen. Bedeutung, Bedingungen, Perspektiven. In: Forschungsjournal Neue soziale Bewegungen. H. 2, S. 30–41.

Rürup, Bert/Sesselmeier, Werner (1993): Die demographische Entwicklung Deutschlands – Risiken, Chancen, politische Optionen. In: APuZ 44, S. 3–15.

Scharpf, Fritz W. (1988): Verhandlungssysteme, Verteilungskonflikte und Pathologien der politischen Steuerung. In: PVS Sonderheft 19, S. 61–87.

Schmid, Viola (1989): Die Familie in Artikel 6 des Grundgesetzes. Berlin.

Schrader, Lutz (2000): NGOs – eine neue Weltmacht? Nichtregierungsorganisationen in der internationalen Politik. Potsdam.

Schulze, Gerhard (1992): Die Erlebnisgesellschaft – Kultursoziologie der Gegenwart. Frankfurt a. M./New York.

Seibel, Wolfgang (1992): Dritter Sektor. In: Lexikon des Sozial- und Gesundheitswesens. Hrsg. v. R. Bauer. München, S. 455–460.

Senioren Union der CDU Deutschlands (Hrsg./2000): Dokumentation zur 8. Bundesdeligiertenversammlung der Senioren Union vom 29. bis 31. Oktober 2000 in Göttingen.

Sennett, Richard (1998): Der flexible Mensch. Die Kultur des neuen Kapitalismus. Berlin.

Shafir, Gershon (1998): The Citizenship Debates. Minneapolis/London.

Sing, Dorit/Hilpert, Markus (1999): Frauen zwischen Erwerbstätigkeit, Ehrenamt und Familienarbeit. In: Perspektiven gesellschaftlichen Zusammenhalts. Hrsg. v. E. Kistler u. a. Berlin, S. 325–342.

Sing, Dorit/Kistler, Ernst (2000): Neue Chancen für Frauen? Düsseldorf.

Smith, Jackie/Pagnucco, Ron/Chatfield, Charles (1997): Transnational Social Movements and Global Politics: A Theoretical Framework. In: Transnational Social Movements and Global Politics: Solidarity Beyond the State. Syracuse NY, S. 59–77.

Staud, Toralf (2003): Beschaller voran. In: Die Zeit, Nr. 8/2003.

Stecker, Christina (1998): Vergütete Solidarität. Sozialpolitisch geförderter Beschäftigungspluralismus. In: Wirtschaft 2000–X. Wirtschaften mit Perspektive. Hrsg. v. d. Evangelischen Akademie. Bad Boll, S. 73–86.

Stecker, Christina (1999a): „Arbeit, Sozialkapital und Bürgerstatus". IISO-Kolloquium, Wintersemester 1999/2000. Bremen (maschinensch.).

Stecker, Christina (1999b): Bürgerarbeit und Bürgergeld als Instrumente zur Schaffung neuer Felder von Arbeit und Beschäftigung. In: Zeitschrift für Sozialreform, H. 11–12, S. 1005–1029.

Stecker, Christina (1999c): „Bürgerarbeit" – Eine Chance zur Erhaltung des Sozialstaates? Das Modell der Kommission für Zukunftsfragen der Freistaaten Bayern und Sachsen. ZeS-Arbeitspapier, Nr. 13. Bremen.

Stecker, Christina (2001): Bürgerschaftliches Engagement im Bereich der Arbeitsmarktpolitik. In: Theorie und Praxis der Sozialen Arbeit, Nr. 4, S. 129–134.

Stecker, Christina (2002a): Bürgerengagement im Wandel – Dritter Sektor und bürgerschaftliches Engagement zwischen Arbeitsmarkt und Zivilgesellschaft. In: Bremen auf dem Weg zur Bürgerkommune? Visionen – Potentiale – Hindernisse. Hrsg. v. R. Prigge u. W. Osthorst, Bremen, S. 20–34.

Stecker, Christina (2002b): Soziale Sicherungen und Bürgergesellschaft. In: Bürgergesellschaft und Sozialstaat. Hrsg. v. Heinrich-Böll-Stiftung, Berlin, S. 31–36.

Stecker, Christina (2002c): Sozialkapital – Ein schillernder Begriff und seine gesellschaftliche Bedeutung. In: Aktive Bürgerschaft aktuell, Nr. 4, S. 3–6.

Stecker, Christina (2003): Gendering Work and Social Commitment. International Conferences – Cape Town – Conference Working Papers. Manuskript zitiert nach: Vol. III, http://www.istr.org (01.03.2003).

Stecker, Christina (2004a): State, Economy and Nonprofits – Does the Third Sector Change Gender Structures? In: Strategy Mix for Nonprofit Organisations. Hrsg. v. A. Zimmer u. C. Stecker. London/New York, S. 247–266.

Stecker, Christina (2004b): Woher kommt die Solidarität? Zur Genese des Bürgersinns und Adam Smiths „moral sense". In: Zivilgesellschaft und historischer Wandel. Studien zum 19. und 20. Jahrhundert. Hrsg. v. R. Jessen u. a. Opladen, S. 115–134.

Stecker, Christina (2004c): Zur Brückenfunktion bürgerschaftlichen Engagements – Notwendige Differenzierungsmomente. In: Mehr Beschäftigung durch Eigenarbeit und bürgerschaftliches Engagement? Hrsg. v. d. Hans-Böckler-Stiftung, Münchner Institut für Sozialforschung, i. E.

Stecker, Christina/Nährlich, Stefan (2004): Die „dunkle Seite" von Dritte Sektor Organisationen – Funktionen, Effekte und Konsequenzen. In: Dritter Sektor/Drittes System: Theorie, Funktionswandel und zivilgesellschaftliche Perspektiven. Hrsg. v. K. Birkhölzer u. a. Opladen, S. 161–180.

Stecker, Christina/Zimmer, Annette (2003): Aktivierender Staat, Ehrenamt und Frauen. In: Forschungsjournal Neue soziale Bewegungen, H. 2, S. 115–120.

Stehr, Ilona u. a. (1999): Seniorenbeiräte im ländlichen Raum – Strategien zur kommunalpolitischen Aktivierung älterer Menschen. Vlotho.

Strachwitz, Rupert Graf (2003): Ein kritischer Diskurs ist erforderlich. Stiftungen im öffentlichen Meinungsbild. In: Das Parlament 53 (11./18. August) Nr.33–34, S. 1.

Strachwitz, Rupert Graf (Hrsg./1998): Dritter Sektor – Dritte Kraft. Versuch einer Standortbestimmung. Düsseldorf.

Teivainen, Teivo (2002): The World Social Forum and global democratisation: learning from Porto Alegre. In: Third World Quarterly, Vol. 23, Nr. 4, S. 621–632.

Tocqueville, Alexis de (1990): Über die Demokratie in Amerika. Stuttgart.

Toepler, Stefan (2000): From Communism to Civil Society? The Arts and the Nonprofit Sector on Central and Eastern Europe. In: The Journal of Arts, Management, Law an Society, No. 1, S. 7–18.

Ueltzhöffer, Jörg/Ascheberg, Carsten (1995): Engagement in der Bürgergesellschaft. Stuttgart.

UNCTAD (1999): World Investment Report. Geneva.

UNDP (2000): Human Development Report 2000. New York.

Vanselow, Horst (1997): Mitwirkung und Mitbestimmung bei politischen Entscheidungen von Seniorenvertretungen. In: Seniorenvertretungen – Verantwortung für das Gemeinwesen. Hrsg. v. BMFSFJ. Stuttgart u. a., S. 121–125.

Wahl, Peter (1996): NGOs – der am meisten überschätzte Akteur der 90er Jahre. In: Globale Trends und internationale Zivilgesellschaft oder: Die NGOisierung der (Welt-)Politik? Hrsg. v. d. Friedrich-Ebert-Stiftung. Bonn.

Wahl, Peter (2001a): Nichtregierungsorganisationen (NGOs) als Akteure im Prozess der Globalisierung. Manuskript, eingereicht zur Sitzung der

Enquete-Kommission des Bundestages „Globalisierung der Weltwirtschaft" am 22. Januar 2001. Manuskript zitiert nach
Wahl, Peter (2001b): „Sie küssten und sie schlugen sich". Zum Verhältnis von Nichtregierungsorganisationen und internationalen Regierungsorganisationen, Zivilgesellschaft und das Weltwirtschaftssystem. In: Entwicklung und Zusammenarbeit, Nr. 12, S. 352–370. Frankfurt a.M.
Walk, Heike/Brunnengräber, Achim (2000): Die Globalisierungswächter. NGOs und ihre transnationalen Netze im Konfliktfeld Klima. Münster.
Walter, Franz (2004): Basis-Lektionen. In: Die Welt (3. März) S. 10.
Walzer, Michael (1996): Zivile Gesellschaft und amerikanische Demokratie. Frankfurt a. M.
Wendt, Wolf Rainer (1996): Bürgerschaft und zivile Gesellschaft. Ihr Herkommen und ihre Perspektiven. In: Zivilgesellschaft und soziales Handeln. Hrsg. v. W. R. Wendt u. a. Freiburg, S. 13–77.
Wessels, Christiane (1994): Das soziale Ehrenamt im Modernisierungsprozeß. Pfaffenweiler.
Wingen, Max (1997): Familienpolitik. Grundlagen und aktuelle Probleme. Stuttgart.
Wuthnow, Robert (1997): Handeln aus Mitleid. In: Kinder der Freiheit. Hrsg. v. U. Beck. Frankfurt a. M., S. 34–84.
Zimmer, Annette (1996): Vereine – Basiselement der Demokratie. Eine Analyse aus der Dritte-Sektor-Perspektive. Opladen.
Zimmer, Annette (2001): Geleitwort. In: Der Diskurs der Zivilgesellschaft. Politische Kontexte und demokratietheoretische Bezüge der neueren Begriffsverwendung. Von A. Klein, Opladen, S. 9–11.
Zimmer, Annette/Hallmann, Thorsten (2001): Identität und Image von Dritte-Sektor-Organisationen im Spiegel der Ergebnisse der Organisationsbefragung „Gemeinnützige Organisationen im gesellschaftlichen Wandel". In: Zeitschrift für Sozialreform, H. 5, S. 506–525.
Zimmer, Annette/Priller, Eckhard (1999): Gemeinnützige Organisationen im gesellschaftlichen Wandel. Abschlußbericht des von der Hans Böckler Stiftung geförderten Projektes „Arbeitsplatzressourcen im Nonprofit-Sektor. Beschäftigungspotentiale, -strukturen und -risiken". Westfälische Wilhelms-Universität Münster, Wissenschaftszentrum Berlin für Sozialforschung. Münster/Berlin.

Zimmer, Annette/Priller, Eckhard (2000): Arbeitsmarkt und Dritter Sektor in Deutschland – Zu den Ergebnissen des internationalen Vergleichs und einer bundesweiten Befragung. In: Zeitschrift für öffentliche und gemeinwirtschaftliche Unternehmen, Bd. 23, H., S. 304–320.

Zimmer, Annette/Priller, Eckhard (2001): Die zunehmende Bedeutung des Dritten Sektors – Ergebnisse des international vergleichenden Johns-Hopkins-Projektes. In: Jahrbuch für Christliche Sozialwissenschaften, Jg. 42, S. 11–41.

Zimmer, Annette/Stecker, Christina (2004a): Introduction. In: Strategy Mix for Nonprofit Organisations. Hrsg. v. dens. London/New York, S. 1–12.

Zimmer, Annette/Stecker, Christina (2004b): Strategy Mix for Nonprofit Organisations. Vehicles for Social and Labour Market Integration. London/New York.

Zürn, Michael (1992): Interessen und Institutionen in der internationalen Politik. Grundlegung und Anwendung des situationsstrukturellen Ansatzes. Opladen.

Zürn, Michael (2001): Regieren im Zeitalter der Denationalisierung. Manuskript, eingereicht zur Sitzung der Enquete-Kommission des Bundes-tages „Globalisierung der Weltwirtschaft" am 22. Januar 2001. Zitiert nach http://www.bundestag.de/gremien/enquete.welt_oe3.htm#1204, 18.05.2001

Autorenverzeichnis

Ambrosch, Markus, geb. 1976, Studium der Anglistik, Politikwissenschaft und Geschichte in Augsburg und Vechta, Diplom-Gerontologe.

Eskola, Kaisa, geb. 1975, Studium der Politikwissenschaft, Publizistik- und Kommunikationswissenschaft und Skandinavische Philologie in Göttingen, M.A. Politikwissenschaft; Schwedisch- und Sportlehrerin in der Grundschule und im Gymnasium Helsinki.

Gerlach, Irene, geb. 1955, Studium der Soziologie und Politikwissenschaft in Bielefeld und Münster, Promotion und Habilitation in Münster, derzeit Vertretung einer Professur für Didaktik der Politik an der Hochschule Vechta, Mitglied im Wissenschaftlichen Beirat des Bundesfamilienministeriums.

Nitschke, Peter, geb. 1961, Studium der Neueren Geschichte, Politikwissenschaft und Philosophie in Münster, Promotion und Habilitation in Münster, Professur für Wissenschaft von der Politik an der Hochschule Vechta.

Nörber, Martin, geb. 1959, Studium der Erziehungswissenschaft, Soziologie und Psychologie in Heidelberg, Referent für politische Bildung im Hessischen Jugendring.

Rötters, Sebastian, geb. 1976, Studium der Politikwissenschaft, freier Autor und Journalist, ehrenamtliche Mitarbeit bei *PBI* im Bereich Öffentlichkeitsarbeit.

Schrader, Lutz, geb. 1953, Studium der Internationalen Beziehungen am Institut für Internationale Beziehungen Potsdam (1975–1980), Mitarbeiter am Institut für Frieden und Demokratie der FernUniversität Hagen.

Stecker, Christina, geb. 1965, Studium der Wirtschaftswissenschaften u. Politikwissenschaft in Marburg und Bremen, Referentin beim Verband Deutscher Rentenversicherungsträger (VDR), Frankfurt am Main.

Timmer, Karsten, geb. 1968, Studium der Politik und Geschichte in Freiburg, Promotion in Bielefeld, Projektleiter bei der Bertelsmann Stiftung.